Erste Hilfe
für den
Macintosh

Erste Hilfe
für den
Macintosh

KLAUS ZELLWEGER

Erste Hilfe für den Macintosh

Copyright © 1995 by SmartBooks Publishing AG

Seestrasse 182, CH-8802 Kilchberg, Tel. 0041 (1) 716 14 24, Fax 0041 (1) 716 14 25

ISBN 3-908488-00-1

1. Auflage 1995

Konzeption und Koordination:	SmartBooks Publishing AG
Cover, Illustrationen, Icons:	Marcel «Celly» Zellweger
Layout und Inhalt:	Klaus Zellweger
Beta-Leser (habt Dank!):	Frank und Ralf Seelig
Lektorat:	Peter Wolf

Übersicht

Inhaltsverzeichnis

. . . .

Prolog

«Profi?» Wenn Sie fünfzig verschiedene Leute über die Bedeutung dieses Wortes befragen, erhalten Sie vermutlich einundfünfzig verschiedene Interpretationen. Irgendwo, irgendwann habe ich zwei Definitionen aufgeschnappt, die mir besonders gut gefallen: *«Ein Profi unterscheidet sich von einem Amateur, weil er mit seiner Arbeit Geld verdient.»* Aha. Und die zweite: *«Ein Profi ist, wer auch unter widrigen Umständen einwandfreie Arbeit liefern kann.»* Das leuchtet ein.

Profis können sich selbst helfen. Sie sind nicht auf einen Händler angewiesen, wenn der Macintosh nicht mehr so will, wie man es von einem guterzogenen Gerät erwarten würde. Der Angstschweiss bleibt aus, wenn Dateien scheinbar verloren gehen – wenigstens während der ersten zwei Stunden. Kurz, ein Profi hat sein System im Griff.

Die meisten «Nicht-Profis» hingegen planschen täglich in einem Wechselbad der Gefühle: Einerseits sind sie des Lobes voll über den Macintosh, diesen genialsten aller Computer, der ihnen das Leben so viel einfacher macht. Andererseits streckt derselbe Rechner ihnen ab und zu die Zunge heraus und verweigert mit allen Kräften die Zusammenarbeit – und das, obwohl der Macintosh zweifelsohne der beste und komfortabelste Personal Computer der Welt ist.

Dieses Handbuch wurde für die einsamen Wölfe geschrieben, die zu später Stunde vor ihrem System brüten, auf der Suche nach Hilfe, die vielleicht nie kommen wird. Der Inhalt basiert auf ganz alltäglichen Problemen und dem daraus resultierenden Wahnsinn. Doch jetzt können Sie lernen, sich selbst zu helfen. Auch wenn Sie das Glück haben, dass Ihr Händler wirklich kompetent ist, so wird er sich kaum die Zeit nehmen, Sie in die Geheimnisse des Systems einzuweihen.

Machen Sie sich also unabhängig. Werden Sie ein Profi und führen Sie Ihren Macintosh auf den Weg der Tugend zurück. Es ist viel leichter, als Sie meinen! Viel Spass dabei.

. . . .

. . . .

Wie dieses Buch entstand

Als Hardware mussten für dieses Buch ein Power Macintosh 6100/60 und ein Quadra 660AV herhalten. Dazu kamen je ein 13-Zoll- und ein 16-Zoll-Farbmonitor von Apple. Probedrucke wurden auf einem Apple *LaserWriter Select 360* ausgegeben, der mit seiner Qualität und erst recht mit seinem Preis einfach unwiderstehlich ist.

Die Screenshots wurden mit *Exposure Pro* von Preferred Publishing geschossen.

Als Layoutsoftware kam für uns nur *PageMaker* in Frage. Ausschlaggebend waren vor allem seine ausgezeichneten Möglichkeiten zur Erstellung von Inhaltsverzeichnis und des Index. Ausserdem ist *PageMaker* dank seiner einmaligen «Magic-Stretch»-Funktion die erste Wahl, weil die TIFF-Dateien optimal auf die endgültige Auflösung aufbereitet werden – wir sind also guter Dinge, dass Sie in diesem Buch keine Moirés antreffen. Last but not least ist das Ästhetikprogramm einfach umwerfend.

Sämtliche Illustrationen, Icons und natürlich das Cover wurden in *Adobe Illustrator* erstellt – teilweise in der Version 3.2, teilweise in der Version 5.5. Obwohl die ältere Version keine Funktionen kennt, welche die neuere nicht auch hätte, ist doch Version 3.2 auf einem Quadra ungleich viel schneller. Ausserdem wollte es Celly, unser Grafiker, so und nicht anders.

Bei der Wahl der Schriften brauchten wir nicht lange zu überlegen. Textschrift ist die *Minion* von Adobe. Ihre Frische, die gute Lesbarkeit und das Fehlen jeglichen Firlefanzes machten uns die Entscheidung leicht. Für Marginalien und Titel verwendeten wir die *Myriad* von Adobe, ein Multiple-Master-Font mit variablen Design-Achsen. So kamen wir nicht nur zu einer unauffälligen und gediegenen Schrift, sondern hatten auch alle Möglichkeiten, was die verschiedenen Schriftschnitte anbelangt. Je nach Bedarf konnten wir enge und weite, magere und fette Schnitte produzieren.

. . . .

Machen Sie sich unabhängig!

Freiheit ist wichtig – der Geschmack von Abenteuer kommt von allein. Wenn Sie Ihren Macintosh ohne fremde Hilfe warten und unterhalten möchten, dann ist die Beherrschung des Betriebssystems der erste Schritt Richtung Erfolg. Sie werden nicht nur von Ihrem Händler unabhängiger, sondern sparen auch eine Menge Geld, weil Sie für die Installation des Systems keine Hilfe von aussen benötigen.

BASIS

Da das Betriebssystem der Dreh- und Angelpunkt des Macintosh ist, sind ihm die verschiedenen Anwendungen wie Textverarbeitungen oder Grafikprogramme auf Gedeih und Verderb ausgeliefert. Sehen wir uns einmal einen frisch installierten Systemordner und seine Bestandteile in einer groben Übersicht an.

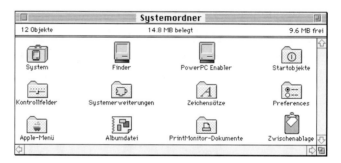

Die Systemdatei

System. Diese Datei repräsentiert das, was man gemeinhin als *Betriebssystem* bezeichnet. Sie kontrolliert alle Abläufe auf dem Macintosh inklusive die der Festplatte. Zudem enthält sie die gespeicherten Signaltöne und die verschiedenen Tastaturlayouts. Unter System 7.0 waren in dieser Datei auch die Schriften gespeichert, die jetzt unter System 7.1 und höher im Ordner *Zeichensätze* abgelegt sind. *Kein Macintosh ist ohne diese Datei lauffähig!*

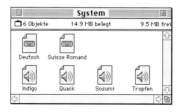

Finder. Der *Finder* sorgt dafür, dass der Macintosh einfach wird und dabei erst noch gut aussieht. Er verkörpert die grafische Benutzeroberfläche mit den Ordner-, Programm- und Dokument-Icons. Ein Macintosh ist grundsätzlich auch lauffähig, wenn im Systemordner der Finder fehlt; allerdings muss dann ein Ersatzprogramm geboten werden, das beim Start anstelle des Finders geladen werden kann. Einen solchen Fall sehen Sie auf Seite 121, wo wir mit dem *Hammer Harddisk ToolKit* eine Startdiskette ohne Finder erstellen.

Der Finder – das Gesicht des Macintosh

Systemerweiterungen. Hier werden alle Erweiterungen abgelegt, die wir für das Drucken von Dateien, das Abspielen von Videos, die Kommunikation und viele weitere Zwecke benötigen. Kapitel 2 widmet sich fast ausschliesslich der Verwaltung dieser Objekte.

Erweiterungen für verschiedene Zwecke

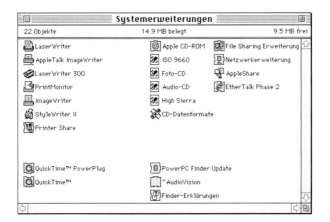

System Enabler. Die *System Enabler* wurden mit System 7.1 eingeführt und mit System 7.5 abgeschafft. Sie enthalten modellspezifische Angaben zum verwendeten Rechner und sind für das Funktionieren eines Systems unerlässlich. Wenn Sie ein universelles System zusammenstellen möchten, das mit jedem Macintosh funktioniert, dann ist es erlaubt, die verschiedenen Enabler *gleichzeitig* zu verwenden, wobei automatisch immer nur der erforderliche aktiviert wird – alle anderen Enabler werden ignoriert. In der Schnellübersicht

Enabler für neuere Macintosh-Modelle

am Ende dieses Kapitels finden Sie eine Liste, welcher Enabler zu welchem Macintosh-Modell gehört.

Das Apple-Menü

Apple-Menü. Dieser Ordner ist bestens bekannt. Alle Objekte, die hier abgelegt werden, erscheinen automatisch unter dem Apple-Menü. Legen Sie nach Möglichkeit in diesem Ordner nur Alias-Dateien, aber keine Originale ab. Wenn Sie irgendwann das Betriebssystem aktualisieren möchten, dann besteht so keine Gefahr, dass Sie versehentlich wichtige Unikate löschen.

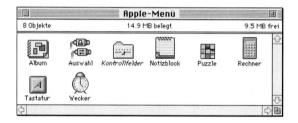

Versammlungsort für Schriften

Zeichensätze. Hier werden alle Schriften abgelegt. Die Fonts der verschiedenen Formate – Bitmap, PostScript Typ 1, Typ 3 und TrueType – können nach Belieben gemischt werden, dürfen aber nicht durch weitere Unterordner katalogisiert werden. Wenn Sie mit sehr vielen verschiedenen Schriften arbeiten, weil Sie zum Beispiel im grafischen Gewerbe tätig sind, können Sie die Typen auch ausserhalb dieses Ordners an einem beliebigen Ort auf der Festplatte ablegen. Allerdings benötigen Sie dann ein Utility wie *Suitcase II* oder *MasterJuggler. (Siehe Kapitel 13, Schriften.)*

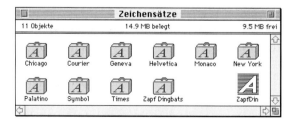

Kontrollfelder. Alle Erweiterungen, die durch den Anwender mit einem Doppelklick konfiguriert werden können, sind in diesem Ordner abgelegt. Mehr dazu im *Kapitel 2, System-erweiterungen.*

Kontrollfelder

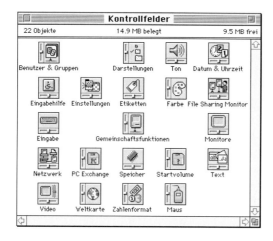

Startobjekte. Alles, was sich in diesem Ordner befindet, wird beim Aufstarten des Macintosh automatisch geöffnet – Programme, Dateien, Töne, Ordner usw. Tip: Aus dem gleichen Grund wie beim Ordner *Apple-Menü* legen Sie hier am besten keine Originale, sondern nur Alias-Dateien ab.

Objekte, die beim Start geöffnet werden

PrintMonitor-Dokumente. Wenn Sie unter dem Apple-Menü in der *Auswahl* den Hintergrunddruck aktivieren, dann werden alle Daten, die für den Drucker bestimmt sind, hier temporär abgelegt und nach dem Ausdruck automatisch gelöscht. Wenn Sie nicht mit dem *PrintMonitor* arbeiten, können Sie diesen Ordner löschen. (Keine Sorge – bei Bedarf wird er später vom System automatisch neu angelegt.)

Druckerdateien

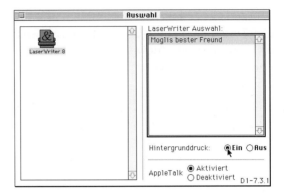

Programmeigene Voreinstellungen

Preferences. Alle Programme, die auf System 7 angepasst sind, legen hier ihre Dateien mit den Voreinstellungen ab. Das kann eine ganze Menge werden, da es laut Apple einer Datei verboten ist, sich selbst zu modifizieren. Das kleinste, nichtige Kontrollfeld plaziert hier also unter Umständen seine eigenen Einstellungen. Gewisse Programme wie *FileMaker* oder die *Norton Utilities* haben die unangenehme Eigenart, einen eigenen Ordner mit der Bezeichnung *Voreinstellungen* anzulegen. Obwohl korrekt übersetzt, ist dieses Vorgehen ziemlich überflüssig, da die amerikanische Bezeichnung *Preferences* auch bei der deutschsprachigen Ausgabe des Betriebssystems beibehalten wurde.

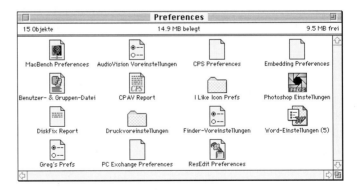

Albumdatei. In dieser Datei werden sämtliche Bilder, Töne, Texte und QuickTime-Filme gespeichert, die im Schreibtischzubehör *Album* abgelegt wurden. Wenn diese Datei gelöscht wird, erstellt das System beim nächsten Aufruf automatisch eine neue, leere Albumdatei.

Die Albumdatei

Zwischenablage. Dieses Dokument speichert den Inhalt der Zwischenablage und wird automatisch geleert, wenn Sie den Computer ausschalten. Sie können es löschen, aber bei Bedarf wird es vom System automatisch neu angelegt.

Die Zwischenablage

Ein wenig Grundlagenforschung

Wenn man es richtig anpackt, ist die Installation des Betriebssystems ein Kinderspiel! Trotzdem schrecken viele Anwender davor zurück – meist aus der unbegründeten Furcht, dass der Macintosh bei einem einzigen Fehltritt so gut wie hinüber ist. Dabei wäre das Schlimmste, was passieren kann, ein funktionsuntüchtiger Macintosh, bei dem das Betriebssystem noch einmal installiert werden muss.

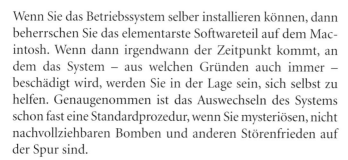

Wenn Sie das Betriebssystem selber installieren können, dann beherrschen Sie das elementarste Softwareteil auf dem Macintosh. Wenn dann irgendwann der Zeitpunkt kommt, an dem das System – aus welchen Gründen auch immer – beschädigt wird, werden Sie in der Lage sein, sich selbst zu helfen. Genaugenommen ist das Auswechseln des Systems schon fast eine Standardprozedur, wenn Sie mysteriösen, nicht nachvollziehbaren Bomben und anderen Störenfrieden auf der Spur sind.

So weit, so gut. Aber was ist ein Systemordner? Wonach sucht das Installationsprogramm, wenn es ein Betriebssystem auf die Festplatte montieren soll?

Die Antwort ist ganz einfach: Der Systemordner ist ein beliebiger Ordner, der mindestens die beiden Dateien *System* und *Finder* enthält. Wie er heisst, ist zweitrangig, genauso, was sich nebst diesen beiden Dateien sonst noch in ihm befindet.

Anforderungen an einen Systemordner

Wenn ein Betriebssystem installiert wird, passiert folgendes:

❖ Auf der ausgewählten Harddisk wird ein Ordner mit der Bezeichnung *Systemordner* angelegt, der alle Komponenten des Systems enthält.

❖ Die verschiedenen Unterordner wie *Systemerweiterungen, Kontrollfelder* usw. werden automatisch angelegt und mit den entsprechenden Dateien bestückt.

❖ Falls noch kein Systemordner auf dieser Festplatte existiert, wird er komplett neu aufgebaut.

❖ Wenn bereits ein Systemordner vorhanden ist, werden ältere Systemteile durch die neueren Versionen ersetzt.

Wenn Sie sich nun daran machen, ein Betriebssystem auf der Festplatte zu installieren, dann gibt es zwei Möglichkeiten: Entweder existiert bereits ein altes System, oder es wird von Grund auf frisch installiert.

Aktualisieren oder neu installieren?

HEISSER TIP!

Eine frische Installation ist insofern vorteilhaft, weil so das gesamte System auf den neusten Stand gebracht wird. Wenn jedoch ein bestehendes System lediglich aktualisiert wird, werden zwar die neusten Elemente hinzugefügt, aber keine veralteten Ressourcen aus der Systemdatei oder dem Systemordner entfernt – absichtlich. Woher sollte das Installationsprogramm auch wissen, welche Dateien der Anwender behalten möchte?

System 7

Bis zur Version 7.0 waren die Betriebssysteme von Apple kostenlos. Das heisst, Sie können sich System 7.0 auch heute noch aus jeder beliebigen Quelle beschaffen, ohne dass Sie dabei Apples Urheberrechte auch nur im entferntesten angekratzt hätten. Nun, ab Version 7.1 sind diese Zeiten zwar vorbei, aber gemessen an dem, was Apple für wenig Geld bietet, ist das System immer noch so gut wie geschenkt.

Natürlich bekommen Sie nach wie vor mit jedem Macintosh das neuste System geliefert, aber sobald eine neuere Version erscheint, muss sie bei einem Apple-Händler nachgekauft werden. Einmal so getan, lässt sich dieses System später wie jede andere Software für noch weniger Geld auf die neuste Version updaten.

System 7.0 ist kostenlos

Sehen wir uns einmal an, was Apple für uns auf Lager hat.

System 7.0

Wie bereits erwähnt, ist System 7.0 für alle Macintosh-Anwender kostenlos. Wenn Sie sich eine Kopie davon beschaffen möchten, brauchen Sie nur mit Ihrem Händler, einer Anwendergruppe oder einem hilfreichen Kollegen Kontakt aufzunehmen.

Bezugsquellen für System 7.0

Allerdings sind nicht alle Rechner unter System 7.0 lauffähig. Alle Modelle, die neuer sind als die Quadra 700, 900 und 950, verlangen nach System 7.1. Das mag die Wenigsten stören, denn die Unterschiede zwischen System 7.0 und 7.1 sind wirklich minim:

Neuerungen unter System 7.1

❖ Bitmap- und TrueType-Zeichensätze werden nicht mehr in der Systemdatei verwaltet, sondern zusammen mit den PostScript-Fonts im Ordner *Zeichensätze* abgelegt, der sich im Systemordner befindet.

Ein eigener Ordner für Zeichensätze

**System Enabler
für neuere Modelle**

❖ Die *System Enabler* enthalten modellspezifische Angaben über die neueren Macintosh-Modelle. Das macht es Apple leichter, kleine Fehler in der Systemsoftware zu beheben.

❖ *WorldScript* macht Ihren Macintosh international, da in angepassten Programmen auf die Feinheiten der verschiedenen Länder Rücksicht genommen werden kann. So lässt sich eine Textverarbeitung sehr schnell für den japanischen oder israelischen Markt anpassen, da die Schreibweise (von oben nach

**WorldScript für
den Rest der Welt**

unten respektive von rechts nach links) vom Programmierer leichter berücksichtigt werden kann. Wenn Sie sich dafür interessieren, können Sie bei Ihrem Apple-Händler die passenden Kits für die einzelnen Sprachen dazukaufen.

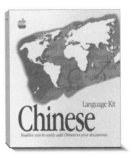

**Zwei-Byte-
Zeichensätze**

❖ Da nicht alle Sprachen dieser Welt mit 256 verschiedenen Zeichen auskommen können, führte Apple mit System 7.1 Zeichensätze ein, bei denen jedes Zeichen aus zwei statt nur einem Byte definiert werden kann. Also lassen sich jetzt theoretisch in einer Schrift über 65 000 Zeichen definieren.

Kurz, System 7.1 war ein Upgrade, das an den meisten Anwendern spurlos vorüber gegangen ist.

System 7 Pro

Wenn es jemals ein Betriebssystem gab, das von Kopf bis Fuss auf Kommunikation eingestellt ist, dann *System 7 Pro.* Das «Pro» verdankt das Paket in erster Linie seiner Unterstützung diverser einzigartiger Technologien, die alle zusammen unter der Abkürzung *AOCE* zusammengefasst werden. *(Für Apple Open Collaboration Environment.)* *AOCE* stellt revolutionäre Hilfsmittel für die Kommunikation zwischen Anwendern und Netzwerken zur Verfügung.

Kommunikation total

Der Kern von System 7 Pro nennt sich *PowerTalk* und erweitert den Horizont eines Macintosh ganz gewaltig: Module für eine elektronische Rohrpost (E-Mail), 100%ig fälschungssichere, digitale Unterschriften und verschiedene Informationsservices lassen kaum mehr Wünsche offen. Wenn Sie eine E-Mail-Einrichtung möchten, die Tag und Nacht in Betrieb ist, dann bietet sich dazu der *PowerShare Collaboration Server* an, der auf einem zentralen Macintosh irgendwo im Netzwerk installiert wird. Diese Software funktioniert auch dann, wenn auf diesem Macintosh bereits *AppleShare* installiert ist.

Fälschungssichere Unterschriften

Das waren jetzt eine Menge Schlagworte. Der Platz in diesem Buch reicht hinten und vorne nicht aus, um alle Aspekte von *AOCE* zu durchleuchten. Hier wenigstens eine extreme Kurzzusammenfassung über die Kommunikationsmöglichkeiten:

PowerTalk kann Ihr ultimatives, universelles Schaltpult werden, wenn es darum geht, Meldungen verschiedenster Art zu versenden und zu empfangen. Durch *PowerTalk* wird auf dem Schreibtisch des Macintosh ein Briefkasten eingerichtet. Er wird von allen AOCE-konformen Programmen verwendet, egal welchen Typs sie sind – also zum Beispiel *QuickMail, AppleLink,* die Fax-Software oder Anwendungsprogramme wie *MacWrite Pro.* Alles, was nach draussen soll oder hereinkommt, wird hier zwischengelagert.

PowerTalk

Zentrale Verwaltung aller Meldungen

Dies bringt die verschiedensten Vorteile mit sich. Einerseits können Sie Meldungen an einem zentralen Ort empfangen und verschicken. Andererseits können Sie die verschiedenen Meldungen genauso leicht verwalten und sortieren wie Ihre anderen Dateien auf der Harddisk. Das Beste aber ist, dass der Macintosh alle eintreffenden Meldungen direkt weiterverarbeiten kann.

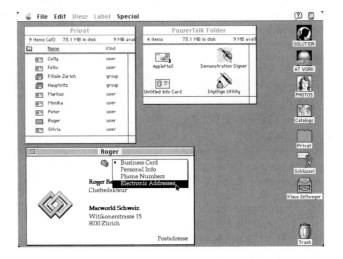

Jedes Dokument kann eine Nachricht sein

Unter *PowerTalk* ist jedes Dokument, das Sie erstellen, eine potentielle Nachricht. Wenn Sie im Finder oder in jeder AOCE-angepassten Anwendung den Befehl *Post* anwählen, brauchen Sie anschliessend nur noch die Adresse des Empfängers, einen Titel und eine kurze Notiz hinzuzufügen. Fertig. Und ab die Post!

AppleMail

Apple geht davon aus, dass den meisten Macintosh-Anwendern die E-Mail-Funktion in Kürze so vertraut sein wird wie die Dialogbox für das Drucken von Dateien, da die Handhabung genauso einfach ist. Doch auch wenn Ihre bestehenden Programme die AOCE-Funktionen nicht direkt unterstützen, ist das kein Beinbruch. Mit *AppleMail*, einer kleinen, eher spartanisch zu nennenden E-Mail-Anwendung, die im Lieferumfang von System 7 Pro enthalten ist,

· ·

können Sie Dateien durch einfaches Anfügen zu einem Mitarbeiter Ihrer Wahl schicken. Andere E-Mail-Systeme wie
QuickMail sind bereits auf *AOCE* angepasst und können in
bestehenden E-Mail-Umgebungen mit neuen Kräften weiterverwendet werden.

**Integration bestehen-
der Systeme**

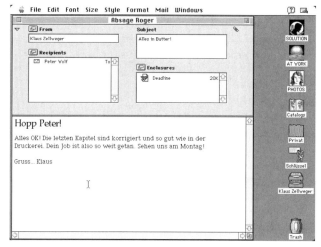

Wenn Sie ein Dokument verschicken, wandert es in den
Ausgangskorb von *PowerTalk* und wartet dort so lange, bis
der Macintosh in der Lage ist, die Daten zu übermitteln.
Wenn Sie den *PowerShare-Server* installiert haben, dann
wird die Datei dort abgelegt und auch dann weitergeleitet,
wenn Sie Ihren Macintosh längst ausgeschaltet haben.

Wie gesagt, das waren nur einige Aspekte innerhalb einer
grossartigen Technologie, die vor allem im Verbund die
Kommunikation erheblich vereinfacht. Wenn Sie in der
glücklichen Situation sind, dass Sie in einer Firma den
Aufbau des Netzwerkes betreuen dürfen, dann wird für Sie
früher oder später kein Weg an *AOCE* vorbeiführen.

Wir werden im *Kapitel 9, Datensicherheit,* noch einmal kurz
auf *AOCE* zu sprechen kommen. Der *PowerShare Collaboration Server* ist im Augenblick der beste Weg, Daten vor
ihrer Reise durch das Netzwerk zu verschlüsseln und damit
vor den neugierigen Blicken Unberechtigter zu verbergen.

**Datensicherheit
im Netzwerk**

· ·

. . . .

System 7.5

BASIS

Lange ist es her, dass uns Apple mit einem System-Update erfreut hat, der dem Einzelkämpfer ein strahlendes Zahnpastalächeln entlocken konnte. Wohl war *WorldScript* eine wichtige Erweiterung, aber irgendwie haben sich darüber in erster Linie nur die Chinesen, Japaner und andere Asiaten freuen können. *System 7 Pro* mit seinem *PowerTalk* richtet sich seinerseits verstärkt an die Kommunikations-Begeisterten.

Was hingegen System 7.5 anbelangt, so bringt diese Version sogar abgeklärte Fans aus der Ruhe. Die Oberfläche wurde belassen, aber im Hintergrund werkeln die verschiedensten Neuerungen – gemacht, uns mit viel Produktivität zu verwöhnen. Hier eine kleine Übersicht über all die mehr oder weniger wichtigen Technologien. Von einigen werden alle Anwender sofort profitieren können, während andere wie *PowerTalk* oder *QuickDraw GX* in der nächsten Zeit nur bei bestimmten Anwendern zum Einsatz kommen werden.

Kleine, aber feine Neuerungen

Bevor wir uns den wahren Sensationen zuwenden, lohnt es sich, einen Blick auf das unscheinbare Beigemüse zu werfen, das sich als unheimlich nützlich erweisen kann. Allein die Apple-Programme, die früher separat unter die Anwender gebracht wurden, machen den Preis für das ganze Systempaket bereits mehr als wett. Als da wären:

Macintosh Easy Open

Macintosh Easy Open (MEO). Wenn eine Datei mit einem Doppelklick geöffnet werden soll und das Ursprungsprogramm fehlt, schlägt der Finder automatisch ein Ersatzprogramm vor, das fähig ist, dieses Dokument zu öffnen.

PowerTalk inklusive

PowerTalk. Sämtliche Kommunikationsmöglichkeiten von *AOCE* (siehe weiter vorn) wurden in System 7 integriert. *System 7 Pro* wird mit dem Erscheinen von System 7.5 nicht mehr angeboten, da die Abspaltung dieser Software bei Apple anscheinend mehr Probleme als Erfolge erzeugt hat.

. . . .

Album und Puzzle. Und da wären noch das verbesserte Album und ein neues Puzzle, das seinem Namen gerecht wird. Subtile Verbesserungen, die längst fällig waren. Lediglich der Taschenrechner kennt weiterhin nur vier Grundoperationen.

Das Album und das Puzzle

MacTCP. MacTCP ist einKontrollfeld, das die Einbindung in Netzwerke unter TCP/IP erlaubt, und wird nun ebenfalls gleich mitinstalliert. *MacTCP* ist ein Muss für grosse, weltweite Netzwerke wie zum Beispiel *Internet*.

MacTCP, der Schlüssel zum Internet

AppleScript. AppleScript ist ebenfalls nicht ganz neu. Mit dieser Systemerweiterung steht jedem Macintosh-Anwender eine universelle Makrosprache zur Verfügung, die für schnelle automatisierte Abläufe in allen AppleScript-tauglichen Programmen sorgt – inklusive dem neuen Finder unter System 7.5.

Automatisierungen mit AppleScript

PC Exchange. Das Kontrollfeld, das den eleganten Austausch von Daten mit der DOS-Welt erlaubt, ist jetzt neu im Lieferumfang enthalten und sehr viel flexibler geworden. Es werden nicht nur Disketten, sondern auch Wechselplatten, CD-ROM und Harddisks aus der DOS- und Windows-Welt unterstützt. Dasselbe gilt auch für Massenspeicher und

PC Exchange für Weltenbummler

Dateien, die unter Pro-DOS erstellt wurden, dem Betriebs-system der alten Apple-II- und Apple-III-Rechner.

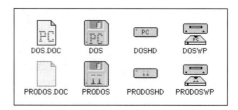

Ebenfalls neu dabei, aber bei vielen Anwendern bereits bestens eingeführt sind die verschiedenen Shareware-Programme, die von Apple übernommen wurden:

WindowShade

WindowShade. Macht Fenster klar wie unsichtbar und wird beim deutschsprachigen System 7.5 unter der unmöglichen Bezeichnung *Fensterinhalt Ein/Aus* mitgeliefert. Mit einem Doppelklick oder anderen Maus-/Tastatur-Kombinationen werden Fenster auf ihren Titelbalken reduziert. Einfach in der Handhabung, aber sehr wirksam – erst recht dann, wenn man mit einem 13-Zoll-Monitor oder einem noch kleineren Modell auskommen muss.

SuperClock

SuperClock. *SuperClock* ist nun Bestandteil des Kontrollfeldes *Datum&Uhrzeit.* In der rechten oberen Ecke der Befehlsleiste lassen sich Zeit, Datum oder – bei PowerBooks – der Zustand der Batterie anzeigen.

Extension Manager

Extension Manager. Der *Extension Manager* hilft bei der Verwaltung der Systemerweiterungen. Das Kontrollfeld ist bestimmt kein Geniestreich, da sich Erweiterungen in der Ladereihenfolge nicht verschieben lassen, aber es ist in jedem Fall besser als gar nichts.

Nun ist System 7.5 nicht nur einfach ein Betriebssystem, das den Public-Domain-Vertreibern Konkurrenz machen will. Subtile Verbesserungen und Erweiterungen erleichtern dem Anwender nicht nur die Arbeit, sondern sorgen auch dafür, dass der Macintosh noch einfacher und effizienter wird.

Hübsche Schreibtischmuster. Ein weiteres neues Kontrollfeld ermöglicht, dass Ihr Schreibtisch im Finder mit verschiedenen Mustern gepflastert werden kann. Dabei besteht eine einzelne Kachel nicht wie bisher aus 8x8, sondern aus 64x64 Pixel; genug, um wirklich eindrucksvolle Effekte zu erzielen.

Fantasievollere Schreibtischmuster

Notizzettel. Versperren bei Ihnen kleine, gelbe Zettel den ungestörten Blick auf den Monitor? Dann haben Sie nun eine Möglichkeit, die Zettel *hinter* der Mattscheibe zu deponieren. *Sticky Memos* erlaubt das beliebige Anlegen kleiner Haftnotizen im Hintergrund, auf denen schnelle Eingebungen und wichtige Besorgungen vermerkt werden können.

Haftnotizen hinter der Mattscheibe

Neue Finden-Funktion. Die wenig flexible *Finden*-Funktion von System 7.1 muss abtreten. Die neue Version erlaubt, nach mehreren verschiedenen Kriterien zu suchen und ist ausserdem in der Lage, alle gefundenen Objekte in einer Liste zu zeigen. Von dort aus lässt sich jedes Element verschieben, löschen oder im zugehörigen Ordner zeigen.

Dateien schneller und einfacher finden

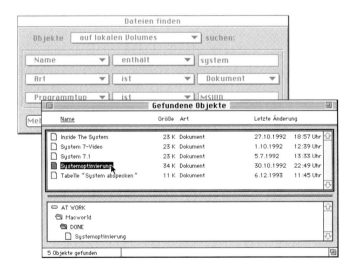

Hinter den Kulissen

Und doch bleibt auch das raffinierteste Album letztendlich nur ein Album. Wirklich interessant wird es erst dann, wenn man ein wenig hinter die Kulissen blickt und nach neuen Technologien Ausschau hält.

Drag&Drop

Drag&Drop. Drag&Drop dürfte bestimmt eines der Glanzlichter von System 7.5 sein. Die Handhabung ist so logisch, wie wir es uns nur wünschen können: Ein Element wird aktiviert und anschliessend mit dem Mauspfeil verschoben – egal ob es sich um Texte, Bilder, Töne oder QuickTime-Filme handelt.

Ideale Alternative zu Kopieren & Einsetzen

RAFFINIERT

Das hört sich jetzt vielleicht etwas unspektakulär an, aber die Funktion hat es in sich. Denn wohin das Datenmaterial transportiert wird, spielt bei angepassten Programmen keine Rolle. Vom *Album* wird eine Grafik in die Textverarbeitung gezogen, ein Text wandert vom *Notizblock* in die Datenbank oder ein Film vom Schreibtisch in die Videosoftware. Freiheit total. Apropos Schreibtisch: Wird ein Element auf den Schreibtisch gezogen, entsteht automatisch eine neue Datei, *Clip* genannt. Solche Dateien lassen sich mit einem simplen Doppelklick betrachten, ohne dass dazu eine Anwendung geöffnet werden muss. Ein Clip lässt sich wiederum in eine beliebige Anwendung verschieben, die sich auf *Drag&Drop* versteht.

Thread Manager. Den *Thread Manager* gab es schon kurz vor System 7.5. Er erlaubt keine neuen Funktionen im eigentlichen Sinne, sondern eher eine Verbesserung bestehender Software. Ein angepasstes Programm ist damit in der Lage, mehrere Arbeiten scheinbar gleichzeitig zu bewältigen. So könnte eine Datenbank ständig mit Sortieren und Auswerten beschäftigt werden, während verschiedene Anwender neue Datenbestände eingeben. Ein anderes Beispiel liefert die 3D-Software *Infini-D:* Mit Hilfe des *Thread Managers* ist es möglich, dass mehrere Ansichten eines 3D-Modells in verschiedenen Fenstern fast gleichzeitig aufgebaut werden.

Simultane Jobs mit dem Thread Manager

Apple Hilfe. Es kommt selten vor, dass eine verbesserte Software gleichzeitig auch einfacher zu bedienen ist, aber Apple hat sich da einiges einfallen lassen, um den Einsteigern unter die Arme zu greifen. Die Sprechblasen mit den Hilfetexten

Der geduldigste Lehrer der Welt

gibt es zwar schon seit System 7, jetzt aber muss diese eher glücklose Einrichtung in den Hintergrund treten. Die *Apple Hilfe* ist eine Art elektronischer Index, den man durchwühlen kann, um mehr Informationen zu einem bestimmten Stichwort zu erhalten. Dabei darf man ruhig auch ein wenig tiefer bohren: Mit einem Klick auf ein Feld beginnt der Macintosh,

RAFFINIERT

alle erforderlichen Schritte vorzuzeigen, unterstützt durch einen dicken roten elektronischen Filzstift, der dem Anwender zeigt, wo er was anwählen sollte, um zum Beispiel eine Datei zu drucken oder einen Ordner im Netzwerk zugänglich zu machen.

Die *Apple Hilfe* ist auf ihre Art umwerfend. Erstmals kann jeder Anwender seinem ganz persönlichen Lehrer Löcher in den Bauch fragen – immer und immer wieder.

QuickDraw GX

Auf die Frage, was denn *QuickDraw* eigentlich sei, erhielt man vor ein paar Jahren etwa folgende Antwort: «Ein kleines, aber sehr mächtiges Programm, das für den schnellen Fenster- und Grafikaufbau auf dem Macintosh zuständig ist.» Heute würde die Antwort wohl etwas anders ausfallen: «Eine hochkomplexe Grafikarchitektur mit völlig neuen Möglichkeiten, die sowohl den Ansprüchen der Normalanwender als auch denen der Publishing-Profis sehr viel mehr entgegenkommt.»

Das wichtigste QuickDraw seit 1984

Das Grundmodul *QuickDraw GX* kommt mit System 7.5 und benötigt allein schon 1.7 Megabyte Arbeitsspeicher. Hinzu kommen wahlweise noch einige weitere Komponenten wie etwa das neue Apple-Farbrad oder die Erweiterung *ColorSync*, die das bessere Abstimmen von Farben während der Produk-

Speicherhunger ohne Ende

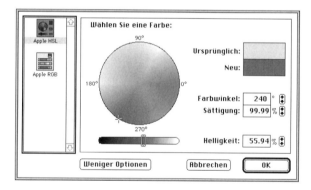

tionsphase erlaubt. Allerdings fallen diese Verfeinerungen speichermässig nicht mehr gross ins Gewicht.

Neue TrueTypes

Als System 7 eingeführt wurde, kamen auch die TrueTypes, die sowohl auf dem Drucker als auch auf dem Bildschirm einwandfrei skalierbar waren. Praktisch fürs Büro, ja, und auch für den engagierten Heimanwender. Im DTP-Bereich hatten diese Billig-Lettern damals jedoch nichts zu suchen.

TrueTypes für die Profis

So wie es jetzt aber aussieht, ist der Zeitpunkt gekommen, an dem solche Standpunkte neu überdacht werden müssen.

Ein neuer TypeManager für GX-Fonts

Die beiden Software-Riesen *Apple* und *Adobe* nähern sich einander weiter an. Einerseits ist Adobes *TypeManager GX* neu Bestandteil von System 7.5. Anderseits werden TrueTypes und PostScript-Fonts vom Typ 1 unter *QuickDraw GX* im gleichen Format abgesichert. *(Weitere wichtige Infos dazu in Kapitel 13, Schriften!)* Bestehende Typ-1-Fonts können übernommen werden, nachdem sie mit dem mitgelieferten Programm *Typ 1 Konvertierer* konvertiert wurden. Das heisst jedoch nicht, dass diese Schriften automatisch alle Möglichkeiten von *QuickDraw GX* nutzen. Wen wundert's, wenn man sieht, wieviele neue Elemente der Typografie hinzugekommen sind:

Zwei-Byte-Fonts für Profi-Typografen

Zwei-Byte-Zeichensätze. Eine einzelne Schrift kann unter System 7.5 über 65 000 verschiedene Lettern enthalten, da jedes Zeichen auf Wunsch nicht durch die üblichen 8, sondern durch 16 Bit definiert wird. Das macht die allseits bekannten Schriftköfferchen zwar entsprechend grösser, aber den Ausdruck nicht langsamer. Obwohl die Schriften während der Ausgabe nach wie vor über das Netzwerk geladen werden müssen, sorgt die intelligente Verwaltung von *QuickDraw GX* dafür, dass nur die tatsächlich benötigten Zeichen zum Drucker geschickt werden. Und was bringt das Ganze dem Anwender?

Integrierte Expert-Schnitte

Expert-Schnitte. Da in einer Schrift über 65 000 Zeichen Platz finden, werden die sogenannten *Expert-Schriftenpakete* aussterben. Es wird zum Beispiel nicht mehr nötig sein, bei Kapitälchen zwischen den regulären und den Expert-Schnitten zu wechseln, da sich alle Zeichen in einer Datei befinden können; *QuickDraw GX* weiss jederzeit, wo die verschiedenen Schnitte zu finden sind. Doch die automatische Anpassung bezieht sich nicht nur auf die Kapitälchen. An- und Abführungszeichen werden automatisch in typografisch korrekte Zeichen umgewandelt, so dass die berüchtigten "Shift-2-Gänsefüsschen" der Vergangenheit angehören. Ligaturen werden automatisch gebildet, und Platz für Symbole ist sowieso reichlich vorhanden. Kurz, die schiere Menge der möglichen Zeichen und ihre clevere Verwaltung unter *QuickDraw GX* lassen Schriftstücke in Zukunft automatisch makellos aussehen – zumindest, was die typografischen Grundregeln betrifft.

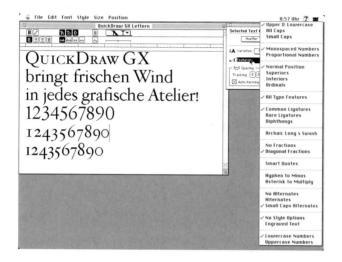

Professionelle Typografie. Nebst dem automatischen Einsatz der richtigen Zeichen besticht *QuickDraw GX* vor allem durch die wesentlich verbesserten Unterschneidungen oder durch die Möglichkeit, Zahlen auf Wunsch proportional (im Fliesstext) oder nicht-proportional (in Tabellen) darzustellen.

Automatisch gepflegte Texte

Design-Achsen. Wie die *Multiple Master Typefaces* von Adobe sind auch GX-Fonts zum Teil mit unterschiedlichen Design-Achsen ausgerüstet, mit denen sich eine Schrift wie Kautschuk verziehen lässt. Üblicherweise handelt es sich bei den stufenlosen Manipulationen um die Auszeichnung oder die Breite der Schrift, aber die mitgelieferten GX-Fonts zeigen auch, wie sich Serifen ein- und ausfahren oder Design-Elemente hinzufügen lassen. Ein Fass ohne Boden für die Freunde gepflegter Typografie. Bestehende Multiple Master Fonts wie die *Myriad* oder die *Minion* von Adobe lassen sich konvertieren und ihren Design-Achsen gemäss einsetzen; die

Die grosse Freiheit mit Design-Achsen

erwähnten Expert-Schnitte müssen jedoch vom Hersteller neu geschaffen werden.

Anpassung an die neuen Schriften

Ein kleines Wölkchen, das die Vorfreude überschattet, bilden die bestehenden Softwarepakete, die erst an die neuen Möglichkeiten angepasst werden müssen – aber damit war bei solch umwälzenden Neuerungen zu rechnen. Lange Rede, kurzer Sinn: Das neue Schriftformat unter *QuickDraw GX* ist ein wahres Juwel und für die Erstellung von professionell wirkenden Dokumenten die wichtigste Neuerung überhaupt.

Drucker auf dem Schreibtisch

Neue Druckerarchitektur. Wir werden wohl nie wieder drucken wie früher. Unter *QuickDraw GX* wird die *Auswahl* unter dem Apple-Menü nur noch dazu verwendet, um Netzwerkdienste anzufordern. Für jeden verfügbaren Drucker wird beim ersten Aufruf ein Icon auf dem Schreibtisch des Finders angelegt, das alle Manipulationen an den Druckjobs ermöglicht. (Quasi ein «Ausgangskorb».)

Sobald ein Dokument ausgegeben wird, legt *QuickDraw GX* eine Datei hinter dem entsprechenden Druckersymbol ab, die darauf wartet, dass der Drucker frei wird. Wenn Sie über mehrere davon gebieten und das gewählte Gerät gerade besetzt ist, können Sie die Datei ganz einfach mit der Maus einem anderen Drucker zuschieben, ohne dass Sie den Drucken-Befehl noch einmal erteilen müssen.

Jede dieser Dateien enthält zugleich eine Voransicht und kann in der Ausgangsbox doppelgeklickt, betrachtet oder auf den Schreibtisch gezogen und von dort aus an andere Benutzer weiterkopiert werden. Der braucht wiederum nur die Datei auf sein Drucker-Icon zu legen, damit sie automatisch ausgedruckt wird.

Digitale Dokumente für den einfachen Datenaustausch

Portable Dokumente. Wer sich bis jetzt noch nicht mit Adobes *Acrobat* oder einem anderen System für den programmunabhängigen Dateiaustausch anfreunden konnte, erlebt mit *QuickDraw GX* Apples eigene Interpretation, wie digitale Dokumente auszusehen haben. Der *PDD Maker GX* erstellt mit jedem Programm unabhängige Dateien, die auch von Mitarbeitern geöffnet, betrachtet und gedruckt werden

· ·

können, die nicht im Besitz der Software sind. Zwar ist es im Gegensatz zu den Konkurrenzprodukten nicht möglich, solche universellen Dateien zu modifizieren, aber für einfache Zwecke sollte es alleweil gut genug sein. PDD-Dateien können für die Ausgabe zudem ohne Umwege auf ein Druckersymbol gelegt werden.

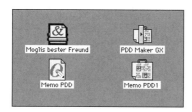

Die neue Druckerarchitektur, die portablen Dokumente und natürlich die umfangreichen typografischen Möglichkeiten machen *QuickDraw GX* nicht nur für Profis aus dem Grafik-Bereich interessant, sondern auch für Büroumgebungen, wenn es darum geht, schnell und effizient Daten auszutauschen.

Mehr Komfort im Büro

Für wen ist System 7.5 gedacht?

Die Zielgruppe könnte grösser nicht sein. Die meisten Bestandteile von System 7.5 sind für jeden Macintosh-Anwender ein Leckerbissen. *Drag&Drop,* die neue Finden-Funktion, die *Sticky Memos...* wer möchte nicht davon profitieren? Für solche Aufrüstungen ist jeder Macintosh schnell genug, der auch System 7.1 tempomässig in den Griff bekommen hat. Allein die Tatsache, dass *PC Exchange* beiliegt, mag für manchen Anwender ein mächtiger Anreiz sein, der den Preis für das ganze Paket symbolisch erscheinen lässt. Die *Apple Hilfe* ist für Einsteiger und Fortgeschrittene gleichermassen ideal, wenn es darum geht, den Macintosh als Lehrer einzusetzen. Weshalb sollte der Rechner ruhen, während der Meister in den Handbüchern blättern muss?

Das System für die grosse Masse

· ·

Neue Möglichkeiten für Netzwerk-Profis

Für wen ist PowerTalk gedacht?

Da *PowerTalk* jetzt auf jedem Macintosh verfügbar ist, könnte das durchaus dazu führen, dass der eine oder andere Systemverantwortliche sein Netzwerk neu überdenken wird. Wenn irgendwo im Netz bereits ein AppleShare-Server steht, ist der AOCE-Server die perfekte Ergänzung dazu. Auch der Server selbst wird vom Einsatz von System 7.5 profitieren, da jetzt Festplatten bis vier Gigabyte ohne Partitionierung eingesetzt werden können.

Kritische Anmerkungen zu QuickDraw GX

Grafiker werden *QuickDraw GX* mit offenen Armen empfangen und hoffen, dass sich die Schriften- und Softwarehersteller mit den Anpassungen sputen. Die neuen, umfangreichen Möglichkeiten im typografischen Bereich und die komfortablere Druckerarchitektur sind so verlockend, dass wohl kaum jemand widerstehen wird. Bevor Sie sich allerdings nun daran machen, *QuickDraw GX* zu installieren, sollten Sie sich einige Punkte durch den Kopf gehen lassen…

Entscheidung über Entscheidung

Am einfachsten kommen Sie zu einer Entscheidung, wenn Sie sich vor Augen halten, von welchen Bestandteilen Sie nach der Installation profitieren können und wie die Konsequenzen aussehen.

Mehr Arbeitsspeicher

Zum einen ist da der Arbeitsspeicher. Nach der Installation von *QuickDraw GX* werden Sie feststellen, dass Sie nun mit ein bis zwei Megabyte weniger auskommen müssen, je nachdem, welches Macintosh-Modell Sie verwenden. Wenn Sie förmlich in Arbeitsspeicher schwelgen können, wird das kaum ein Thema sein. Wenn Sie jedoch bis anhin eher zuwenig Speicher hatten, dann wird *QuickDraw GX* Ihren Rechner eventuell in die Knie zwingen. Eine Speicheraufrüstung muss her.

Dieser Punkt wäre also geklärt. Nehmen wir aber nun einmal an, dass Sie keine Lust haben, weiteren Speicher zu kaufen – jedenfalls nicht, wenn es sich verhindern lässt. Überlegen Sie sich also als nächstes, welche Bestandteile an *QuickDraw GX* für Sie interessant sind. Ist es die neue Drucker-Architektur?

Die neuen typografischen Möglichkeiten? Sind es die digitalen Dokumente, die sich mühelos von einem Rechner zum nächsten schieben und betrachten lassen?

Wenn Sie zum Beispiel der Meinung sind, dass letztgenannte digitale Dateien eine Speicheraufrüstung wert sind, dann sollten Sie nicht vergessen, dass dieses Verfahren nur im Zusammenspiel mit anderen Anwendern Sinn macht. Kurzum: Sind auch Ihre Mitarbeiter willens, die eigenen Rechner eventuell aufzurüsten? Lauter kritische Fragen, die erst einmal beantwortet werden wollen.

Zusammenspiel mit anderen Anwendern

Die typografischen Möglichkeiten sind so imposant, dass die meisten Grafiker liebend gerne aufrüsten werden. Allerdings gibt es auch hier zwei Punkte zu bedenken:

Erstens, die Konvertierung von Type-1-Fonts ins GX-Format entpuppt sich als Einbahnstrasse. Einmal umgewandelt, lassen sich diese Schriften nur noch unter *QuickDraw GX* verwenden. Wenn Sie also öfters zwischen den beiden Drucker-Architekturen hin- und herwechseln möchten, dann müssen Sie jede Schrift in zwei unterschiedlichen Formaten greifbar haben. *(Mehr dazu in Kapitel 13, Schriften.)*

Einbahnstrasse Schrift

Zweitens, *PageMaker 5.0* arbeitet nicht korrekt mit dem neuen QuickDraw-GX-Druckertreiber zusammen. Wohl können Sie in einer Anwendung den GX-Treiber deaktivieren (siehe Abschnitt *Deaktivieren des GX-Druckertreibers* weiter hinten) und zum herkömmlichen Treiber *LaserWriter 8* zurückkehren, doch dann muss der Druckjob zwingend über den *PrintMonitor* abgewickelt werden. Leider ist der Apple-eigene Druckerspooler nicht gerade das Gelbe vom Ei und verweigert bei komplexen Dateien gerne einmal den Dienst.

Inkompatibilitäten mit PageMaker 5.0

Der wichtigste Punkt im Publishing-Bereich ist jedoch die Tatsache, dass auch diese Programme erst an die neuen Möglichkeiten von *QuickDraw GX* angepasst werden müssen. Und hier liegt wohl der grösste Haken.

Wo bleiben die Upgrades?

Die beiden Softwarehäuser Adobe (zu denen neuerdings auch alle Ex-Aldus-Produkte gehören) und Quark sind bestrebt, die Dateien ihrer Programme *PageMaker* und *XPress*

Kompatibilität zu Windows

so kompatibel zu halten, dass sie mit ihren Gegenstücken unter dem Betriebssystem *Microsoft Windows* beliebig austauschbar sind. Im Moment sieht es so aus, als würden eben diese Softwarehäuser zugunsten der Kompatibilität auf die Unterstützung von *QuickDraw GX* verzichten, da diese prächtige Software unter *Windows* kaum zu realisieren ist. Es kann sehr wohl sein, dass in Zukunft eine Lösung gefunden wird, wie sich die Macintosh-Versionen *QuickDraw GX* trotzdem zunutze machen können, doch in der nächsten Zeit wird es keine GX-fähigen Versionen von *PageMaker* und *XPress* geben.

Fazit: Jedes Luxusgut hat seinen Preis. Ob und wie Sie also *QuickDraw GX* einsetzen möchten, sind Entscheidungen, die nur Sie alleine fällen können…

Deaktivieren des GX-Druckertreibers

Apple war sich der Problematik der neuen Drucker-Architektur sehr wohl bewusst – entsprechend einfach ist es, den GX-Treiber in bestimmten Programmen durch den herkömmlichen LaserWriter-8-Treiber zu ersetzen:

❖ Wählen Sie im Apple-Menü den Befehl «Ohne QuickDraw GX drucken».

❖ Bestätigen Sie den folgenden Dialog:

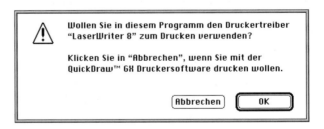

Von nun an ist der GX-Treiber bis auf Widerruf für dieses Programm deaktiviert. Allerdings kann der GX-Treiber nur dann deaktiviert werden, wenn einerseits ein herkömmlicher LaserWriter-8-Treiber und andererseits *PrintMonitor* installiert ist.

Ein brandneues Betriebssystem

Soviel also zu den aktuellen Systemversionen. Gehen wir bei der Installation zuerst einmal vom einfachsten Fall aus: Sie möchten ein nagelneues Betriebssystem auf der Harddisk installieren, ohne dass bereits ein Vorgänger existiert. Die geniale Installationssoftware von Apple sorgt dafür, dass Sie wahrhaftig leichtes Spiel haben. Alles, was Sie dazu brauchen, ist der Diskettensatz, den Sie mit Ihrem Macintosh zusammen erhalten haben.

BASIS

Die Standardinstallation

Das ist der einfachste Fall: Sie installieren das System so, wie Apple es vorsieht. Alles, was Sie tun müssen, ist ein paar Mal mit der Maus klicken und den Rechner mit Disketten füttern.

1. *Schalten Sie den Macintosh aus.*

2. *Legen Sie die Installationsdiskette ein.*

Welche das ist, kommt ganz darauf an, welches System Sie gerade installieren. Bei einigen Rechnern heisst die Diskette *Installation 1*, bei anderen *Spezial Installation*.

Starten ab Diskette

3. *Schalten Sie den Macintosh ein.*

Der Macintosh startet nun von dieser Diskette, da das Diskettenlaufwerk immer oberste Priorität hat. Da jedoch der Platz beschränkt ist, befindet sich auf ihr keine Finder-Datei. Sie werden also direkt im Installationsprogramm landen.

4. Klicken Sie auf «OK».

Einfache Installation ohne Anpassungen

Nun erscheint der eigentliche Dialog für die Installation des Systems. Im einfachsten Fall könnten Sie jetzt auf *Installieren* klicken, damit automatisch alle Komponenten eines vollständigen Betriebssystems installiert werden.

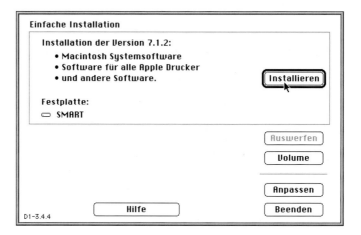

Allerdings heisst das auch, dass sehr viel unnötiger Ballaststoff mitkopiert wird, den Sie gar nicht benötigen – unter anderem alle Druckertreiber für sämtliche je gebauten Apple-Drucker, alle Netzwerkprogramme und so weiter.

5. Klicken Sie auf «Installieren».

Falls Ihnen dieses Vorgehen gefällt, können Sie nun das System auf eben diese Weise installieren. Später, wenn die Installation beendet ist, können Sie sich in aller Ruhe im Finder daran machen, die nicht benötigten Elemente zu löschen. Wenn Sie lieber gleich von Anfang an ein Wörtchen mitreden möchten, was denn alles genau installiert werden soll, dann lesen Sie bitte weiter:

Eine individuelle Installation

Falls Sie ein System Ihren persönlichen Bedürfnissen entsprechend einrichten möchten, dann klicken Sie nicht auf *Installieren*, sondern auf *Anpassen*. Jetzt haben Sie die Möglichkeit, alle Komponenten gezielt auszuwählen.

Komponenten gezielt auswählen

Führen Sie die Schritte 1 bis 4 aus.

5. *Klicken Sie auf den gewünschten Eintrag.*

Wenn Sie mit der Maus einen Punkt in der Liste anklicken, dann liefert Ihnen das Installationsprogramm nicht nur weitere Informationen dazu, sondern zeigt Ihnen auch, wieviel Platz dieses Softwareteil auf der Festplatte belegt:

6. *Wählen Sie die gewünschten Elemente aus.*

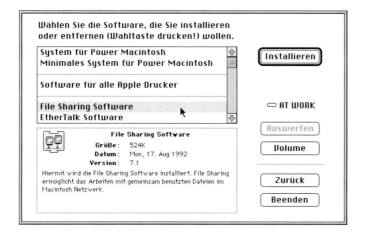

Bei gedrückter Shifttaste können Sie nun beliebige Zusammenstellungen vornehmen und – wenn Sie fertig sind – mit einem Klick auf *Installieren* den Installationsvorgang starten.

Mehrere Objekte auswählen

Nach abgeschlossener Installation müssen Sie den Macintosh neu starten. Die Installationsdiskette wird automatisch ausgeworfen und das neue Betriebssystem von der Festplatte geladen.

Überflüssige Software

Sie können sich nun daran machen, die Software-Zusammenstellung zu verfeinern. Die Installation eines Systems bringt sehr oft Elemente mit sich, die Sie aus dem einen oder anderen Grund nicht haben wollen:

Bestimmte Anwendergruppen

❖ Kontrollfelder wie *Eingabehilfe* oder *Vergrösserung* sind nur für Personen von Nutzen, die körperlich behindert sind. Ersteres erlaubt die Steuerung des Macintosh ohne Maus, während letzteres die Bildschirmdarstellung vergrössert.

Gerätespezifische Kontrollfelder

❖ Andere Kontrollfelder funktionieren nur auf bestimmten Geräten. So lässt sich etwa mit dem Kontrollfeld *PowerBook* auf einem Tischmodell nicht viel anfangen:

Nicht wirklich nützlich

❖ Kontrollfelder wie die *Weltkarte* sind nur mässig nützlich. Wenn Sie keine Verwendung dafür haben, können Sie sie löschen, um Platz auf der Festplatte zu sparen.

Hardwarespezifische Kontrollfelder

❖ Einige Kontrollfelder sind nur lauffähig, wenn eine bestimmte Hardware installiert wurde. Das Kontrollfeld *Video* zum Beispiel lässt sich nur auf Tischmodellen öffnen, die mit einer Karte für die Digitalisierung von Videofilmen ausgestattet sind.

Durchstöbern Sie Ihren Systemordner und halten Sie nach Dateien Ausschau, die auf Ihrem System nicht viel Sinn machen. Wenn nicht ersichtlich ist, worum es sich handelt, sollten Sie das Kontrollfeld doppelklicken. Vielleicht erhalten Sie auch weiterführende Informationen, wenn Sie im Hilfe-Menü des Finders die *Aktive Hilfe* einschalten und den Mauszeiger auf dem entsprechenden Kontrollfeld plazieren.

Aktualisierung eines Systems

Vielleicht möchte Ihr Macintosh nicht mehr so wie früher – oder er wirft regelmässig die Bombe. Nachdem Sie so ziemlich alles ausprobiert haben, um ihn zu kurieren, möchten Sie das Betriebssystem auswechseln. Eventuell ist es aber auch Ihr Begehr, auf eine neuere Systemversion aufzurüsten. So oder so – die Aktualisierung eines bestehenden Systems kann sich in einigen Punkten von einer Neuinstallation ziemlich unterscheiden.

BASIS

Die Aktualisierung oder das Auswechseln eines bereits bestehenden Systems macht insofern mehr Arbeit, weil Sie ja bereits damit gearbeitet haben. Da gibt es Kontrollfelder, Systemerweiterungen und Voreinstellungen, die Sie wahrscheinlich auch weiterhin verwenden möchten und die übernommen werden sollen.

Bestehende Software übernehmen

Grundsätzlich gibt Ihnen das Apple-Installationsprogramm die Möglichkeit, dass Sie ein bestehendes System einfach aktualisieren können. Das heisst, Sie starten den Macintosh wie vorher beschrieben von der Diskette *Installation 1* und aktualisieren den bereits vorhandenen Systemordner. Für Ihre persönlichen Ergänzungen im Systemordner besteht zwar keine Gefahr, aber das Installationsprogramm wird keine veralteten Bestandteile entfernen, sondern lediglich neue hinzufügen.

Veraltete Software wird nicht entfernt

MERKET AUF

Es ist also in jedem Fall besser, wenn Sie das System neu installieren, statt es zu aktualisieren. Ein paar Worte zum Vorgehen: Zuerst wird der alte Systemordner unkenntlich gemacht, damit er nicht automatisch aktualisiert wird. Dann wird ein frisches System installiert. Zu guter Letzt werden die individuellen Dateien, die sich noch im ausgedienten Systemordner befinden, dem neuen Systemordner hinzugefügt.

Besser neu installieren als aktualisieren

Und jetzt das Ganze im Detail.

1. Benennen Sie den alten Systemordner um.

Systemordner umtaufen

Zum Beispiel in *Alt* oder *War einmal* oder was auch immer. Kurz, er sollte einfach nicht ausgerechnet *Systemordner* heissen, da sonst das Installationsprogramm alle neuen Dateien in diesen Ordner kopieren würde. Und genau das wollen wir ja verhindern...

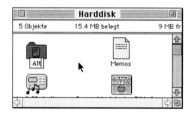

2. Machen Sie den alten Systemordner unkenntlich.

Verwischen Sie die Spuren

Egal, wie der Systemordner heisst, solange er die Dateien *System* und *Finder* enthält, ist er der rechtmässige Nachfolger. Das Installationsprogramm würde also weiterhin automatisch diesen Ordner bevorzugen.

HEISSER TIP!

Am einfachsten verwischen Sie die Spuren, indem Sie die Dateien *System* und *Finder* in den Papierkorb ziehen. Sie können ihn zwar im Augenblick nicht entleeren, da beide Dateien noch in Betrieb sind, aber das ist auch nicht notwendig.

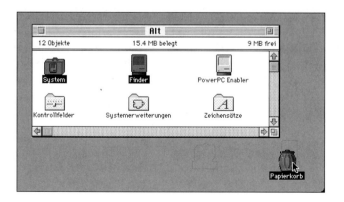

3. *Starten Sie von der Installationsdiskette.*

Schalten Sie den Macintosh aus, legen Sie die Diskette *Installation 1* ein und schalten Sie den Macintosh wieder ein. Es wird automatisch das Installationsprogramm geladen.

Installation starten

4. *Installieren Sie ein neues Betriebssystem.*

Nun können Sie ein neues Betriebssystem installieren, wie im Abschnitt «Ein brandneues Betriebssystem» beschrieben.

Neues System installieren

5. *Starten Sie den Macintosh neu.*

Der Rechner wird automatisch mit dem neuen System betrieben. Einmal im Finder angelangt, können Sie sich nun daran machen, die individuellen Elemente des alten Systemordners in den neuen zu übernehmen.

Bestehende Elemente übernehmen

Wenn Sie den alten Systemordner zerpflücken, sollten Sie zweimal hinsehen, bevor Sie eine Datei dem Papierkorb zum Frass vorwerfen. Hier in einer kleinen Checkliste, was Sie beachten sollten:

❖ Haben Sie alle Systemerweiterungen und Kontrollfelder, die *nicht von Apple kommen*, übernommen?

Erweiterungen

❖ Befinden sich firmenspezifische Ordner wie *Aldus, Claris, Microsoft* oder ähnlich im Systemordner, die Hilfsprogramme und Dateien enthalten, die von Programmen benötigt werden?

Herstellerspezifische Ordner

❖ Die meisten Dateien im Ordner *Preferences* werden Sie nicht mehr benötigen. Befinden sich aber vielleicht Anwender-Wörterbücher oder Voreinstellungen darin, die Sie in mühevoller Kleinarbeit zusammengestellt haben? Gibt es vielleicht Dateien wie *MacTCP Prep* oder Modemeinstellungen, die wichtige Netzwerkverbindungen oder Telefonnummern enthalten?

Voreinstellungen

❖ Befinden sich im Ordner *Zeichensätze* (System 7.1 und höher) oder in der Systemdatei (System 7.0) Schriften, die Sie übernehmen möchten?

Schriften

Schreibtischzubehör ❖ Befinden sich im Ordner *Apple-Menü* Hilfsprogramme und Schreibtischzubehör, die nicht mit dem Apple-System installiert wurden und die Sie weiterverwenden möchten?

Objekte im Album ❖ Haben Sie in der *Albumdatei* Bilder oder andere Objekte gespeichert, von denen Sie keine Sicherheitskopien besitzen?

Notizen ❖ Was für die *Albumdatei* gesagt wurde, gilt genauso für die *Notizblockdatei*. Befinden sich in ihr eventuell wichtige Mitteilungen?

Wichtige Startobjekte ❖ Haben Sie im Ordner *Startobjekte* vielleicht Originale statt Alias-Dateien abgelegt?

So oder so … sehen Sie sich den Inhalt des alten Systemordners genau an. Kopieren Sie alles, was Sie weiterhin benötigen, in den neuen Systemordner. Anschliessend können Sie die Überreste des alten Systems im Papierkorb verschwinden lassen.

Nichts geht mehr...

Ein beschädigtes System auswechseln In einige Fällen kann es vorkommen, dass Sie das System neu installieren möchten, weil es so schwer beschädigt ist, dass der Macintosh damit nicht mehr aufstarten kann. Um zu verhindern, dass das Installationsprogramm automatisch den bestehenden Systemordner aktualisiert, statt einen neuen zu installieren, sollten Sie den Rechner zuerst mit der Diskette *Dienstprogramme* aufstarten.

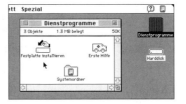

Danach können Sie wie vorhin beschrieben den aktuellen Systemordner unkenntlich machen und anschliessend ein frisches System von Grund auf installieren.

Eine schlichtweg geniale Lösung

Falls Sie ein Wechselplattenlaufwerk besitzen, können Sie sich eine Notfalldiskette der besonderen Art zusammenstellen – eine, die sich wirklich gewaschen hat. Sie wird Ihnen in Zukunft massenhaft Arbeit abnehmen, wenn es darum geht, neue Systeme zu installieren, die Festplatte zu reparieren *(siehe Kapitel 8, Datenrettung)* oder zu hätscheln *(siehe Kapitel 6, Datenpflege)*. Wenn Sie kein Wechselplattensystem besitzen, wird es höchste Zeit, dass Sie dies nachholen ... Sie werden es nie bereuen!

Eine Wechselplatte als Notfalldiskette

Als erstes sollten Sie eine neue Wechselplatte formatieren und darauf einen neuen Systemordner installieren. Platz ist ja reichlich vorhanden, und so können Sie auf diese Platte zudem alle Hilfsprogramme kopieren, die Sie in Ihrer Softwaresammlung führen. Wenn Sie sich die *Norton Utilities,* die *MacTools* und/oder das *Hammer Harddisk ToolKit* angeschafft haben *(siehe Kapitel 6, Datenpflege),* dann kopieren Sie alle Hilfsprogramme auf diese Platte. Wenn Sie sich noch nicht zum Kauf dieser grandiosen Pakete durchringen konnten, dann kopieren Sie die Programme *Erste Hilfe* und *Festplatte installieren* auf die Wechselplatte. (Beide finden Sie auf der Diskette *Dienstprogramme.)*

Zusammenstellung der Werkzeuge

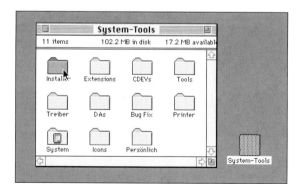

Sofortiger Zugriff auf alle Hilfsprogramme

Egal, welche Manipulationen Sie in Zukunft an Ihrer Festplatte vornehmen möchten – die Wechselplatte ist die perfekte Startdiskette, die Ihnen Zugriff auf alle wichtigen Utilities garantiert. Wenn Ihre Harddisk einmal versagen sollte, können Sie von dieser Platte aus aufstarten. Das Erstellen von einem halben Dutzend Startdisketten für die verschiedenen Hilfsprogramme entfällt.

Ordner statt Disketten

HEISSER TIP!

Nun zur Installation zukünftiger Systeme. Das Apple-Installationsprogramm ist so clever, dass es Ihnen freistellt, ob Sie das Betriebssystem ab Diskette oder ab Wechselplatte aufstarten möchten. Wenn Sie sämtliche Disketten auf die Wechselplatte kopieren, können Sie das System von dieser Platte installieren, ohne dass Sie ein einziges Mal eine Diskette in die Finger nehmen müssen. Und so wird es gemacht:

1. *Legen Sie auf der Wechselplatte einen neuen Ordner an.*

Die Bezeichnung spielt dabei keine Rolle. Wie wäre es zum Beispiel mit *System-Installation*?

2. *Schieben Sie die erste Diskette ein.*

3. *Legen Sie das Icon der Diskette auf den neuen Ordner.*

Original-Bezeichnung beibehalten

VORSICHT FALLE

Auf diese Weise wird nicht nur der Inhalt der Diskette kopiert – es wird gleichzeitig ein Ordner erstellt, der die gleiche Bezeichnung trägt wie die Diskette. Belassen Sie diese Bezeichnung unbedingt so, wie sie ist, da sonst das Installationsprogramm nicht in der Lage ist, die benötigten Dateien zu finden!

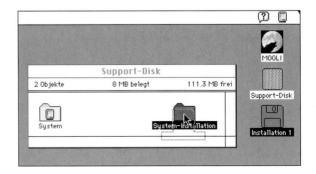

. . . .

4. Wiederholen Sie die Prozedur mit allen Systemdisketten.

Der Zugriff auf das Installationsprogramm wird noch ein wenig einfacher, wenn Sie es zusammen mit der Installationsdatei auf die oberste Ebene des Installationsordners legen. Allerdings sind das die beiden einzigen Objekte, die verschoben werden dürfen. Jetzt müsste das Ganze so aussehen: **Vereinfachter Zugriff**

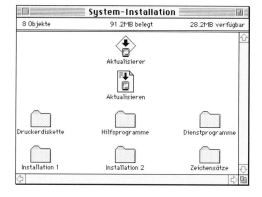

Wenn Sie nun in Zukunft ein neues Betriebssystem installieren möchten, können Sie mit dieser Wechselplatte aufstarten, das Installationsprogramm laden und sich anschliessend gemütlich zurücklehnen, während alle benötigten Dateien **Installieren ab Wechselplatte**

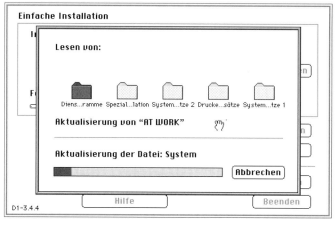

. . . .

automatisch aus dem entsprechenden Ordner geholt werden – das Installationsprogramm erkennt selbständig, dass Sie nicht mit Disketten, sondern mit den gleichlautenden Ordnern arbeiten.

HEISSER TIP!

Das Apple-Installationsprogramm wird von vielen Softwareherstellern für ihre eigenen Produkte übernommen. Sie können in diesem Fall das soeben beschriebene Verfahren also problemlos auch auf andere Softwarepakete anwenden.

Aktualisierer 4.0
Als dieses Buch gedruckt wurde, führte Apple mit System 7.5 die neuste Version 4.0 des Installationsprogrammes *Aktualisierer* ein. Grundsätzlich sind keine neuen Funktionen dazugekommen, aber die Handhabung ist noch einfacher und die Angaben sind informativer geworden:

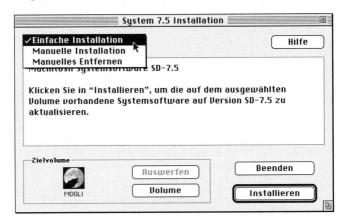

Auf den ersten Blick scheint nur die Anordnung der Elemente verändert. Wenn Sie jedoch im Popup-Menü die «Manuelle Installation» anwählen, dann werden die wichtigen Änderungen sichtbar.

Gruppierung der Software

Softwarebestandteile, die thematisch zusammengehören, sind gruppiert worden. Sie können entweder alle Elemente auswählen, wenn Sie den Titel der Gruppe aktivieren, oder gezielt eine Auswahl treffen, indem Sie auf das Dreieck klicken. Das lästige Aktivieren mehrerer Objekte mit der Shifttaste entfällt.

Hinter den meisten Punkten sehen Sie ein kleines «i». Ein Klick auf dieses Symbol liefert weitere Informationen zu den Objekten, die installiert werden sollen. Sie können sich also mit dem Installationsprogramm in aller Ruhe umsehen, Informationen einholen und das alles, ohne dauernd die Shifttaste zu drücken.

Mehr Informationen

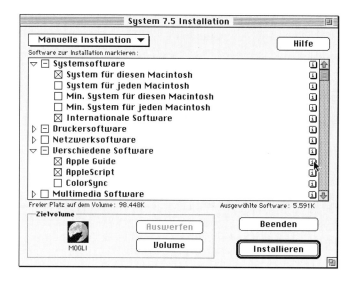

Kurz, mit dem neuen Aktualisierer sind Sie nicht nur besser informiert, sondern Sie bekommen auch die Möglichkeit, Ihre Wunschkonfiguration bequem und vor allem sehr exakt zusammenzustellen.

Was bleibt?

Wie Sie gesehen haben, ist die Installation des Betriebssystems keine Hexerei. Wenn irgend etwas nicht so läuft, wie es sollte, wiederholen Sie einfach die Anleitung Schritt für Schritt. Wenn es nach dem dritten Mal nicht klappt, wäre wohl der Austausch der Systemdisketten fällig.

Installation eines neuen Systems

1. Schalten Sie den Macintosh aus.

2. Legen Sie die Installationsdiskette ein.

3. Schalten Sie den Macintosh ein.

4. Wenn das Installationsprogramm geladen ist, klicken Sie auf *OK*.

5. Klicken Sie auf *Installieren,* um einen Standardsystemordner einzurichten,
   oder klicken Sie auf *Anpassen,* um eine eigene Zusammenstellung vorzunehmen.

6. Legen Sie die nötigen Disketten ein.

7. Klicken Sie auf *Beenden* respektive *Neustart.*

Aktualisierung eines bestehenden Systems

1. Machen Sie den bestehenden Systemordner unkenntlich,
   indem Sie ihn umtaufen und den Finder und die Systemdatei in den Papierkorb legen.

2. Schalten Sie den Macintosh aus.

3. Legen Sie die Installationsdiskette ein.

4. Schalten Sie den Macintosh ein.

5. Wenn das Installationsprogramm geladen ist, klicken Sie auf *OK*.

6. Klicken Sie auf *Installieren,* um einen Standardsystemordner einzurichten,
   oder klicken Sie auf *Anpassen,* um eine eigene Zusammenstellung vorzunehmen.

7. Legen Sie die nötigen Disketten ein.

8. Klicken Sie auf *Beenden* respektive *Neustart.*

9. Kopieren Sie alle Elemente, die Sie weiterhin verwenden möchten,
   aus dem alten in den neuen Systemordner.

Checkliste für die Übernahme von Dateien aus einem alten Systemordner

❖ Systemerweiterungen.

❖ Kontrollfelder.

❖ Firmenspezifische Ordner wie *Claris* oder *Microsoft*.

❖ Wichtige Voreinstellungen aus dem Ordner *Preferences*.

❖ Schriften aus der Systemdatei oder dem Ordner *Zeichensätze*.

❖ Schreibtischzubehör und Originaldateien aus dem Apple-Menü.

❖ Grafiken, Texte, Töne oder Filme aus dem Album.

❖ Wichtige Texte in der Notizblockdatei.

❖ Originaldateien aus dem Ordner *Startobjekte*.

Einrichten einer Wechselplatte als Startdiskette für die Installation des Systems

1. Formatieren Sie eine neue Wechselplatte.

2. Installieren Sie auf dieser Platte ein lauffähiges System für Ihren Macintosh.

3. Erstellen Sie einen neuen Ordner, in den alle Systemdisketten kopiert werden können.

4. Kopieren Sie alle Systemdisketten in diesen Ordner,
   indem Sie das Icon der Diskette (nicht ihren Inhalt!) auf den Ordner legen.

5. Verschieben Sie das Programm «Aktualisierer» und die Datei «Aktualisieren»
   auf die oberste Ebene.

6. Um ein neues System zu installieren, müssen Sie den Macintosh ab dieser Platte starten.

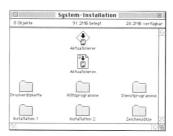

Die verschiedenen System Enabler (nur für System 7.1 und System 7 Pro)

Centris 610, 650	Enabler 040
Quadra 610, 650, 800	Enabler 040
Centris 660 AV	Enabler 088
Quadra 660 AV, 840AV	Enabler 088
ColorClassic	Enabler 401
IIvi, IIvx	Enabler 001
LC 520	Enabler 403
LC 550, LC 575, Quadra 605	Enabler 065
LC II, LC III	Enabler 003
MacTV	Enabler 404
PowerBook 160, 165c, 180, 180c	Enabler 131
PowerBook 520, 520c, 540, 540c	PowerBook 500 Enabler
PowerBook Duo 250, 270c, 280, 280c	PowerBook Duo Enabler
Power Macintosh 6100, 7100, 8100	PowerPC Enabler
PowerPC-Upgrade-Karte	PowerPC Upgrade Card Enabler

Die System-Enabler wurden mit System 7.1 eingeführt, unter System 7 Pro beibehalten und mit System 7.5 wieder abgeschafft. Die Liste gilt also nur für die oben erwähnten Systemversionen! Alle Macintosh-Modelle, die älter als die hier aufgeführten sind, arbeiten auch mit System 7.0 und benötigen deshalb keinen System-Enabler.

Systemerweiterungen

Jeder Anwender wird früher oder später in die Situation kommen, in der ihm kleine, dreiste Biester das Leben schwer machen: Die *Systemerweiterungen*. Die Zeiten, in denen man ohne auskommen konnte, sind seit knapp zehn Jahren vorbei, denn bereits das splitternackte Apple-Betriebssystem umfasst die verschiedensten Erweiterungen für Netzwerkzugriffe, Animationen, Modem und dergleichen mehr. Man will nicht mit ihnen und man kann nicht ohne sie leben. So balancieren wir auf dem schmalen Grat, der die Freude vom Systemabsturz trennt.

Ankündigung von Systemerweiterungen

Systemerweiterungen künden ihren Auftritt an, indem sie ihr Icon beim Aufstarten des Macintosh am unteren Bildschirmrand zeigen, etwa so:

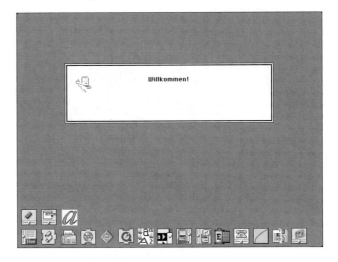

Leider kann man sich nicht immer darauf verlassen, da es sich einige Systemerweiterungen stillschweigend und ohne optischen Hinweis im System gemütlich machen. Zu einem späteren Zeitpunkt werden wir uns ansehen, wie Sie solchen Heimlichtuern mit Hilfe des Shareware-Utilities *Symbionts* auf die Schliche kommen. *Symbionts* finden Sie auf der mitgelieferten *SmartDisk*.

«Und wie heisst das da?»

Apples Terminologie für die verschiedenen Erweiterungen ist nicht ganz logisch. Seit der Einführung von System 7 nennt Apple alles, was beim Aufstarten des Macintosh in den Arbeitsspeicher geladen wird, *Systemerweiterung*. Auf der anderen Seite gibt es da noch die *Kontrollfelder*, die normalerweise für gewisse Einstellungen verantwortlich sind (zum Beispiel für das Muster auf dem Schreibtischhintergrund). Einige dieser Kontrollfelder sind gleichzeitig aber auch Systemerweiterungen, werden also beim Start des Rechners in den Speicher geladen.

BASIS

Reine Kontrollfelder

Die meisten Kontrollfelder zeigen in ihrem Icon einen kleinen Schieber, der darauf hindeuten soll, dass Sie als Anwender bestimmte Einstellungen vornehmen können. Systemerweiterungen hingegen werden in den meisten Fällen als Puzzleteil dargestellt. (Dazu kommen wir gleich.)

Etiketten

Das Kontrollfeld *Etiketten* zum Beispiel kann mit einem Doppelklick geöffnet werden, damit sich anschliessend die Bezeichnungen der verschiedenen Etiketten im Finder verändern lassen. Also wird über dieses Kontrollfeld zwar der Finder modifiziert, aber es wird während des Aufstartens des Macintosh kein Code in den Arbeitsspeicher geladen. Genaugenommen muss sich *Etiketten* nicht einmal im Ordner *Kontrollfelder* befinden, sondern kann seinen Dienst von einem beliebigen Ort aus verrichten. Wenn Sie sicher sind, dass Sie die Namen der Etiketten nicht mehr verändern werden, können Sie es sogar löschen. *Etiketten* gehört zu der sympathischen Gruppe von Kontrollfeldern, die im Arbeitsspeicher keinen Ärger bereiten können, da – wie bereits erwähnt – beim Aufstarten keine Programmteile in den Arbeitsspeicher geladen werden.

Reine Systemerweiterungen

Das pure Gegenteil eines Kontrollfeldes ist zum Beispiel die Systemerweiterung *QuickTime,* jene geniale Software, die die Videoverarbeitung auf den Macintosh gebracht hat. *Quick-Time* lässt keine Eingriffe durch den Anwender zu, sondern wird ausschliesslich durch Programme aufgerufen, die sich mit dieser Erweiterung verstehen. Wird *QuickTime* doppel-geklickt, quittiert der Finder diese Aktion lediglich mit einer Dialogbox:

QuickTime™

> **Systemerweiterung**
>
> **Mit dieser Datei können Sie das Leistungsspektrum Ihres Macintosh erweitern. Legen Sie die Datei in den Ordner "Systemerweiterungen" und starten Sie den Computer neu, damit ihre Funktion verfügbar ist.**
>
> [OK]

Bestimmte Erweiterungen sind immer aktiv

Da *QuickTime* zu jedem Zeitpunkt aktiv ist – der nächste Videofilm kommt bestimmt – wird es beim Aufstarten des Gerätes einmal in den Arbeitsspeicher geladen und bleibt dort so lange, bis Sie Ihren Macintosh wieder ausschalten.

HEISSER TIP!

Wie bereits angesprochen, werden Systemerweiterungen in Form eines Puzzle-Teiles dargestellt – und damit sind wir der Funktion schon sehr nahe! Stellen Sie sich das Betriebssystem einfach als eine feste Unterlage vor, auf der Sie Ihr Puzzle auslegen. Auf dieser Unterlage können Sie nun beliebig viele Puzzleteile (oder eben Systemerweiterungen) anfügen, die das System um bestimmte Funktionen erweitern.

INIT vs. Erweiterungen

Systemerweiterungen wie *QuickTime* und andere gesichtslose Module lassen sich vom Anwender in ihrer Funktion nicht anpassen und werden deshalb im Ordner *Systemerweiterungen* im Systemordner abgelegt. Früher, unter System 6, hiessen sie *INITs*, aber der Ausdruck ist ein bisschen aus der Mode gekommen.

Mischformen

Das Kontrollfeld *Speicher* ist eine Mischform aus den beiden vorher erwähnten Erweiterungen. Einerseits werden winzige Mengen Code beim Start des Macintosh in den Arbeitsspeicher geladen, andererseits verfügt es aber auch über eine Benutzeroberfläche, die auftaucht, wenn die Datei doppelgeklickt wird. Solche Kontrollfelder, die gleichzeitig auch Systemerweiterungen sind, werden im Ordner *Kontrollfelder* innerhalb des Systemordners abgelegt. Das muss nicht so sein, aber da Sie über das Apple-Menü direkt auf diesen Ordner zugreifen können, wird der Aufruf wesentlich bequemer gestaltet, als wenn man bei jeder kleinen Änderung den Systemordner nach dem richtigen Kontrollfeld durchsuchen müsste.

Speicher

Engines

Es gibt noch eine vierte Spezies, die sogenannten *Engines,* was etwa so viel heisst wie «Motor». Ein typisches Beispiel ist die *StuffIt Engine.* Sie gehört zu einer ganzen Reihe allerfeinster Komprimier-Programme, die zusammen das Paket *StuffIt Deluxe* bilden, den De-facto-Standard für die Kompression von Dateien.

StuffIt Engine™

Die *StuffIt Engine* wird beim Start nicht in den Arbeitsspeicher geladen und besitzt auch keine Benutzeroberfläche, mit der sich irgend etwas anstellen liesse. Auch der Anwender kann sie nicht direkt kontrollieren: Die einzige Aufgabe dieser Engine ist es, für Programme da zu sein, die an sie angepasst worden sind.

Nur Programme kontrollieren Engines

In unserem Falle wäre das zum Beispiel die Anwendung *StuffIt,* die sämtliche nur denkbaren Funktionen für die Datenkompression enthält. Für den direkten Zugriff aus dem Finder hingegen wird das *Magic Menu* bemüht, das nur die wichtigsten Funktionen kennt, dafür aber sehr bequem einsetzbar ist. Die Komprimierung von Dateien im Hintergrund wiederum besorgt das Kontrollfeld *SpaceSaver.* Und so weiter. Kurz, jedes Programm schnappt sich aus der Engine, was es gerade benötigt. Der Vorteil liegt auf der

Eine Engine kann vielen Herren dienen

Geringe Belastung des Arbeitsspeichers

Hand: Trotz soviel Funktionalität benötigen die einzelnen Programme nur sehr wenig Platz (sowohl auf der Festplatte als auch im RAM), da alle Mechanismen zentral verwaltet und von der Engine zur Verfügung gestellt werden.

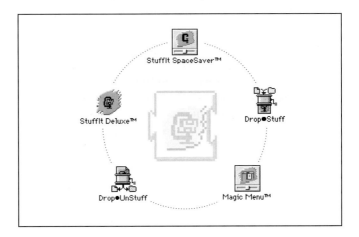

Obwohl die Engine innerhalb des Systemordners im Ordner *Systemerweiterungen* gelagert werden muss, wird sie nicht beim Aufstarten in den Arbeitsspeicher geladen, sondern erst dann, wenn sie von einem Programm beansprucht wird. Anschliessend verschwindet sie genauso unauffällig, wie sie gekommen ist.

Andere Beispiele für Engines

StuffIt Deluxe ist bei weitem nicht das einzige Programm, das eine Engine mitbringt. Ein anderes Beispiel wären die verschiedenen Druckertreiber, die wir als Anwender zwar in der *Auswahl* unter dem Apple-Menü anwählen, aber nicht modifizieren können. Änderungen werden nur in den Dialogfeldern für das Papierformat oder für den Ausdruck gemacht. Später werden wir sehen, wie man die einzelnen Dateien prüft, ob sie beim Start des Rechners in den Arbeitsspeicher geladen werden oder ob sie nur eine passive Funktion übernehmen.

Installation von Systemerweiterungen

Wie soll man bei der Installation eines neuen Produktes wissen, welche Erweiterungen wo hingehören? Ganz einfach: Lassen Sie den Finder die Arbeit tun. Alles, was Sie machen müssen, ist die Datei auf das Icon des Systemordners zu legen, worauf der Finder Sie informiert, wo sie abgelegt wird:

Automatische Installation durch den Finder

Das funktioniert auch dann, wenn Sie mehrere Objekte gleichzeitig auf das Icon des Systemordners legen, selbst wenn die zu installierenden Dateien völlig unterschiedlich sind. Das sieht dann so aus:

Mehrere Objekte installieren

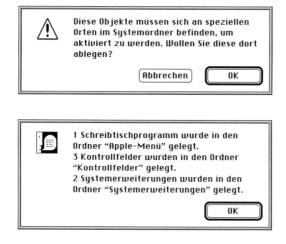

Manuelle Plazierung von Erweiterungen

Wenn Sie eine Systemerweiterung an einem bestimmten Ort ablegen möchten, der von den Vorschlägen des Finders abweicht, ist das ebenfalls kein Problem. Öffnen Sie den Systemordner mit einem Doppelklick und plazieren Sie die Erweiterung manuell an einem der folgenden drei Orte: Im Ordner *Kontrollfelder,* im Ordner *Systemerweiterungen* oder im sogenannten *Root,* also im Systemordner selbst, ohne Unterordner. Achtung: Erweiterungen, die sich nicht an einem dieser Orte befinden, werden beim Start nicht geladen!

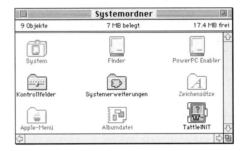

Die Ladereihenfolge

Im Prinzip spielt es keine Rolle, an welchem der drei Orte sich Kontrollfelder oder Systemerweiterungen befinden, damit sie ihren Betrieb aufnehmen können. Allerdings hat der Standort einen Einfluss darauf, in welcher Reihenfolge die verschiedenen Erweiterungen geladen werden.

Wenn der Macintosh aufstartet, wird folgender Ablauf eingehalten:

❖ Zuerst werden alle Objekte geladen, die sich im Ordner *Systemerweiterungen* befinden, und zwar in alphabetischer Reihenfolge.

❖ Anschliessend werden alle Objekte geladen, die sich im Ordner *Kontrollfelder* befinden, ebenfalls in alphabetischer Reihenfolge.

❖ Am Schluss werden alle Objekte geladen, die sich im *Root* befinden, wiederum in alphabetischer Reihenfolge.

Sehen wir uns an, weshalb die Reihenfolge in bestimmten Fällen eine grosse Rolle spielen kann.

Ladereihenfolge beeinflussen

Angenommen, Sie möchten, dass eine Systemerweiterung, deren Bezeichnung unvorteilhafterweise mit einem «Z» beginnt, als erste geladen wird. Die einfachste Möglichkeit, um die Startreihenfolge zu beeinflussen, wäre die, dass Sie vor dem «Z» einen Leerschlag eingeben. Da ein Leerschlag beim Macintosh vor dem Buchstaben «A» rangiert, wird diese Erweiterung in Zukunft ganz am Anfang geladen. Das ist übrigens kein fauler Trick, sondern eine Technik, die auch von gestandenen Softwareherstellern verwendet wird, so zum Beispiel beim *Adobe TypeManager* mit der Tilde (~).

Objekte verschieben

Sollten Sie es aus dem einen oder anderen Grund wichtig finden, dass eine Systemerweiterung ganz am Schluss geladen wird (also nach den Kontrollfeldern), können Sie die Datei zum Beispiel auch aus dem Ordner *Systemerweiterungen* in das Root bewegen. Wenn Sie die Datei in Zukunft trotzdem bequem über den Ordner *Kontrollfelder* aufrufen möchten, können Sie ein Alias dort plazieren.

Chaos im Speicher

BASIS

In diesem Abschnitt interessieren uns nur die Erweiterungen vom Schlag *QuickTime* oder *Speicher,* also diejenigen, die Programmcode in den Arbeitsspeicher laden und aktiv eine Funktion im Hintergrund verrichten. Viele dieser Erweiterungen sind prinzipiell in der Lage (und oft auch willens), ein gesundes Rechnersystem aus der Fassung zu bringen.

Keine Begrenzung der Erweiterungen

Theoretisch können Sie auf einem Macintosh so viele Systemerweiterungen laden, wie der Arbeitsspeicher zulässt. Da aber nichts auf der Welt wirklich perfekt ist, kann es vorkommen, dass sich zwei oder mehr Erweiterungen in die Quere kommen, was meistens zu einem Absturz des gesamten Systems führt. Für solche Rangeleien zeichnet der Programmierer der schuldigen Erweiterung verantwortlich, denn wenn sie nach den Richtlinien von Apple programmiert worden wäre, dann dürfte es im Zusammenspiel mit anderen Erweiterungen keinesfalls zu einem Absturz kommen.

«Wer war das?!?»

Vielleicht kommt Ihnen dieses Szenario bekannt vor: Alles läuft zur schönsten Zufriedenheit, bis Sie ein neues Kontrollfeld oder eine neue Systemerweiterung installieren. Sie starten den Macintosh neu, damit der Frischling seine Funktion aufnehmen kann, und … aus der Traum! Der Macintosh friert ein, wirft die Bombe oder ist nicht in der Lage, den Finder zu laden. Was nun?

Alle Erweiterungen deaktiveren

Zuerst einmal müssen Sie den Macintosh wieder zum Funktionieren bringen. Kein Problem: Starten Sie den Computer neu und halten Sie gleich nach dem Startgong die Shifttaste gedrückt, bis Sie folgende Meldung sehen:

Jetzt können Sie die Shifttaste wieder loslassen. Da keine einzige Erweiterung geladen wurde, konnte sich das System wieder aufrappeln. Zurück im Finder, scheint die Konsequenz auf den ersten Blick nur logisch: Die neue Erweiterung ist mit den bestehenden nicht kompatibel und muss deshalb gelöscht werden… doch halt: Vielleicht gibt es auch einen anderen Lösungsansatz.

Schuldig oder nicht schuldig?

Es muss nicht immer die neue Systemerweiterung schuld sein. Es könnte auch an derjenigen liegen, die unmittelbar vor oder nach ihr geladen wurde. Entfernen Sie vorerst die neue Systemerweiterung und starten Sie den Macintosh neu. Notieren Sie sich anhand der kleinen Icons die Ladereihenfolge der Erweiterungen.

Legen Sie nun die neue Erweiterung dazu und starten Sie den Macintosh noch einmal neu. Merken Sie sich, nach welcher Erweiterung das System einfriert.

Starten Sie den Macintosh noch einmal, diesmal wieder mit gedrückter Shifttaste. Entfernen Sie die Erweiterungen, die vor und nach dem Neuling geladen werden und versuchen Sie es noch einmal.

Allein oder zu zweit

Falls es jetzt klappt, müssen Sie eventuell auf eine der Erweiterungen verzichten, da sie zwar für sich alleine funktionieren, aber nicht zusammenarbeiten wollen. Bevor Sie jedoch die schuldige Erweiterung verbannen, sollten Sie erst versuchen, alle Erweiterungen in eine andere Reihenfolge zu bringen. Sorgen Sie dafür, dass die neue Erweiterung zu Beginn geladen wird. Wie das gemacht wird, wird im Abschnitt *Installation von Systemerweiterungen* beschrieben. Wenn das auch nicht funktioniert, nehmen Sie die Systemerweiterung ganz an den Schluss der Ladereihenfolge, indem Sie der Bezeichnung zum Beispiel ein «Z» voranstellen. Oft werden solche Aktionen von Erfolg gekrönt.

Ein Herz für Erweiterungen

Wie Sie gesehen haben, ist das Lösen von Konflikten unter den Systemerweiterungen eine ziemlich zeitraubende Angelegenheit, da jeder Neustart im Schnitt zwischen einer und zwei Minuten dauert und von mehreren anderen Handgriffen begleitet wird. Hilfe von aussen ist angesagt, damit ein Grossteil der anfallenden Handarbeit delegiert werden kann.

SMART DISK

Die günstigste Variante ist das Paket *Symbionts,* das Sie auf der mitgelieferten *SmartDisk* finden. Es besteht aus der Erweiterung *!Symbionts* und dem Kontrollfeld *Symbionts Control.* (Beachten Sie das Ausrufezeichen, das am Anfang der Bezeichnung steht! Es führt dazu, dass *!Symbionts* am Anfang geladen wird.)

!Symbionts

Symbionts Control

Das Verfahren ist ganz einfach: Legen Sie beide Dateien auf das Icon des Systemordners, damit sie am richtigen Ort untergebracht werden. Starten Sie anschliessend den Macintosh neu und halten Sie nach dem Startgong die Leerschlagtaste gedrückt, bis das Symbionts-Fenster erscheint.

In der Auflistung ganz links sehen Sie die verschiedenen Ordner innerhalb des Systemordners. Wenn Sie beispiels-

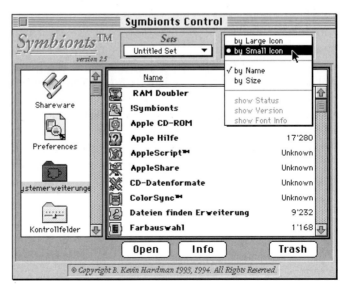

weise das Symbol des Ordners *Systemerweiterungen* einmal anklicken, dann sehen Sie alle Systemerweiterungen, die sich in ihm befinden. Wenn Sie eine davon ein- oder ausschalten möchten, müssen Sie sie lediglich doppelklicken.

Erweiterungen ein- und ausschalten

Sobald Sie Ihre Wunschkonfiguration gefunden haben, können Sie das Fenster schliessen, damit die verbliebenen Erweiterungen geladen werden… und zwar mit den Angaben, wieviel Speicher jede einzelne verbraucht! Falls Ihnen das zu schnell geht, öffnen Sie nach dem Ladevorgang im Ordner *Kontrollfelder* die Datei *Symbionts Control,* um sich in aller Ruhe über den Speicherbedarf zu informieren.

Speicherbedarf

Aber *Symbionts* kann noch mehr. Es hilft Ihnen auch zu erkennen, welche Erweiterungen tatsächlich Programmteile in den Arbeitsspeicher laden und somit zu Konflikten führen können. Harmlose Kontrollfelder wie das bereits erwähnte *Etiketten* verhalten sich passiv und werden deshalb nicht angezeigt.

Erkennen aktiver Erweiterungen

Das Verfahren von *Symbionts* ist eigentlich ganz einfach. Innerhalb des Systemordners werden neue Ordner angelegt, die auf die Bezeichnung «System Extensions (disabled)» und ähnlich lauten. Alle Erweiterungen, die Sie deaktivieren möchten, werden in diesen Ordnern abgelegt, damit sie während des Aufstartens vom System nicht mehr erkannt und demzufolge auch nicht mehr geladen werden.

Funktionsweise von Symbionts

Vielen Anwendern wird der Funktionsumfang von *Symbionts* vollauf genügen. Was man bei diesem feinen Utility jedoch vermisst, ist eine Möglichkeit, die Ladereihenfolge zu verändern. So bleibt Ihnen nichts anderes übrig, als die Erweiterungen innerhalb des Systemordners und seiner Unterordner zu verschieben und sie umzutaufen, um die Reihenfolge zu ändern. Wenn es die Brieftasche erlaubt, können Sie auf Produkte zurückgreifen, die ein wenig ausgefeilter sind.

Kein Verschieben von Erweiterungen

Professionelle Hilfen für Systemerweiterungen

INITPicker und Startup Manager

Zwei der populärsten Vertreter dieses Genres sind *INITPicker* von Inline Design und der *Startup Manager,* der Bestandteil des Paketes *Now Utilities* von Now Software ist. Der Startup Manager ist grundsätzlich noch ein bisschen besser, aber *INITPicker* ist auch nicht ohne und bestens für Anwender geeignet, die sich wegen eines einzelnen Utilities nicht gleich eine ganze Sammlung kaufen möchten.

Automatisches Deaktivieren

Wenn während des Aufstartens eine Erweiterung eine andere beisst, wird sie beim nächsten Neustart automatisch deaktiviert. Das kann ganz nützlich sein... vergessen Sie aber bitte nicht, dass an diesem Konflikt auch eine Erweiterung schuld sein könnte, die vor oder nach dem Bombenleger rangiert.

Ändern der Ladereihenfolge

Nun können Sie versuchen, die Ladereihenfolge zu verändern, indem Sie das scheinbar faule Ei ganz an den Anfang oder an den Schluss der Liste setzen. *Startup Manager* und *INITPicker* helfen Ihnen, die verschiedenen Möglichkeiten auf komfortable Weise durchzupröbeln, bis der Grund für den Konflikt offensichtlich wird. *Startup Manager* hebt sich insofern von *INITPicker* ab, indem er Ihnen auf das Kilobyte genau mitteilt, wieviel RAM eine bestimmte Erweiterung benötigt. Beide Hilfsmittel sind auch bestens dazu geeignet, die Unterscheidung zu vereinfachen, wer tatsächlich in den Speicher geladen wird und wer lediglich passive Funktionen erfüllt.

Zeitlupenstudien

Systemerweiterungen können den Anwender aber auch behindern, ohne dass das System gleich abstürzt. Wenn Dutzende von Erweiterungen installiert werden, wird der Macintosh unvermeidlich immer langsamer, denn obwohl eine Erweiterung unsichtbar im Hintergrund agiert, muss sie sich doch regelmässig beim Hauptprozessor melden und sich erkundigen, ob es etwas für sie zu tun gibt. So lassen sich mit der Systemerweiterung *AppleShare* Ordner im Netzwerk gemeinsam nutzen. Damit das aber so ist, muss sich *AppleShare* regelmässig danach erkundigen, ob ein anderer Anwender genau jetzt auf einen dieser Ordner zugreifen möchte.

So kurze Verzögerungen spürt der Anwender nicht, doch wenn nach *AppleShare* noch zwanzig andere Systemerweiterungen darauf warten, dass sie den Prozessor oder das Netzwerk befragen können, dann wird das System *empfindlich* langsamer. Am besten testen Sie Ihren eigenen Rechner, indem Sie den Macintosh mit gedrückter Shifttaste starten. Was Sie jetzt spüren, ist die Netto-Leistung der Anlage…

Jede Erweiterung bremst das System

MERKET AUF

Früher war alles viel besser

Manchmal kann es aber auch vorkommen, dass ein bis anhin funktionierendes System plötzlich unter Startschwierigkeiten leidet, ohne dass eine neue Systemerweiterung hinzugefügt worden wäre. Das passiert dann, wenn eine der Erweiterungen zum Beispiel beschädigt wurde. Meistens lassen sich solche Probleme beheben, wenn Sie die aufmüpfige Erweiterung mit den vorhin beschriebenen Methoden ausfindig machen, löschen und von der Originaldiskette eine frische Kopie in den Systemordner legen.

Beschädigte Erweiterungen

Und dann gibt es noch die Fälle, in denen die Erweiterungen unschuldig sind. Die Diagnose ist ganz einfach: Wenn der Macintosh nicht aufstartet, obwohl Sie die Shifttaste gedrückt halten, dann sind andere Umstände am Versagen schuld. Auf der nächsten Seite finden Sie eine kleine Auswahl davon.

Andere Ursachen

Beschädigtes Betriebssystem

❖ Das Betriebssystem ist faul. Wenn Sie bereits die Menüs des Finders sehen, sich in falscher Sicherheit wähnen und dann mit einer Bombe beworfen werden, dann könnte es an der Finder-Datei liegen. Wenn der Absturz schon vorher kommt, dann könnte die Systemdatei selbst beschädigt worden sein. So oder so führt kein Weg daran vorbei: Sie müssen das Betriebssystem neu installieren *(beschrieben in Kapitel 1, Das Betriebssystem).*

Defekter Festplatten-Treiber

❖ Der Treiber der Festplatte ist unter Umständen defekt. Starten Sie den Macintosh in diesem Fall von der Diskette *Dienstprogramme,* die mit dem Betriebssystem geliefert wurde. Starten Sie anschliessend die Software, mit der Sie die Festplatte formatiert haben und installieren Sie einen neuen Treiber. *(Siehe Kapitel 5, Festplatten einrichten.)*

Inhaltsverzeichnis beschädigt

❖ Das Inhaltsverzeichnis der Festplatte ist defekt und muss erst repariert werden, bevor Sie überhaupt irgend etwas tun können. Starten Sie in diesem Fall das System von der Disk *Hilfsprogramme* und verwenden Sie das Programm *Erste Hilfe,* um die Festplatte zu reparieren. *(Siehe auch Kapitel 6, Datenpflege).*

Schreibtischdatei beschädigt

❖ Die Schreibtischdatei wurde beschädigt. Starten Sie den Macintosh neu und legen Sie die Schreibtischdatei neu an. *(Ebenfalls beschrieben in Kapitel 6, Datenpflege.)*

PRAM durcheinander

❖ Das PRAM wurde beschädigt und muss gelöscht werden. *(Mehr dazu auf Seite 330.)*

Wie man es auch dreht und wendet; Computer sind keine exakte Wissenschaft. Das kann jeder Anwender bezeugen, der sich schon einmal den Kabelsalat auf der Rückseite eines anständig ausgebauten Systems angesehen hat. Systemerweiterungen hingegen reichen tief in die Abgründe der Chaosforschung hinab und entbehren in ihrem Verhalten jeder Logik. Ein paar goldene Regeln werden Ihnen jedoch über die ärgsten Klippen hinweg helfen.

Goldene Regeln

❖ Installieren Sie in jedem Fall *Symbionts* oder besorgen Sie sich ein Hilfsprogramm wie *Startup Manager* oder *INIT-Picker*, falls Sie zu den anspruchsvollen Gemütern gehören.

Installieren Sie einen Helfer

❖ Verzichten Sie auf jede Systemerweiterung, die keinen unmittelbaren Nutzen bringt. Jeder sinnlose Gag erhöht die Chance eines Konfliktes. Machen Sie sich einen Sport daraus, mit so wenigen Erweiterungen wie möglich auszukommen.

Nur Nützliches installieren

❖ Wenn die Systemerweiterungen harmonisch miteinander in Einklang leben, sollten Sie die Reihenfolge so lange wie möglich beibehalten.

Nie verändern, was funktioniert

❖ Jede neue Systemerweiterung sollte zuerst auf ihre Nützlichkeit geprüft werden. Wenn Sie keine unmittelbaren Vorteile für sich selbst sehen, dann entscheiden Sie sich im Zweifelsfall gegen den Neuling.

Im Zweifelsfalle gegen den Angeklagten

Speicherbedarf einer Systemerweiterung kontrollieren

1. Installieren Sie die Erweiterung *!Symbionts* und das Kontrollfeld *Symbionts Control*.

2. Starten Sie den Macintosh neu.

3. Öffnen Sie im *Kontrollfelder*-Ordner die Datei *Symbionts Control*.

Alle Systemerweiterungen deaktivieren

1. Starten Sie den Macintosh neu.

2. Halten Sie die Shifttaste gedrückt, bis Sie die Meldung sehen, dass alle Systemerweiterungen deaktiviert wurden.

Prüfen, ob eine Systemerweiterung eine aktive Funktion erfüllt

1. Installieren Sie die Erweiterung *!Symbionts* und das Kontrollfeld *Symbionts Control*.

2. Starten Sie den Macintosh neu.

3. Halten Sie nach dem Startgong so lange die Leerschlagtaste gedrückt, bis das Fenster von *Symbionts* erscheint.

4. Es werden nur diejenigen Erweiterungen angezeigt, die eine aktive Funktion im System erfüllen.

Ladereihenfolge der Systemerweiterungen

1. Alle Erweiterungen, die im Ordner *Systemerweiterungen* abgelegt sind (alphabetisch).

2. Alle Erweiterungen, die im Ordner *Kontrollfelder* abgelegt sind (alphabetisch).

3. Alle Erweiterungen, die im *Root* abgelegt sind (alphabetisch).

Sonderzeichen werden (in dieser Reihenfolge) noch vor dem Buchstaben «A» geladen

Leerschlag ! " # $ % & ' ( ) * + , - . / 0 1 2 3 4 5 6 7 8 9 ; < = > ? @

BASIS

Arbeitsspeicher wird wie Gold gehandelt!

Der Arbeitsspeicher, auch *RAM (Random Access Memory)* genannt, ist das kostbarste Gut in Ihrem Computer – wörtlich gemeint. Obwohl die Speicherchips in den letzten Jahren sehr viel günstiger geworden sind, sind diese kleinen Käfer alles andere als preiswert. Tatsächlich hat man das Gefühl, dass RAM an der Börse gehandelt wird. Kaum ein Händler gibt in Inseraten den aktuellen Preis an, sondern **Tagespreise für Speichererweiterungen** fordert den Interessenten auf, die aktuellen Tagespreise anzufragen. Ausserdem sind RAM-Chips wahrscheinlich das einzige Computerzubehör, das nicht nur billiger, sondern manchmal auch wieder teurer wird.

Die Konsequenzen für uns Anwender sind klar: Wer mit dem verfügbaren Arbeitsspeicher nicht auskommt, spürt ein schmerzhaftes Stechen im edelsten Körperteil, der Geldbörse. Grund genug, diesem Thema ein eigenes Kapitel zu widmen.

Grundbedürfnisse

Als erstes wollen wir unter die Lupe nehmen, wieviel Arbeitsspeicher dahingeht, wenn Sie Ihren Macintosh einschalten. Da ist natürlich das Betriebssystem. Damit der Macintosh überhaupt funktionieren kann, benötigt er über ein Megabyte an Speicher. Wieviel das bei Ihrem Macintosh genau ist, **Speicherbedarf des Betriebssystems** können Sie herausfinden, indem Sie den Macintosh mit gedrückter Shifttaste starten, so dass alle Systemerweiterungen deaktiviert werden. Wenn Sie nun unter dem Apple-Menü den Befehl *Über diesen Macintosh…* aufrufen, sehen Sie in etwa folgende Angaben:

```
┌─────────────────────────────────────────────────┐
│ ▤      ≡≡≡≡≡≡≡≡ Über diesen Macintosh ≡≡≡≡≡≡≡≡  ▤ │
│                                                   │
│                      Systemsoftware SD1-7.1.2     │
│ ▭▭▭ Power Macintosh 6100/60  © Apple Computer, Inc. 1983-94 │
│                                                   │
│ Gesamtspeicher:   16'384K   Größter freier Block:  13'725K │
│                                                   │
│  ▯  Systemsoftware   2'600K  ▐████████████████▌  ⇧ │
│                                                   │
│                                                 ⇩ │
└─────────────────────────────────────────────────┘
```

Im Falle des Power Macintosh 6100/60 saugt das System selbst also über zweieinhalb Megabyte Arbeitsspeicher auf, ohne dass auch nur ein Programm oder eine einzige System-erweiterung geladen worden wäre! Dabei muss allerdings berücksichtigt werden, dass ein halbes Megabyte für den Aufbau des Bildschirms benötigt wird. Die meisten anderen Macintosh-Modelle arbeiten mit speziellem Video-RAM (kurz «VRAM»), das den Arbeitsspeicher entlastet.

Das Video-RAM

Die Werte bei Ihrem Macintosh können also abweichen, aber mit weniger als einem Megabyte werden Sie nicht davon-kommen. Wer halbwegs normal arbeiten möchte, sollte deshalb vier Megabyte RAM als unterste Grenze ansehen. Acht Megabyte sind wesentlich praktischer, 16 oder 20 Mega-byte sind komfortabel. Wohlverstanden, wir sprechen hier davon, dass Sie Büroanwendungen und ähnliche Software-pakete benutzen – wenn Sie hingegen im grafischen Gewerbe tätig sind, Bildretuschen oder 3D-Grafiken produzieren, dann fängt eine brauchbare Konfiguration erst bei etwa 40 Megabyte an.

Wieviel Speicher sollte es sein?

Speicher für Erweiterungen

Nun kann man so noch nicht arbeiten, da sich diverse Pro-gramme und Erweiterungen ebenfalls am RAM gütlich tun werden. Diejenigen Speicherschlucker, die als erste an den Trog kommen, sind die Systemerweiterungen (detailliertere Angaben dazu finden Sie in Kapitel 2). Jede Erweiterung, die ständig in Betrieb ist, zwackt sich ein Stück vom Kuchen ab. Wieviel das genau ist, hängt zum Teil von der Erweiterung und zum Teil vom Anwender ab.

Nehmen wir beispielsweise die Erweiterung *Speicher,* die mit jedem Macintosh geliefert wird. Sie belegt normalerweise etwa zwei Kilobyte RAM, was nicht gerade viel ist. Im Kontrollfeld kann der Anwender jedoch das *Volumecache* nach eigenem Ermessen zuteilen (mehr dazu später). Wenn also das Cache auf 128 Kilobyte gesetzt wird, dann wird diese Menge an Arbeitsspeicher beim Aufstarten des Rechners abgezweigt und untersteht nicht mehr der direkten Kontrolle des Anwen-

Heimliche Speicherkonsumenten

V O R S I C H T   F A L L E

ders. Gleiches gilt natürlich erst recht für eine RAM-Disk. Auch darauf kommen wir noch zurück.

Dateigrösse ist nicht gleich Speicherbedarf

SMART DISK

Sie sehen also, dass der Speicherbedarf einer Erweiterung stark variieren kann. Genausowenig aussagekräftig ist der Platzbedarf, den eine Erweiterung auf der Harddisk einnimmt: *QuickTime* benötigt auf der Festplatte 827 Kilobyte, aber solange keine QuickTime-Filme abgespielt werden, hält sich der Speicherbedarf mit 20 Kilobyte sehr in Grenzen. Wenn Sie genau wissen möchten, wieviel Arbeitsspeicher eine Erweiterung benötigt, können Sie im Kontrollfeld *Symbionts Control* nachsehen, das in *Kapitel 2, Systemerweiterungen,* beschrieben wird. *Symbionts* ist Bestandteil der mitgelieferten *SmartDisk.*

Speicher für Programme

Speicherzuteilung kontrollieren

Einiges einfacher ist es, den Speicherbedarf regulärer Programme zu überprüfen. Klicken Sie im Finder einmal auf das Icon und rufen Sie im Menü *Ablage* den Befehl *Information* auf. Unter System 7.1 sehen Sie hier jetzt drei Angaben:

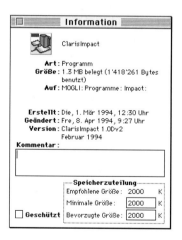

Empfohlene Grösse

❖ Die *Empfohlene Grösse* zeigt den Speicherbedarf, den der Hersteller des Programms für einen reibungslosen Betrieb empfiehlt.

❖ Die *Minimale Grösse* können Sie selbst zuteilen. Dieser Wert legt fest, wieviel Speicher die Anwendung mindestens verwenden soll. Theoretisch können Sie hier die empfohlene Grösse der Programmierer unterschreiten, aber Sie müssen dann jederzeit damit rechnen, dass das Programm plötzlich abstürzt oder dass sich grössere Dateien nicht mehr öffnen lassen. Einige Programme starten nicht auf, wenn dieser Wert die empfohlene Speicherzuteilung unterschreitet.

Minimale Grösse

MERKET AUF

❖ Die *Bevorzugte Grösse* legt fest, wieviel Speicher das Programm höchstens für seine Zwecke verwenden darf – auch diese Einstellung unterliegt Ihrer Kontrolle.

Bevorzugte Grösse

Wenn Sie nun ein Programm aufstarten, kann Verschiedenes passieren. Im Optimalfall verfügen Sie über massenhaft Speicher, und das Programm wird sich soviel davon nehmen, wie Sie im Feld *Bevorzugte Grösse* definiert haben. Programme für die Bildverarbeitung, das Schneiden von Videos oder das Erstellen dreidimensionaler Animationen schlucken eine ganze Menge Speicher. Aus diesem Grund werden Sie diesen Anwendungen wahrscheinlich so viel Speicher zuteilen wie nur möglich. Obwohl diese Programme zum Teil mit wesentlich weniger auskommen würden, ist eine erhöhte Speicherzuteilung immer noch das einfachste Mittel, sie schneller zu machen.

Der Optimalfall

Wenn weniger Speicher verfügbar ist als Sie unter *Bevorzugte Grösse* definiert haben, kann das Programm unter Umständen trotzdem aufstarten. Hauptsache, der Wert, den Sie unter *Minimale Grösse* definiert haben, kann eingehalten werden.

Ein bisschen weniger Optimalfall

Im schlimmsten Fall startet das Programm überhaupt nicht auf, weil weniger Speicher verfügbar ist, als Sie unter *Minimale Grösse* eingegeben haben.

Der unflexible Macintosh

BASIS

So umwerfend der Macintosh auch sein mag, wenn es um seinen Arbeitsspeicher geht, ist er nicht besonders flexibel. Am angenehmsten wäre es natürlich, wenn sich jedes Programm genau soviel Speicher nehmen würde, wie es für seine Funktionen benötigt – kein Bit mehr und kein Bit weniger. Im Augenblick ist das allerdings noch Wunschdenken. Apple hofft zwar, dass dem Macintosh die momentane Sturheit irgendwann mit System 8 oder System 9 ausgetrieben werden kann, aber bis dahin haben wir mit zwei Einschränkungen zu leben: Speicherfragmentierungen und unflexibles Speichermanagement.

Speicherfragmentierungen

Die Speicherfragmentierung ist eigentlich ganz einfach zu erkennen – zum Beispiel in der folgenden Abbildung. Hier stimmt doch etwas nicht?

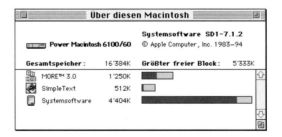

Wo ist der Speicher geblieben? Wenn man die Werte der offenen Programme zusammenzählt, kommt man auf etwa sechs Megabyte Arbeitsspeicher, der zur Zeit von den Anwendungen belegt wird. Wenn man nun noch die rund fünfeinhalb freien Megabyte hinzuzählt, erhält man über den Daumen gepeilt ungefähr elf Megabyte Speicher. Eingebaut sind aber 16. Wo sind also die restlichen fünf Megabyte geblieben?

Wenn das Programm *Simple Text* beendet wird, stimmen die Werte in etwa wieder:

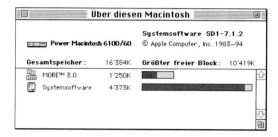

Es ist eigentlich ganz einfach. Am Anfang waren diverse Programme geöffnet. Zuerst kam das Betriebssystem (ganz links), dann der Reihe nach die Programme *More*, *PageMaker* und *Simple Text*. Das sieht so aus:

Dann wurde *PageMaker*, also das Programm, das als zweites geladen wurde, beendet:

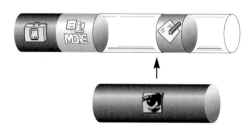

Arbeitsspeicher defragmentieren

Nun ist zwar ein beachtliches Stück von etwa fünf Megabyte frei geworden, aber *Simple Text* sorgt dafür, dass der verfügbare Arbeitsspeicher in zwei Teile zerschnitten wird. Da der Macintosh Arbeitsspeicher immer nur am Stück verwalten kann, liegt jetzt ein grosser Teil des RAM brach, was dazu führt, dass *Photoshop* nicht aufstarten kann. Wird nun auch noch *Simple Text* beendet, ist die Welt wieder in Ordnung:

Jetzt kann wieder der gesamte Arbeitsspeicher genutzt werden. Durch diese Einschränkung werden Sie ab und zu in die Situation kommen, dass Sie erst mehrere Programme schliessen müssen, bevor Sie ein weiteres Programm öffnen können, obwohl theoretisch genug Speicher vorhanden ist.

Speichermanagement

Prüfen des exakten Speicherbedarfs

HEISSER TIP!

Die zweite Arbeitsspeicherverschwendung ist der Tatsache zu verdanken, dass sich ein Programm nie den Speicher schnappt, den es tatsächlich benötigt. Was damit gemeint ist, wird sehr schnell deutlich, wenn Sie irgendein Programm aufstarten, in den Finder wechseln und dort unter dem Apple-Menü den Befehl *Über diesen Macintosh...* aufrufen. Die Sprechblase mit der ganz genauen Speicherzuteilung erhalten Sie übrigens, wenn Sie im Hilfe-Menü den Befehl *Aktive Hilfe ein* anwählen.

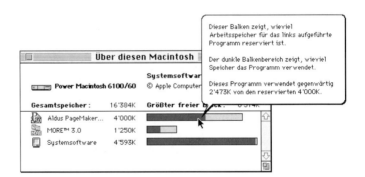

Wie Sie sehen, reserviert sich jedes Programm den Arbeitsspeicher, den Sie ihm zugeteilt haben – unabhängig davon, ob diese Menge überhaupt gebraucht wird. Der dunkle Balken zeigt, wieviel Speicher tatsächlich benötigt wird, während der helle markiert, wieviel Speicher im Augenblick brach liegt.

Es kann sein, dass der freie Speicher durchaus benutzt wird, wenn Sie eine grosse Datei öffnen möchten.

Es könnte aber auch sein, dass hier Arbeitsspeicher verschwendet wird, denn der freie Speicherbereich kann nicht von anderen Programmen benutzt werden. Werfen Sie also ab und zu ein Auge auf Ihre Speicherzuteilung. Vielleicht bedient sich eine Anwendung zu grosszügig und Sie können die Speicherzuteilung herabsetzen.

Speicher-verschwendung

RAM Doubler – eine nahezu perfekte Lösung

Glücklicherweise können Sie mit einem einzigen Produkt beide Schwachstellen beheben. *RAM Doubler* von Connectix verspricht, Ihren Arbeitsspeicher zu verdoppeln, ohne dass Sie einen einzigen neuen Chip einstecken. Magie? Humbug? Nein. *RAM Doubler* macht einfach das, was Apple unglücklicherweise unterlassen hat.

RAFFINIERT

Als erstes wird geprüft, ob bereits Programme offen sind, die überflüssig viel Speicher zugeteilt bekommen haben. Falls dem so ist, wird dieser Speicher eingezogen und für andere Zwecke zur Verfügung gestellt. Als nächstes schnappt sich *RAM Doubler* fragmentierte Speicherbereiche, die normalerweise nicht mehr freigegeben werden.

Die Funktionsweise von RAM Doubler

Sollten nun auch diese Mengen nicht reichen, um die neu gestartete Anwendung zu öffnen, werden Programmteile, die nicht mehr gebraucht werden, im Arbeitsspeicher komprimiert. Sehr oft kommt es vor, dass ein Programm eine Startsequenz beim Öffnen in den Arbeitsspeicher lädt, die dann später keinen Zweck mehr erfüllt. Sollte das alles nicht reichen, werden weitere Speicherbrocken auf die Festplatte ausgelagert. Das kommt allerdings sehr selten vor, und wenn, dann geht das ungleich viel schneller, als wenn Sie den Virtuellen Speicher einschalten (auf den wir später noch zu sprechen kommen).

Für den Anwender ist die Handhabung so einfach, wie sie nur sein kann: Die Diskette wird eingelegt, *RAM Doubler* mit einem Klick installiert und der Macintosh neu gestartet.

Einfache Installation

73

Wird anschliessend der Befehl *Über diesen Macintosh...* im Finder aufgerufen, präsentiert sich folgendes Bild:

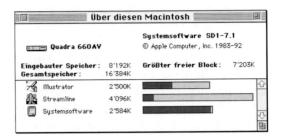

Die Grenzen bleiben

MERKET AUF

Nun, RAM ist RAM. Daran ändert auch dieses Super-Utility nichts. So ist es zum Beispiel nicht möglich, einem Programm zehn Megabyte Arbeitsspeicher zuzuteilen, wenn nur acht in Form von Chips installiert sind: Da *RAM Doubler* in diesem Fall nirgends Speicher zusammenklauben oder defragmentieren kann, bleibt das Limit weiterhin bestehen. Programme, die über eine eigene Einrichtung für Virtuellen Speicher verfügen – etwa *Photoshop* – können massiv langsamer werden, wenn *RAM Doubler* installiert worden ist. Für die grosse Masse der Anwender, die keine extremen Bocksprünge auf dem Computer vollführt, ist *RAM Doubler* von Connectix jedoch die perfekte Lösung – erst recht, wenn man bedenkt, dass dieses Utility gerade einmal etwa 150 Taler kostet.

Speicherhilfen und Tempomacher

Nebst den Programmen wie *RAM Doubler*, die von Drittherstellern produziert werden, bietet Apple eigene Hilfen an, um den Macintosh in bezug auf den Speicher zu optimieren. Alle Einstellungen dazu finden Sie im Kontrollfeld *Speicher*. Es ist nicht so, dass der Einsatz aller Möglichkeiten den Macintosh automatisch schneller und besser macht – vielmehr verhilft Ihnen der umsichtige Einsatz zu einem Gerät, das besser auf Ihre Bedürfnisse angepasst ist.

Apples eigene Methoden

Die Abbildung des Kontrollfeldes unten entspricht dem, was Sie auf einem Quadra sehen – wenn Sie mit einem älteren oder einem neueren Macintosh arbeiten, kann das Aussehen des Kontrollfeldes auf Ihrer Maschine ein wenig abweichen. So ist zum Beispiel die Option *Virtueller Speicher* nur auf Geräten verfügbar, die mit einem 68030er-Prozessor oder höher ausgestattet sind. Einzige Ausnahme ist der Ur-Macintosh II, wenn dessen 68020er mit einem speicherverwaltenden Chip, genannt *PMMU (Paged Memory Management Unit)* ergänzt wurde. Auch die RAM-Disk ist nicht bei allen Modellen verfügbar. Die einzige Einstellung, die auf jedem Macintosh anzutreffen ist, ist das *Volumecache*.

Die verschiedenen Speichersorten

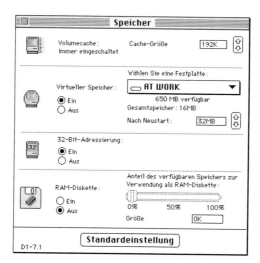

Das Volumecache

BASIS

Das *Volumecache* ist ein Stück Speicher, das vom Arbeits-speicher abgezweigt und dem Betriebssystem unterstellt wird. Darin werden Instruktionen abgelegt, die regelmässig verwen-det werden und normalerweise von der Festplatte gelesen werden müssen. Wenn sich diese Instruktionen aber im Volumecache befinden, stehen sie dem Macintosh ungleich schneller zur Verfügung. Mehr Arbeitstempo ist die direkte Folge. Wieviel Cache macht Sinn? Mindestens 64 Kilobyte,

Mehr ist nicht unbedingt besser

besser aber 128 – wenn es der verfügbare Arbeitsspeicher zulässt. Dann wird es immer belangloser. Eine Erhöhung von 32 auf 64 Kilobyte bringt im Verhältnis mehr als von 64 auf 256 Kilobyte. Ein Megabyte oder mehr wäre nur noch Ver-schwendung. Anders unter System 7.5: Das völlig neu gestaltete Volumecache arbeitet grundsätzlich anders als die Vorgänger – je höher die Zuteilung, umso schneller der Macintosh!

HEISSER TIP!

Der Virtuelle Speicher

Festplatte anstelle von Speicherchips

Die nächste Einstellung betrifft den Virtuellen Speicher, einen wahren Tempomörder. Dank ihm ist es möglich, mehr Arbeitsspeicher zu simulieren, indem eine Datei auf der Festplatte angelegt wird, die die Funktion von RAM-Chips übernimmt. Doch erstens wird damit Platz auf der Festplatte

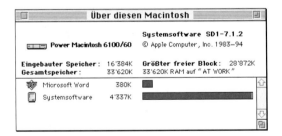

MERKET AUF

vergeudet, zweitens sinkt die Verarbeitungsgeschwindigkeit und drittens wird die Festplatte wesentlich stärker belastet.

Platz wird deshalb verschenkt, weil die Datei auf der Fest-platte immer so gross wie der gewünschte Arbeitsspeicher ist. Nehmen wir an, Sie besitzen acht Megabyte *echtes*, sprich *physisches* RAM. Wenn Sie nun mit Hilfe des Virtuellen

Speichers die gewünschte Grösse auf 16 Megabyte erhöhen, dann wiegt die Datei auf der Festplatte nicht acht, sondern volle 16 Megabyte.

Nun zur Verarbeitungsgeschwindigkeit. Virtueller Speicher ist etwa hundert Mal langsamer als ein Chip. Sie dürfen sich also nicht wundern, wenn gewisse Aktionen wie zum Beispiel das Wechseln in ein anderes Programm wie in Zeitlupe ablaufen.

Virtueller Speicher ist langsam

Was die Belastung der Festplatte anbelangt ... sie ist lediglich eine logische Folgeerscheinung. Wenn sich das RAM auf der Festplatte befindet, dann muss der Computer jedesmal auf diese Platte zugreifen, wenn er eine Information benötigt, die im «Arbeitsspeicher» abgelegt worden ist. Es ist zwar nicht so, dass dauernd auf die Festplatte zugegriffen wird, weil ja auch noch physisches RAM vorhanden ist, aber die Belastung ist trotzdem wesentlich höher.

Höhere Belastung der Festplatte

Der Virtuelle Speicher ist eine feine Sache für Anwender, die einmal im Monat eine riesige Datenbank öffnen müssen und dazu mehr RAM benötigen – aber nichts für den Alltag. Wenn Sie knapp an Speicher sind, sollten Sie entweder weitere RAM-Chips dazukaufen oder es mit *RAM Doubler* versuchen (weiter vorn beschrieben). Die meisten Anwender im Büro und zu Hause werden die besten Ergebnisse erzielen, wenn der Macintosh mit acht Megabyte physischem RAM ausgestattet ist und gegebenenfalls *RAM Doubler* installiert wurde.

Alternativen zum Virtuellen Speicher

Die 32-Bit-Adressierung

Die *32-Bit-Adressierung* benötigen Sie nur dann, wenn Sie mehr als acht Megabyte RAM installiert haben. Dann wird diese Option zu einem Muss, um den Speicher, der darüber hinaus geht, überhaupt verwenden zu können. Wenn Sie acht oder weniger Megabyte Arbeitsspeicher installiert haben, bleiben Sie am besten auf der 24-Bit-Adressierung, da sich ältere Programme, die nicht sauber nach den Apple-Richtlinien programmiert worden sind, zu der 32-Bit-Einstellung inkompatibel verhalten könnten.

Zwingend bei mehr als acht Megabyte RAM

Falls Sie mehr als acht Megabyte Arbeitsspeicher installiert haben, die *32-Bit-Adressierung* einschalten und dabei feststellen, dass bestimmte Programme plötzlich die Bombe werfen, sollten Sie sich nach den neusten Softwareversionen erkundigen.

Apples Schande   Nun ist die *32-Bit-Adressierung* nicht bei allen Macintosh-Modellen verfügbar. Wenn Sie zum Beispiel mit einem betagten IIcx arbeiten, dann werden Sie diese Einstellung im Kontrollfeld *Speicher* vergeblich suchen. Weshalb? Der Grund ist peinlich: Apple, die Computerfirma, die alle Software-hersteller immer wieder dazu anstachelt, sich unbedingt an die Programmierrichtlinien für den Macintosh zu halten, hat selbst dagegen verstossen. Konkret heisst das, dass die ROM der älteren Geräte nicht sauber programmiert sind und deshalb keine 32-Bit-Adressierung erlauben.

Mode32   Dass ein IIcx oder ein noch älterer Macintosh trotzdem mehr als acht Megabyte Arbeitsspeicher verwalten kann, ist der Firma *Connectix* zu verdanken, also der selben Software-Schmiede, die auch *RAM Doubler* schuf. Sie brachte das Kontrollfeld *Mode32* auf den Markt, das beim Aufstarten die unsauberen Stellen in den ROM behebt und dafür sorgt, dass Sie auch auf älteren Geräten mehr als acht Megabyte RAM ansprechen können.

S M A R T   D I S K   Apple war darüber so hocherfreut, wie man nur sein kann, wenn einem jemand aus der Patsche hilft, und kaufte die Rechte an *Mode32,* das jetzt kostenlos weiterkopiert werden darf. Falls Sie es nicht bereits besitzen, finden Sie *Mode32* auf der mitgelieferten *SmartDisk*. Einfach in den Systemordner kopieren und das Gerät neu starten. Anschliessend können Sie im Kontrollfeld *Speicher* die Option *32-Bit-Adressierung* aktivieren.

RAM-Disk

Die RAM-Diskette ist ein besonderer Leckerbissen für alle, die Arbeitsspeicher in Hülle und Fülle verfügbar haben – 20 Megabyte oder so. Eine RAM-Disk wird im Arbeitsspeicher simuliert und verhält sich genau gleich wie eine echte Diskette, mit dem kleinen Unterschied, dass alle Kopiervorgänge rasend schnell vor sich gehen. Kein Wunder, denn alles, was sich auf der RAM-Disk befindet, ist genaugenommen bereits im Arbeitsspeicher und wird dort nur noch von einem Ort an den nächsten kopiert.

Extreme Tempovorteile

Solange der Arbeitsspeicher reicht, kann eine RAM-Disk nahezu beliebig gross sein. Allerdings ist der Speicher, der für die RAM-Disk eingesetzt wird, für die anderen Programme verloren.

Da eine RAM-Disk unglaublich viel schneller ist als eine richtige Diskette oder Festplatte, können auf ihr zum Beispiel Programme oder Dateien abgelegt werden, bei denen es auf maximale Verarbeitungsgeschwindigkeit ankommt. Ein anderes Einsatzgebiet ist die Erstellung einer Startdiskette, wenn Sie zum Beispiel Ihre interne Festplatte reparieren möchten. *(Siehe Kapitel 8, Datenrettung.)* Zwar können Sie mit den meisten Hilfsprogrammen das Startlaufwerk nicht reparieren, weil es den aktiven Systemordner und andere offene Dateien enthält. Aber bereits mit acht Megabyte Arbeitsspeicher lässt sich eine vier Megabyte grosse RAM-Diskette einrichten, auf die Sie die gesamte Diskette *Dienstprogramme* und andere Utilities kopieren können. Anschliessend wird diese RAM-Disk im Kontrollfeld *Startlaufwerk* zur Startdiskette erklärt, mit der Sie den Computer in Notfällen betreiben können.

Eine RAM-Disk als Startdiskette

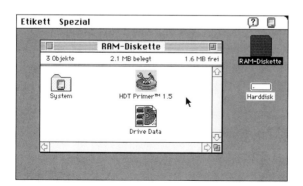

MERKET AUF

Vorsicht: Wenn Sie den Computer ausschalten oder ein Stromunterbruch auftritt, wird der Inhalt der RAM-Disk unwiderruflich gelöscht! Kopieren Sie also den Inhalt regelmässig auf die Festplatte zurück oder – was noch besser ist – kopieren Sie keine Dateien, mit denen Sie stundenlang arbeiten, auf die RAM-Disk.

Stromunterbruch: Das Ende jeder RAM-Disk

Ein echter Stromunterbruch wäre es zum Beispiel, den Macintosh aus- und wieder einzuschalten. Hingegen wird die RAM-Disk *nicht* gelöscht, wenn Sie im Menü *Spezial* den Befehl *Neustart* anwählen oder nach einer Bombe den Reset-Schalter betätigen müssen.

Der Modern Memory Manager
Wenn Sie mit einem Power Macintosh arbeiten, dann wird Ihr Kontrollfeld *Speicher* ein wenig anders aussehen:

Speicherverwaltung der Zukunft

Der neu hinzugekommene *Modern Memory Manager* erlaubt auf dem Power Macintosh ein etwas schnelleres Arbeiten. Die wahren Optimierungen kommen aber erst unter System 8 oder später voll zum Tragen – zum Beispiel, was das Multitasking anbelangt. Trotzdem wurde er jetzt schon eingebaut, wahrscheinlich einfach deshalb, weil er bereits da ist. Er lässt sich ausschalten, weil es in seltenen Fällen dazu kommen kann, dass Programme, die nicht für den Power Macintosh geschrieben wurden und deshalb unter der Emulation laufen, massiv langsamer werden – langsamer, als man eigentlich annehmen müsste. *(Siehe Kapitel 12, Der Power Macintosh.)* Am besten lassen Sie ihn eingeschaltet und warten erst einmal ab, was passiert.

Allgemeine Tips

Schriften und Töne

Schriften und Sounddateien sind bei jedem Macintosh-Anwender begehrt. Allerdings wird irrtümlicherweise oft angenommen, dass eine Menge installierter Schriften und Töne zu Speichermangel führen können. Richtig ist, dass diese Dateien erst dann Speicher belegen, wenn sie aufgerufen respektive abgespielt werden. Eine Schrift, die nirgends auftaucht, belastet den Speicher nicht. Also können Sie von beiden Sorten soviele Spassmacher in Ihrem System aufbewahren, wie Sie wollen.

BASIS

Fehlermeldungen

Sehr viele Bomben und Abstürze finden ihre Ursache im Arbeitsspeicher. Sie können ihnen auf die Spur kommen, müssen aber eventuell ein wenig Zeit dafür aufwenden. Die folgenden beiden Möglichkeiten sollten Sie jeweils prüfen, bevor Sie damit beginnen, die gesamte Anlage zu demontieren. Sie ergänzen die Hinweise in *Kapitel 11, Prävention & Diagnose*.

❖ Dem Programm wurde zu wenig Speicher zugeteilt. Die häufigste Fehlermeldung, die Sie in diesem Zusammenhang besichtigen können, sieht so aus:

Speichermangel

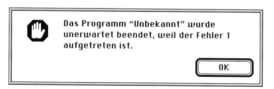

Teilen Sie mehr Speicher zu. Und wenn das nicht funktioniert, teilen Sie noch mehr Speicher zu.

❖ Das Problem liegt nicht bei der Software selbst, sondern bei einer Systemerweiterung. Starten Sie den Macintosh mit gedrückter Shifttaste neu auf, so dass alle Erweiterungen deaktiviert werden. Wenn das Problem verschwindet,

Probleme mit Systemerweiterungen

machen Sie sich auf die Suche nach dem Schuldigen. Mehr zu diesem Thema finden Sie in *Kapitel 2, System- erweiterungen.*

Natürlich sind diese beiden Prozeduren noch keine Garantie dafür, dass jetzt alles läuft. Aber sie sind ein erster Ansatz und führen oft zum Ziel.

Der Virtuelle Speicher und der Power Macintosh
Beim Power Macintosh müssen die Aussagen zum Thema *Virtueller Speicher* ein wenig relativiert werden, da dort Pro- gramme nicht nur wesentlich mehr Speicher konsumieren, sondern auch ein wenig anders funktionieren. Mehr zu diesem Thema finden Sie in *Kapitel 12, Der Power Macintosh.*

Mehr Speicher
Aufrüsten des Arbeitsspeichers Vielleicht gelangen Sie irgendwann an einen Punkt, an dem Sie Ihren Macintosh speichermässig aufrüsten möchten. Fast jedes Modell erlaubt eine Speicheraufrüstung. Wo dabei die Grenze liegt, wird einerseits durch das jeweilige Modell und andererseits durch den Stand der Speicherchips bestimmt.

Wie das genau funktioniert, welche Hilfsmittel Ihnen dabei zur Verfügung stehen und was es mit einem zweiten Speicher- bereich, dem Video-RAM auf sich hat, besprechen wir im nächsten Abschnitt.

Speicherarten und Aufrüstung

Eine alte Computerregel besagt, dass man nie zuviel Arbeitsspeicher besitzen kann, was für die allermeisten Anwender tatsächlich auch zutrifft. Ein Grossteil der Mac-Besitzer wird zwar mit acht Megabyte auskommen, andere benötigen für umfangreiche Datenbanken oder Desktop Publishing zwanzig Megabyte, während Bildverarbeiter und Videoproduzenten erst so ab vierzig Megabyte zufrieden sind.

BASIS

Die meisten neueren Macintosh-Modelle sind so konstruiert, dass ein bestimmter Grundstock an Arbeitsspeicher fest auf der Hauptplatine installiert ist. Zudem befinden sich im Gerät zwei oder mehr Erweiterungssteckplätze, die mit zusätzlichen RAM-Chips bestückt werden können. Solche RAM-Chips, auch *SIMM* genannt *(Single Inline Memory Module),* sind in den Grössen 256 und 512 Kilobyte, 1, 2, 4, 8, 16 und 32 Megabyte lieferbar, wobei letztere im Augenblick die Spitze dieser Technologie repräsentieren. Je nachdem, welche Grösse Sie also einbauen, kann die Gesamtmenge an RAM in Ihrem Macintosh stark variieren.

Verschiedene Arten von Speicherchips

Genau so unterschiedlich wie die verschiedenen RAM-Chips präsentieren sich auch die einzelnen Macintosh-Modelle. Ein Macintosh Plus lässt sich maximal auf 4 Megabyte RAM ausbauen und akzeptiert lediglich 1-MB-SIMMs. Beim Power Macintosh 8100 geniessen Sie hingegen alle Freiheiten und können das Gerät auf maximal 264 Megabyte ausbauen. Sollten jemals grössere SIMMs als die 32-Megabyte-Modelle erscheinen, verschiebt sich diese Grenze weiter nach oben.

Das jeweilige Modell bestimmt den Ausbau

Ein weiterer Punkt ist die *minimale Grösse,* die sich in einem Rechner verwenden lässt. Die PowerMacs akzeptieren zum Beispiel nur SIMMs ab einer Grösse von 4 Megabyte, während viele ältere Modelle auch mit 256-Kilobyte-SIMMs gut zurecht kommen.

Verschiedene SIMM-Grössen

Ein SIMM-Steckplatz im Macintosh wird auch *Slot* genannt, während mehrere davon zu einer *Bank* zusammengefasst werden. Bestimmte Macintosh-Modelle wie etwas der IIcx

SIMM-Slots und -Bänke

Unterschiedliche Grössen verwenden

besitzen zwei Bänke mit je vier Slots, wobei eine Bank immer nur mit den gleichen Chip-Grössen bestückt werden darf. In der ersten Bank könnten sich also 4x4 Megabyte befinden und in der zweiten 4x1 Megabyte, was einen Gesamtspeicher von 20 Megabyte bedeuten würde. Andere Modelle wie etwa der Centris 650 besitzen nur vier Slots, die jedoch mit SIMMs unterschiedlicher Bauweise gefüttert werden dürfen. Die Power Macs wiederum benötigen von jeder SIMM-Grösse jeweils Zweiergruppen.

Der einfachste Weg zur richtigen Antwort

SMART DISK

Die Frage, wieviel Arbeitsspeicher nun in einem Modell verwendet werden kann, ist also hochkomplex. Zum Glück gibt es ein perfektes Utility, das all Ihre Fragen erschöpfend beantworten kann. Auf der mitgelieferten *SmartDisk* finden Sie das Programm *GURU (GUide to Ram Upgrades)*, das sämtliche möglichen Konfigurationen aller Macintosh-Modelle enthält, die bei Drucklegung des Buches verfügbar waren. Die Firma Newer Technology, ein amerikanischer Hersteller hochwertiger RAM-Chips, hat hier bei der Zusammenstellung der Daten saubere Arbeit geleistet.

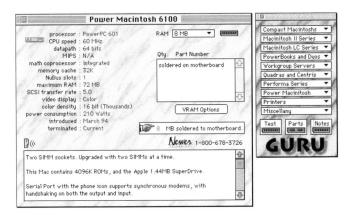

Um herauszufinden, wieviel Speicher Ihr Macintosh maximal verwalten kann und welche SIMMs Sie dazu benötigen, brauchen Sie bloss *GURU* aufzustarten und aus den Popup-Menüs Ihr Macintosh-Modell anzuwählen. Anschliessend erhalten Sie wertvolle Informationen über das Gerät im allgemeinen und über die RAM-Konfiguration im speziellen. Je nachdem, welchen gewünschten Ausbaustandard Sie im Popup-Menü rechts oben anwählen, zeigt Ihnen *GURU*, wieviele SIMMs welcher Grösse Sie installieren müssen.

RAFFINIERT

Doch *GURU* kann noch mehr. Wenn Sie auf das Symbol *Test* klicken, werden Ihre bereits vorhandenen Speicherchips auf ihre Funktionstüchtigkeit geprüft. Ausserdem zeigt die kleine Super-Anwendung alle Informationen für das Aufrüsten von Laserdruckern, was bei langen Druckzeiten oder häufigen PostScript-Fehlern Sinn macht.

Testen der RAM-SIMMs

Tips zum RAM-Kauf

RAM-Bausteine werden immer leistungsfähiger und günstiger. Trotzdem müssen Sie nicht unbedingt neue Chips kaufen, wenn Sie Ihren Macintosh aufrüsten möchten. Gerade wenn es sich um ein kleineres Modell handelt und Sie sich für 512-Kilobyte- oder 1-Megabyte-Chips interessieren, können Sie viel Geld sparen.

Gebrauchte RAM-SIMMs

Oftmals müssen beim Aufrüsten eines Macintosh bestehende Chips entfernt werden, damit neue, grössere Bausteine installiert werden können. Diese übriggebliebenen RAM-SIMMs werden oft zu günstigen Preisen verschleudert, weil der Besitzer keine Verwendung mehr dafür hat. Wenn Sie also in Zeitschriften und beim Händler die Augen offen halten und nach gebrauchten SIMMs Ausschau halten, kommen Sie unter Umständen zu einer Speichererweiterung, die nur die Hälfte dessen ausmacht, was neue RAM-SIMMs kosten würden.

HEISSER TIP!

Da man allerdings nie genau weiss, wie gut die alten SIMMs behandelt worden sind, sollten Sie mit dem Verkäufer eine Vereinbarung treffen, dass die SIMMs erst dann bezahlt werden, wenn sie erfolgreich eingebaut wurden.

VORSICHT FALLE

Das Video-RAM (VRAM)

Videokarten und Video-RAM

BASIS

Eine andere Form von Speicher ist das *Video-RAM* oder kurz *VRAM*. Es lässt sich nicht von Programmen verwenden, sondern ist einzig und allein für die Speicherung des Bildschirminhalts zuständig. Fast alle neueren Macintosh-Modelle werden mit einem integrierten Monitor-Anschluss und VRAM geliefert. Früher, etwa beim Macintosh IIx, musste der Anwender für den Anschluss des Monitors eine sogenannte *Video-Karte* kaufen – heute sind alle Teile dieser Karten direkt auf die Hauptplatine übernommen wurden.

Aufbau über regulären Arbeitsspeicher

Einige wenige Modelle wie der Macintosh Performa 630 oder der Power Macintosh 6100 zweigen ein Stück regulären Arbeitsspeichers für den Bildschirmaufbau ab. Dies macht einerseits den Speicher, der für Programme zur Verfügung steht, kleiner, und andererseits das Gerät langsamer. Die meisten anderen Modelle, die einen eingebauten Monitoranschluss bieten, speichern den Bildschirminhalt in spezialisierten Chips, sodass der Arbeitsspeicher nicht belastet wird.

Informationen zum Video-RAM

GURU gibt Ihnen auch über die VRAM-Zusammenstellungen Auskunft. Rufen Sie einfach die Daten zum gewünschten Macintosh-Modell auf und klicken Sie auf die Taste *VRAM Options*.

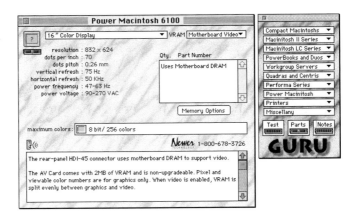

Die installierte Menge VRAM ist direkt verantwortlich für die maximale Anzahl Farben, die der angeschlossene Monitor darstellen kann. Je nach Monitorgrösse und VRAM lassen sich auf einem Farbbildschirm zwischen 2 und 16.8 Millionen verschiedene Farben darstellen.

Wenn ein Monitor auf die schwarzweisse Darstellung eingestellt ist, benötigt jeder Bildpunkt oder Pixel auf dem Schirm *1 Bit* (für die Information «Schwarz» oder «Weiss»). Für eine farbige Darstellung ist die Rechnung ganz einfach: Wenn der Monitor 4 Bit pro Farbe aufwendet, können $2^4 = 16$ Farben dargestellt werden. Bei 8 Bit sind es dann $2^8 = 256$ Farben und bei 24 Bit $2^{24} = 16\,777\,216$ Farben.

Eine Ausnahme ist die Darstellung von 16 Bit pro Farbe. Da jeder Farbmonitor das Bild aus den Kanälen rot, blau und grün zusammensetzt *(RGB)*, muss für jeden Kanal die gleiche Anzahl Bit aufgewendet werden. Deshalb lassen sich mit 16 Bit nicht 2^{16} oder $65\,536$ Farben darstellen, sondern nur 2^{15} ($32\,768$). Jeder der drei Kanäle erhält also fünf Bit.

Je mehr Farben pro Pixel möglich sind, umso mehr Speicher muss dafür aufgewendet werden. Ausserdem steigt mit der Monitorgrösse auch der Bedarf an Video-RAM. Bei 512 Kilobyte lassen sich beispielsweise auf einem 13-Zoll-Monitor $32\,768$ Farben darstellen. Wird hingegen ein 16-Zoll-Monitor angeschlossen, sind es nur noch 256 Farben.

Und so kommen Sie zu mehr Farbe:

❖ Rüsten Sie das VRAM auf.

❖ Wenn sich das VRAM nicht aufrüsten lässt, können Sie eine Bildschirmkarte installieren, die sich in Zukunft um den Bildschirmaufbau kümmert. Eine eigene Bildschirmkarte kann sogar zu leichten Temposteigerungen führen.

❖ Wenn Sie einen Power Macintosh 6100 besitzen, können Sie dazu die AV-Karte *(Audio/Video)* kaufen, die nicht nur 16.8 Millionen Farben bei allen Monitorgrössen erlaubt, sondern auch in der Lage ist, Videosignale von Videokameras und -rekordern zu verarbeiten.

Maximale Anzahl Farben

BASIS

16 Bit = 15 Bit

MERKET AUF

Den verfügbaren Speicher besser nutzen

1. Prüfen Sie die Systemerweiterungen mit *Symbionts* auf extreme Speicherfresser.

2. Schaffen Sie sich *RAM Doubler* an.

3. Optimieren Sie im Kontrollfeld *Speicher* die einzelnen Einstellungen.

4. Optimieren Sie die Speicherzuteilung Ihrer Programme.

Speicherzuteilung von Programmen optimieren

1. Starten Sie das Programm.

2. Öffnen Sie eine grössere Datei.

3. Wechseln Sie in den Finder.

4. Rufen Sie im Apple-Menü den Befehl *Über diesen Macintosh…* auf.

5. Schalten Sie die *Aktive Hilfe* ein und zeigen Sie mit der Maus auf den Speicherbalken.

6. Wenn übermässig viel Speicher unbelegt ist, sollten Sie das Programm beenden und den Wert im Feld *Bevorzugte Grösse* reduzieren. Wenn fast kein Speicher mehr frei ist, sollten Sie den Wert ein wenig heraufsetzen.

Mit diesen Einstellungen läuft Ihr Macintosh in den meisten Fällen am schnellsten

Volumecache:	128 KB unter System 7.1 und älter, soviel wie möglich unter System 7.5 und höher.
32-Bit-Adressierung:	Kein Einfluss auf die Geschwindigkeit.
Virtueller Speicher:	Aus.
RAM-Disk:	Kein Einfluss auf die eigentliche Arbeitsgeschwindigkeit, es sei denn, es werden Daten von der RAM-Disk geladen.
Modern Memory Manager:	Ein.

Grundbegriffe der SCSI-Technik

BASIS

Wir kommen nun zu einem Thema, das sich bis jetzt allen Versuchen, rational erklärt zu werden, mit Erfolg entzogen hat. *SCSI* steht für *Small Computer System Interface,* eine Schnittstelle, die eigens dazu entworfen wurde, grosse Datenmengen zu übertragen. Die Amerikaner, die immer für neue Ausdrücke zu haben sind, formten aus dem trockenen *SCSI* das Kunstwort *Scuzzy,* ausgesprochen «Sgasi». Das macht das Prinzip zwar nicht logischer, aber wenigstens lässt sich die Bezeichnung einfacher aussprechen.

Apple hat 1985 mit der Einführung des Macintosh Plus wesentlich dazu beigetragen, dass sich SCSI durchsetzen konnte. Seither ist kein einziger Macintosh mehr gebaut worden, der nicht mit einer SCSI-Schnittstelle ausgestattet gewesen wäre, abgesehen von einigen PowerBook-Modellen, die aber über Umwege trotzdem SCSI-Geräte verwenden können. SCSI wird bis heute für Geräte eingesetzt, die den Macintosh mit Daten förmlich überschütten. Dazu gehören Festplatten, Scanner, CD-Laufwerke und dergleichen mehr.

SCSI ist Standard

SCSI ist im Prinzip ein Standard. Das heisst, das sich theoretisch alle Geräte miteinander vertragen und gleichermassen einsetzen lassen sollten. Obwohl das auf dem Macintosh wenigstens ein bisschen zutrifft (in der DOS-Welt ist SCSI wesentlich komplizierter und fehleranfälliger), gibt es in dieser Grauzone der Computertechnik fast keine Regel, die ungebrochen geblieben ist. Es verhält sich etwa so, wie wenn Sie einem Freund die Gesetze der Schwerkraft erklären und dann Zeuge werden müssten, wie sich zufälligerweise eine paar Steine Richtung Himmel bewegen. Später werden wir Wege besprechen, wie solche Ungereimtheiten umschifft werden können. Doch bevor wir die Regeln brechen, sollten wir sie zuerst kennen.

. . . .

Das nackte Überleben

Eine alte Computer-Regel besagt, dass man bei einem System nie ein Gerät hinzufügen oder entfernen darf, solange der Computer noch läuft. Für die einen Geräte mag das zutreffen, für andere nicht. Für SCSI-Geräte gilt diese Regel allerdings eisern.

Wenn Sie ein SCSI-Gerät hinzufügen, während der Computer läuft, dann kann das im Extremfall funktionieren. Normalerweise jedoch wird sich das gesamte System aufhängen, und im schlimmsten Fall werden die Geräte beschädigt, Datenverluste inklusive. Schalten Sie den Computer also in folgenden Fällen immer zuerst aus:

MERKET AUF

❖ Wenn Sie ein SCSI-Gerät hinzufügen oder entfernen.

❖ Wenn Sie ein SCSI-Gerät ein- oder ausschalten.

❖ Wenn Sie die SCSI-Nummer eines Gerätes ändern.

Die SCSI-Nummern (SCSI-Adressen)

An einer SCSI-Kette lassen sich maximal acht SCSI-Geräte betreiben, die von null bis sieben numeriert werden. Das ist so ziemlich die einzige Regel, die nicht gebrochen wird. (Und deshalb wohl die Ausnahme, die die anderen Anti-Regeln bestätigt.) Das achte Gerät – also das mit der SCSI-Nummer 7 – ist in jedem Fall der Macintosh. Bleiben noch sieben Geräte, die angeschlossen werden können. Jedes dieser Geräte muss mit einer eigenen Nummer markiert werden, damit der Macintosh aus den Verbindungen schlau wird.

BASIS

Das SCSI-Gerät mit der Nummer 0 (Null) ist im Normalfall die interne Festplatte des Macintosh. Apple liefert alle eigenen Festplatten mit dieser SCSI-Nummer aus, aber das ist kein Sachzwang. Sie könnte genausogut eine Nummer von eins bis sechs tragen.

Die interne Harddisk

Es gibt keine Regel, in welcher Reihenfolge SCSI-Geräte aneinander gehängt werden sollten oder welche Nummer sie tragen müssen. Das einzige, was Sie vermeiden müssen, ist, dass zwei SCSI-Geräte *dieselbe* Nummer tragen. Ein gutes

Reihenfolge bei den SCSI-Geräten

. . . .

Einstellen der SCSI-Nummer

SCSI-Gerät ist so konstruiert, dass sich die Nummer von aussen bequem verstellen lässt. Bei einigen Geräten geschieht das über zwei kleine Tasten. Manche Vertreter müssen mit einer aufgebogenen Büroklammer bestochert werden und wiederum andere arbeiten mit sogenannten *Switches* – kleine Schieber, die je nach Anordnung eine andere SCSI-Nummer repräsentieren. Das Handbuch, das mit Ihrem SCSI-Gerät geliefert wurde, sollte Ihnen Auskunft geben.

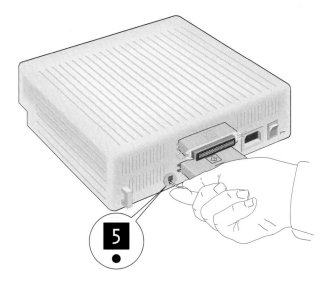

Doppelt vorhandene SCSI-Nummern

VORSICHT FALLE

Falls Sie aus Versehen zwei Geräte mit der selben SCSI-Nummer markieren, dann ist das insofern kein Beinbruch, weil die Hardware dadurch nicht beschädigt werden kann. Allerdings werden Sie spätestens dann mit dem Problem konfrontiert, wenn Sie versuchen, auf eines der beiden «doppelt vorhandenen» SCSI-Geräte zuzugreifen. Dateien lassen sich nicht kopieren, Scanner wollen nicht arbeiten, Festplatten erscheinen nicht auf dem Schreibtisch. Die Liste liesse sich noch ein ziemliches Stück fortsetzen.

Die SCSI-Kabel

Ein weiteres Thema, das immer wieder zu hitzigen Diskussionen Anlass gibt, sind die SCSI-Kabel. Sie sind als solches eigentlich ganz einfach zu erkennen, aber das verflixte daran ist, dass man sie auf tausendundeine Art kombinieren kann. Fangen wir beim Macintosh an.

Auf der Rückseite der meisten Macintosh-Modelle befindet sich eine 25polige SCSI-Buchse, die mit dem SCSI-Logo versehen ist:

25polige Kupplung am Macintosh

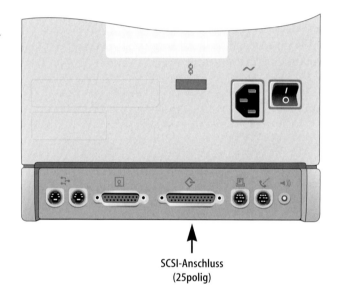

SCSI-Anschluss
(25polig)

Also benötigen Sie für Ihr erstes SCSI-Gerät ein Kabel, das auf der einen Seite mit einem 25poligen SCSI-Stecker versehen ist. Das dürfte nur wenig Kopfzerbrechen bereiten, da praktisch alle Hersteller von SCSI-Geräten ein passendes Kabel dieser Bauart mitliefern.

Was sich auf der anderen Seite des Kabels zu befinden hat, kommt darauf an, wie der Anschluss am SCSI-Gerät aussieht. Im Normalfall endet das Kabel mit einem 50poligen Stecker.

25 zu 50 Pol Also sieht ein Kabel, das ein SCSI-Gerät direkt mit dem Macintosh verbindet, meistens so aus:

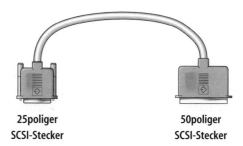

25poliger
SCSI-Stecker

50poliger
SCSI-Stecker

50 zu 50 Pol Wenn dann später ein zweites SCSI-Gerät dazukommt, dann wird es am ersten SCSI-Gerät angehängt. Normalerweise sieht dann dieses Kabel so aus:

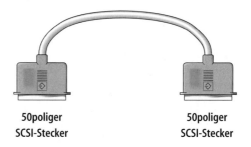

50poliger
SCSI-Stecker

50poliger
SCSI-Stecker

In ganz seltenen Fällen kommt es vor, dass ein Gerätehersteller an seinem Gerät eine 25polige anstelle einer 50poligen Kupplung einbaut. Für eine solche Hirnlosigkeit bestrafen Sie ihn am besten, indem Sie das Gerät auf der Stelle retournieren. Sie werden es in Zukunft nämlich nicht leicht haben, ein Ersatzkabel für dieses Gerät zu finden.

SCSI-Kabel sind empfindlich SCSI-Kabel sind wesentlich empfindlicher als ein einfaches Stromkabel oder ein banales Monitorkabel. Da über diese Kanäle tagtäglich grosse Datenmengen übertragen werden, spielen zwei Faktoren eine grosse Rolle: Die Qualität des Kabels und die Gesamtlänge der SCSI-Kette.

Achten Sie auf Qualität! *Qualität.* Die Qualität eines SCSI-Kabels ist immens wichtig. Durch wildes Verknoten kann es ausserdem vorkommen, dass ein SCSI-Kabel zu Schaden kommt, ohne dass man von aussen auch nur die geringsten Spuren erkennen kann. Kaufen Sie also nur hochwertige Kabel, mit der Bereitschaft, einen etwas höheren Preis zu bezahlen. Halten Sie zudem ständig ein Kabel in Reserve, um im Falle unerklärlicher Fehlfunktion ein bestehendes Kabel durch ein anderes ersetzen zu können.

HEISSER TIP!

Länge der SCSI-Kette. Was die zulässige Gesamtlänge einer SCSI-Kette betrifft, so werden meist nur vage Angaben gemacht. Vertretbare Werte für die Gesamtlänge aller eingesetzten Kabel liegen bei etwa 5 bis 7 Meter. Am besten fahren Sie, wenn Sie es sich zur Regel machen, die SCSI-Kette immer so kurz wie möglich zu halten. Bei ihrem Händler können Sie SCSI-Verlängerungskabel kaufen, die in der Praxis durchaus funktionieren. Wenn dann allerdings Schwierigkeiten auftauchen, sollten Sie bei der Analyse zuerst die Verlängerungen entfernen.

Je kürzer die Kette, desto besser

SCSI-Geräte ein- und ausschalten

Ob eine SCSI-Kette auch dann funktioniert, wenn einige Geräte nicht eingeschaltet sind, hängt einzig und allein davon ab, wie die jeweiligen Teilnehmer in der Kette konstruiert sind. Einige SCSI-Geräte kann man beim Start nach Belieben ein- oder ausgeschaltet lassen, während andere zwingend eingeschaltet werden müssen. Wie das bei Ihnen funktioniert, erfahren Sie am einfachsten, indem Sie die verschiedenen Möglichkeiten ausprobieren.

BASIS

Einige SCSI-Geräte gehen sogar so weit, dass man sie während des Betriebs ein- und ausschalten kann. Praktisch, aber das kann unter Umständen unangenehme Folgen haben. Bei einem Scanner kann es durchaus funktionieren, bei einer Harddisk hingegen sollte man solche Spiele tunlichst unterlassen.

Wann ein- und ausschalten?

Mein optisches Laufwerk zum Beispiel kann bei laufendem Computersystem ein- und ausgeschaltet werden – dachte ich zumindest. Als sich dann aber die Probleme mit der internen Festplatte häuften, stellte sich bei genauerem Hinsehen heraus, dass bei jedem Ein- oder Ausschalten das Inhalts-

Grundregel: Mac immer ausschalten!

verzeichnis der internen Festplatte beschädigt wurde. Kurz, wenn Sie auf Nummer Sicher gehen wollen, sollten Sie den Computer vor jedem Aktivieren eines SCSI-Gerätes zuerst ausschalten.

Terminatoren

Das wichtigste Zubehör für ein SCSI-Gerät sind die *Terminatoren*. Ein Terminator sieht aus wie ein 50poliger SCSI-Stecker, bei dem das Kabel vergessen wurde:

BASIS

Terminatoren verhindern, dass ein SCSI-Signal wie ein Echo in der Kette zurückgeworfen wird und bei den nachfolgenden Signalen zu Störungen führt. Bis jetzt sind zwei verschiedene Terminator-Typen im Umlauf, wobei das schwarze Modell nur für den Macintosh IIfx konstruiert wurde. Die grauen Modelle passen zu allen anderen Macintosh-Modellen.

Regeln für die Terminierung

Die Terminatoren sind die wahren Showelemente innerhalb einer SCSI-Kette. Hier die trockene Theorie:

❖ Jede SCSI-Kette sollte mit einem bis zwei Terminatoren bestückt werden.

❖ Die interne Harddisk muss in jedem Fall terminiert sein (das ist sie normalerweise bereits vom Werk aus).

❖ Wenn Sie eines oder mehrere externe SCSI-Geräte angeschlossen haben, dann sollte jeweils am ersten und am letzten Gerät ein Terminator angebracht werden.

Ein sauber terminiertes SCSI-Gerät könnte zum Beispiel so aussehen:

Der Terminator lässt sich sowohl an einen der beiden freien SCSI-Anschlüsse aufstecken als auch zwischen Gerät und Kabel schieben. Beides ist möglich und erlaubt, aber je nach Situation kann es auch vorkommen, dass das eine oder andere Verfahren zwingend ist. Natürlich gibt es auch hier keine Grundregel, die immer passt, aber wenn Sie auf Fehlersuche sind, sollten Sie diesen Umstand in Ihre Überlegungen mit einbeziehen.

VORSICHT FALLE

Einige Geräte sind mit einem internen Terminator bestückt. Bei guten Modellen sind Sie in der Lage, den Terminator über einen kleinen Schalter am Gehäuse zu aktivieren, respektive zu deaktivieren. Bei anderen Geräten wiederum müssen Sie das Gerät aufschrauben. In diesem Fall sollten Sie die interne Terminierung ausschalten und bei Bedarf auf einen externen Terminator zurückgreifen. Langfristig nimmt Ihnen das viel Arbeit ab.

Interne Terminatoren

HEISSER TIP!

Installation einer SCSI-Kette

SCSI-Voodoo
Soviel zur Theorie. Nachdem Sie die Regeln kennen, können Sie sich nun daran machen, eine SCSI-Kette zu installieren. Allerdings werden Sie sehr schnell mit einem einst scherzhaft verwendeten Begriff konfrontiert, der unterdessen jedoch todernst gemeint ist: «SCSI-Voodoo»!

Eigentlich bedeutet er nichts anderes, als dass innerhalb einer SCSI-Kette alles möglich ist. Einige SCSI-Ketten wollen auf Teufel-komm-raus nicht funktionieren, obwohl nur kurze Kabel allererster Güte verwendet und mit der richtigen Anzahl Terminatoren am richtigen Ort versehen wurden. Andere Installationen spotten jeder Beschreibung und verursachen beim Betrachter eine unheilbare Gänsehaut – aber sie funktionieren trotzdem einwandfrei.

Erste goldene Regel
Die wichtigste Regel lautet: «*Wenn Sie jemals eine SCSI-Kette aufgebaut haben, die funktioniert, fassen Sie sie auf keinen Fall an!*» Fragen Sie niemals, warum sie funktioniert. Nehmen Sie den glücklichen Umstand einfach dankend zur Kenntnis. Versuchen Sie keinesfalls, die bestehenden Verbindungen zu verbessern.

Zweite goldene Regel
Wenn Sie vor einer nicht funktionierenden SCSI-Kette stehen, dann lautet die goldene Regel: «*Es ist egal, was Sie versuchen – Hauptsache, Sie machen etwas!*» Das heisst, Sie sollten es zuerst auf die korrekte Weise versuchen, indem Sie die Regeln aus den vorhergehenden Abschnitten ausprobieren. Entweder funktioniert anschliessend das System – oder Sie müssen anfangen, die Regeln zu brechen.

SCSIProbe

SMART DISK

Bevor wir auf mögliche Ursachen und Abhilfen zu sprechen kommen, sollten Sie Unterstützung im Kampf gegen Murphys Gesetze anfordern. Auf der mitgelieferten *SmartDisk* finden Sie das Kontrollfeld *SCSIProbe*, das Ihnen täglich mehrmals gute Dienste tun wird und in folgenden Situationen zu einem unentbehrlichen Helfer wird:

❖ Um herauszufinden, welche SCSI-Nummer ein Gerät trägt.

❖ Um ein SCSI-Gerät nachträglich zu aktivieren.

❖ Um Wechselplatten und optische Disks auf den Schreibtisch zu holen.

Die wichtigsten Funktionen

Wenn *SCSIProbe* im Systemordner im Ordner *Kontrollfelder* untergebracht wird, lädt es beim Starten des Macintosh kleine Mengen Code in den Arbeitsspeicher. *(Siehe Kapitel 2, Systemerweiterungen.)* Darauf kommen wir nicht weiter zu sprechen, da alle Funktionen, die wir benötigen, auch dann verfügbar sind, wenn sich *SCSIProbe* nicht im *Kontrollfelder*-Ordner befindet. Hier eine Übersicht:

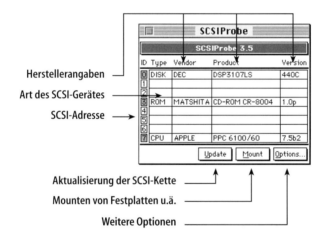

Herstellerangaben
Art des SCSI-Gerätes
SCSI-Adresse

Aktualisierung der SCSI-Kette
Mounten von Festplatten u.ä.
Weitere Optionen

Anzeige der SCSI-Adresse

Für die Einrichtung einer SCSI-Kette ist in erster Linie die SCSI-Adresse wichtig. *SCSIProbe* zeigt Ihnen automatisch, welches Gerät mit welcher Nummer ausgestattet ist.

Kette aktualisieren

Eine zweite nützliche Funktion ist die Taste *Update*. Wenn ein Gerät nicht angezeigt wird, sollten Sie die SCSI-Kette mit einem Klick auf diese Taste erneut prüfen lassen, bevor Sie damit anfangen, die ganze Kette auseinanderzunehmen. Oftmals braucht ein SCSI-Gerät nur eine kleine Motivationsspritze, damit es sich bemerkbar macht.

HEISSER TIP!

Zurücksetzen der SCSI-Kette

Wenn das immer noch nichts hilft, sollten Sie mit gedrückter Optionstaste auf *Update* klicken. Die Beschriftung ändert sich auf *Reset*. Jetzt wird die gesamte SCSI-Kette komplett neu gestartet und überprüft. Bei einem Gerät, das jetzt immer noch nicht erscheint, stimmt tatsächlich etwas nicht.

Wechselplatten und Harddisks mounten

Die Taste *Mount* wird verwendet, um eine Festplatte oder eine Wechselplatte auf den Schreibtisch zu holen.

Soviel fürs erste zu *SCSIProbe*. Wenn Sie sich an die folgende Checkliste für die Installation von SCSI-Geräten halten, kann mit Hilfe dieses Werkzeuges eigentlich nichts mehr schiefgehen.

Checkliste für die Installation von SCSI-Geräten

❖ Schalten Sie alle Geräte inklusive Computer aus.

❖ Kontrollieren Sie, ob Sie jedem SCSI-Gerät eine eigene Nummer zugeteilt haben.

❖ Wenn Sie mehrere Harddisks anschliessen möchten, sollten Sie all diese Geräte mit dem gleichen SCSI-Treiber bestücken. *(Siehe auch Kapitel 5, Festplatten einrichten.)* Ausserdem – das versteht sich von selbst – sollte der Treiber zuverlässig und sauber programmiert sein.

❖ Entfernen Sie alle Terminatoren (mit Ausnahme desjenigen der internen Harddisk natürlich). Wenn ein Gerät über einen eingebauten Terminator verfügt, schalten Sie ihn aus.

❖ Stecken Sie die SCSI-Kette zusammen. (Sie können dabei fürs erste absolut willkürlich vorgehen.)

❖ Schalten Sie alle SCSI-Geräte ein.

❖ Schalten Sie den Computer ein.

Und? Läuft das System zur vollsten Zufriedenheit? Bingo! Belassen Sie alles so, wie es ist – egal, welche gutgemeinten Ratschläge Ihnen zu Ohren kommen.

«SCSI antwortet nicht!»

Eine arbeitsunfähige SCSI-Kette kann sich auf die unterschiedlichsten Arten äussern:

❖ Der Computer startet nicht auf, sondern zeigt beim Einschalten lediglich das Icon der Diskette mit dem blinkenden Fragezeichen.

❖ Der Bildschirm bleibt nach dem Aufstarten grau. Der Mauszeiger ist weit und breit nicht zu sehen.

❖ Der Computer stürzt regelmässig ab.

❖ Bestimmte Geräte werden in *SCSIProbe* nicht angezeigt, obwohl sie eingeschaltet und angeschlossen sind.

❖ Das zum Gerät gehörende Programm – zum Beispiel eine Scanner-Software – kann sein Gerät nicht finden.

Manchmal kann es auch vorkommen, dass sich ein Fehler in der SCSI-Kette nicht so offensichtlich zeigt. Als ich mir vor einiger Zeit eine grössere interne Festplatte zulegte, entschied ich mich für ein Modell, das für die verschiedensten Computersysteme verkauft wird. Das heisst, die Platte war nicht ab Werk auf den Macintosh vorbereitet; ich musste die interne Terminierung also selbst vornehmen. Aber irgendwie habe ich es verpatzt…

Subtile Fehlfunktionen

Die daraus resultierende Fehlfunktion war vorerst nicht zu erkennen. Das ganze System lief wie am Schnürchen, bis ich von einer CD-ROM Daten auf die Festplatte kopieren wollte. Bei jeder Datei, die kopiert werden sollte, erschien die Meldung: «Die Datei konnte nicht gelesen werden, weil ein Schreib-/Lesefehler aufgetreten ist.»

Der Verdacht lag nahe, dass die CD defekt war. Als die Meldung aber auch bei allen anderen CDs auftauchte, konnte ich nach vielen erfolglosen Versuchen nur noch die unwahrscheinlichste aller Möglichkeiten überprüfen. Tatsächlich: Nachdem die Terminierung der internen Festplatte korrigiert worden war, liessen sich alle Dateien wieder problemlos kopieren. Wohlverstanden: Der Fehler tauchte auf, nachdem das System etwa drei Tage einwandfrei funktioniert hatte!

Beharrlichkeit ist alles

Wenn eine SCSI-Kette nicht funktioniert, dann hilft nur ausprobieren. Schalten Sie vor jedem Schritt das gesamte System aus und starten Sie anschliessend zuerst die SCSI-Geräte. Der Computer wird erst am Schluss eingeschaltet. Ausserdem sollten Sie bei jedem neuen Versuch *SCSIProbe* hinzuziehen, um zu kontrollieren, ob der Macintosh alle Geräte erkennt.

❖ Schliessen Sie am letzten SCSI-Gerät einen Terminator an.

❖ Schliessen Sie auch am ersten SCSI-Gerät einen Terminator an.

❖ Ändern Sie die Reihenfolge der Geräte innerhalb der Kette.

Wenn diese einfachen Methoden nichts fruchten, sollten Sie ein paar Meter zurückkrebsen.

❖ Schliessen Sie jedes einzelne Gerät direkt an den Computer an – und zwar nur dieses eine Gerät! Kontrollieren Sie, ob Sie es für sich alleine zum Laufen bringen. Wenn es nicht auf Anhieb funktioniert, sollten Sie folgende Möglichkeiten durchspielen:

❖ Fügen Sie einen Terminator hinzu. Das ist allerdings schneller gesagt als getan, denn ein Terminator kann einerseits am gleichen Anschluss wie das Kabel stecken oder andererseits den freien SCSI-Stecker belegen.

❖ Wechseln Sie die Anschlüsse. Theoretisch sind bei einem SCSI-Gerät beide Anschlüsse identisch. Bei einigen wenigen Geräten kann es aber seltsamerweise sehr wohl eine Rolle spielen, an welcher Buchse das SCSI-Kabel angeschlossen wird. So geschehen zum Beispiel beim *Apple OneScanner,* der nur dann funktionieren wollte, wenn das SCSI-Kabel an der unteren Buchse angeschlossen war.

❖ Verwenden Sie ein anderes SCSI-Kabel.

Wenn alle Kombinationen versagen, um ein einzelnes Gerät zum Laufen zu bringen, dann ist es eventuell defekt. Falls das Gerät aber funktioniert, sollten Sie das nächste hinzufügen und die Checks wiederholen.

Fazit

Es gibt absolut keine Regel dafür, wann eine SCSI-Kette zu funktionieren hat und wann nicht. Die Wahrscheinlichkeit, dass Sie ein neues Gerät problemlos in eine bestehende Anlage integrieren können, ist relativ hoch. In Ausnahmefällen werden Sie jedoch vielleicht eine Stunde opfern müssen, bis alles reibungslos funktioniert. Bleiben Sie hartnäckig!

Die wichtigsten SCSI-Regeln

1. Jedes Gerät muss seine eigene Nummer zwischen 0 und 6 aufweisen.

2. Schalten Sie den Macintosh immer aus, bevor Sie SCSI-Geräte hinzufügen, entfernen, ein- oder ausschalten oder die SCSI-Nummer ändern.

3. Schwarze Terminatoren werden nur für den Macintosh IIfx benötigt. Die grauen passen für alle anderen Macintosh-Modelle.

Die besten SCSI-Tips

1. Installieren Sie *SCSIProbe*.

2. Halten Sie immer ein neues SCSI-Kabel in Reserve.

3. Besorgen Sie sich zwei Terminatoren, damit Sie bei Bedarf sämtliche Möglichkeiten durchspielen können.

4. Rechnen Sie immer mit dem unwahrscheinlichsten Fall.

5. Halten Sie die SCSI-Kette so kurz wie möglich und verzichten Sie auf Verlängerungen.

6. Verwenden Sie nur hochwertige SCSI-Kabel.

Wenn eine SCSI-Kette nicht funktioniert

1. Schliessen Sie am letzten Gerät einen Terminator an.

2. Schliessen Sie auch am ersten Gerät einen Terminator an.

3. Ändern Sie die Reihenfolge der Geräte innerhalb der Kette.

4. Kontrollieren Sie jedes Gerät, indem Sie es einzeln an den Macintosh anschliessen.

5. Benutzen Sie den anderen SCSI-Anschluss am Gerät.

6. Verwenden Sie ein anderes SCSI-Kabel.

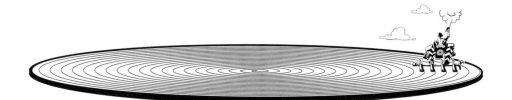

Die Festplatte im Mittelpunkt

Es geht nicht mehr ohne… Die Festplatte ist zu einem unerlässlichen Bestandteil eines jeden Computersystems geworden. Wenn sie leidet, leidet der Anwender vor der Maschine mit, denn schliesslich hat er diesem Teil all seine Daten anvertraut, und das letzte Backup liegt meistens ein halbes Jahr zurück. Die Festplatte ist ausserdem eines der wenigen Hardware-Bestandteile eines Computersystems, das vom Anwender selbst gewartet werden kann, solange kein echter mechanischer Defekt vorliegt.

Jede Festplatte kann drei verschiedene Zustände einnehmen: *Sie funktioniert, sie funktioniert nicht* und *sie funktioniert nicht*. Der Unterschied zwischen den beiden Zuständen der Verweigerung ist der, dass beim einen Mal der Anwender die Sache selbst ins Lot bringen kann und beim anderen Mal der Händler bemüht werden muss. Eigentlich verhält es sich etwa so wie mit der Maus: Wenn sie verschmutzt ist, können Sie sie schnell und problemlos reinigen. Wenn Sie hingegen versehentlich Ihren neuen 20-Zoll-Monitor auf ihr abstellen, hat ihre letzte Stunde geschlagen.

Festplatten sind gutmütig

Die Technik der Festplatte ist nicht gerade neu. Obwohl die Tempo- und Kapazitätszuwachse enorm sind, darf man zu Recht behaupten, dass diese Massenspeicher im grossen und ganzen zu den zuverlässigsten gehören, die man sich wünschen kann. Selbst wenn eine Festplatte einmal Schwierigkeiten machen sollte, lässt sich das Problem meistens innert kurzer Zeit beheben – wenn man mit den richtigen Techniken arbeitet.

Ein guter Systemverantwortlicher weiss, dass die Festplatte das A und O eines Computersystems ist und wird deshalb keine Mühen und Ausgaben scheuen, um das einwandfreie Funktionieren so weit als möglich zu garantieren.

Die wichtigsten Grundlagen

Bevor wir uns die verschiedenen Techniken und Programme für den Umgang mit Festplatten zu Gemüte führen, sollten wir die wichtigsten Begriffe und Verfahren klären, die Ihnen immer und immer wieder begegnen werden.

Sektoren und Blöcke

Jede Festplatte ist nach ihrer Fertigstellung nur ein Rohling; unfähig, Daten in einer geordneten Form unterzubringen. Hinzu kommt, dass jedes Computersystem seine eigenen Vorstellungen hat, wie Daten zu speichern sind.

Bevor eine Festplatte zum ersten Mal in Betrieb genommen werden kann, muss sie *formatiert* werden. Dabei wird der gesamte Platz auf der Festplatte in konzentrische *Spuren* unterteilt. Die Spuren wiederum bestehen aus aneinanderliegenden *Sektoren* oder *Blöcken*. Stellen Sie sich am besten die Festplatte als ein Stück Land vor, das erst gepflügt werden muss, bevor sich darauf etwas anderes anpflanzen lässt als Unkraut.

Formatierung für ein System

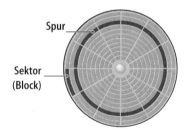

Spur

Sektor (Block)

Vor dem Formatieren

Nach dem Formatieren

Diese Formatierung ist nicht universell. Eine Festplatte für den Macintosh wird anders formatiert als eine für Windows-Rechner. Und diese unterscheidet sich wiederum von einer, die für Unix-Rechner vorbereitet wurde. Die Festplatte als solche lässt sich zwar zwischen den verschiedenen Systemen fast beliebig austauschen, aber die softwaremässige Formatierung muss immer für ein bestimmtes System erfolgen.

MERKET AUF

Platz da!

Jede Festplatte verhält sich ein bisschen anders, wenn es darum geht, eine Datei zu speichern. Je nachdem, wie gross Ihre Festplatte ist, kann der Platzbedarf für eine Datei sehr unterschiedlich sein. Eine Datei, die auf der einen Festplatte vier Kilobyte belegt, verbraucht auf einer anderen Platte acht oder sogar noch mehr Kilobyte, ohne dass ihr ein einziges Zeichen hinzugefügt worden wäre.

Tausende von Blöcken

Wir haben vorher davon gesprochen, dass eine Festplatte beim Formatieren in *Blöcke* aufgeteilt wird. So ein einzelner Block ist normalerweise 512 Byte gross. Das ist nicht sehr viel, und so wird schnell klar, dass eine Festplatte aus zigtausend solcher Blöcke bestehen muss.

Einschränkungen des Systems

Allerdings kann das nicht ins Uferlose ausgedehnt werden. Der Macintosh vermag maximal 65 536 solcher Blöcke anzusprechen. Wenn wir jetzt nachrechnen, werden wir bestätigen können, dass 65 536×512 Byte exakt 33 554 432 Bytes oder 32 768 Kilobyte oder 32 Megabyte ergeben. Wenn das also bereits alles wäre, könnte keine Festplatte für den Macintosh grösser als 32 Megabyte sein.

Cluster anstelle von Blöcken

So musste eine List ersonnen werden, die diese Limite umgeht. Die Lösung ist einfach, aber wirkungsvoll: Mehrere Blöcke werden zu einem sogenannten *Cluster* (was etwa soviel wie *Gruppe* oder *Büschel* heisst) zusammengefasst. Ein Cluster wird genauso wie ein einzelner Block behandelt.

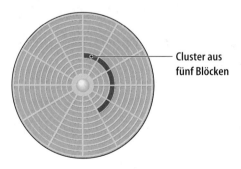

Cluster aus fünf Blöcken

Ein Cluster darf aber wiederum maximal aus 64 Blöcken bestehen und kann deshalb höchstens 32 Kilobyte gross sein. Nehmen wir noch einmal den Rechner zur Hand: 65 536×32 Kilobyte ergibt 2 097 152 Kilobyte. Das entspricht 2 048 Megabyte oder genau zwei Gigabyte. Jetzt stossen wir an die vorläufige Grenze unter System 7.1: Ein Festplatten-Bereich kann nie grösser als zwei Gigabyte sein. (Auf neuere Systemversionen werden ab Seite 120 zu sprechen kommen.)

«Na schön», werden Sie jetzt sagen, «aber wen interessiert das? Zwei Gigabyte wollen erst einmal gefüllt sein!» Doch natürlich ist da wie so üblich ein kleiner Haken …

Maximale Clustergrösse

Platzverschwendung

Stellen Sie sich folgende Situation vor: Nach einem anstrengenden Arbeitstag möchten Sie sich zur Ruhe begeben. Sie schlagen die Bettdecke zurück und – sehen, wie sich auf dem Laken eine Klapperschlange räkelt. Das Bett wäre eigentlich gross genug für beide. Aber das kommt natürlich überhaupt nicht in Frage. Das Vieh soll gefälligst woanders schlafen!

Genauso verhält es sich mit Blöcken und Clusters. Angenommen, auf einem Block von 512 Kilobyte befindet sich eine Datei, die nur 412 Byte gross ist. So bleiben hundert Byte frei, die jedoch nicht von einer anderen Datei belegt werden können. Ein Block kann immer nur die Daten einer einzigen Datei aufnehmen. Das wird wahrscheinlich den wenigsten Anwendern zu denken geben, aber was für einen einzelnen Block gilt, trifft auch auf einen ganzen Cluster zu.

Kleine Dateien auf grossen Cluster

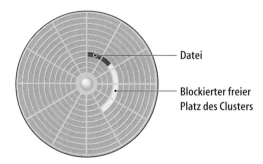

Datei

Blockierter freier Platz des Clusters

Clustergrössen

HEISSER TIP!

Wenn eine Datei nur ein Kilobyte gross ist und auf einen Cluster von 32 Kilobyte geschrieben wird, gehen aus obenerwähnten Gründen insgesamt 31 Kilobyte verloren.

Ihre Festplatte ist wahrscheinlich grösser als 32 Megabyte. Wie gross bei Ihnen ein Cluster ist, können Sie feststellen, wenn Sie im Finder eine kleine Datei anklicken und dann im Menü *Ablage* den Befehl *Information* aufrufen. Hier zwei Muster der selben Datei:

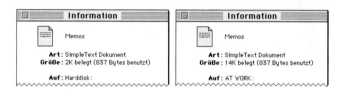

Obwohl also beide Dateien exakt gleich gross sind, belegt die eine zwei Kilobyte Speicherplatz (und nutzt dabei den Platz auf der Festplatte ein wenig besser aus), während die andere Datei, die auf einer 500-Megabyte-Festplatte abgelegt wurde, einen Cluster von 14 Kilobyte in Beschlag nimmt.

Das Ganze wird noch extremer, wenn man sich die Grösse eines Ordners ansieht, dessen Inhalt aus relativ kleinen Dateien besteht. Ein typisches Beispiel ist der Ordner *Preferences* im Systemordner, der die Voreinstellungen zu den meisten Programmen auf Ihrem Macintosh enthält.

In diesem Fall wird also über doppelt so viel Platz für die Dateien reserviert wie nötig!

Grosse Dateien und grosse Cluster

Je umfangreicher die Dateien sind, um so weniger spielt die Cluster-Grösse eine Rolle. Ob nun eine Zehn-Megabyte-Datei dreissig Kilobyte grösser oder kleiner ist, dürfte keine tiefschürfenden Gedanken wert sein. Wenn Sie jedoch einen Fileserver als zentrales Archiv für die Korrespondenz bestimmen und ihn mit einer Festplatte von einem Gigabyte ausrüsten, dann kann sich die Cluster-Grösse sehr wohl bemerkbar machen. Und bald kommt der Tag, an dem die Festplatte voll ist, obwohl eigentlich noch massenhaft Platz darauf verfügbar wäre.

Partitionen gegen grosse Cluster

Je grösser also die verwendete Festplatte und je kleiner die Dateien, desto eher drängt sich eine *Partitionierung* der Festplatte auf.

Partitionierung

Bei der Partitionierung wird der gesamte verfügbare Platz so aufgeteilt, dass jeder dieser Bereiche vom Macintosh als eigenständige Festplatte behandelt wird. Das heisst, jede Partition erhält ihr eigenes Inhaltsverzeichnis, ihre eigene Bezeichnung, ihr eigenes Management und was sonst noch so dazugehört.

BASIS

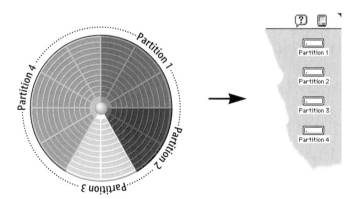

Vorzüge einer Partitionierung

Später werden wir uns ansehen, mit welchen Produkten Sie Ihre Festplatte in Partitionen unterteilen können. Zuerst wollen wir uns aber kurz die Vorzüge vor Augen halten:

Datensicherheit. Wenn nach einem schweren Systemabsturz das Inhaltsverzeichnis der Festplatte beschädigt wird, dann ist es meistens das Startlaufwerk, das in Mitleidenschaft gezogen wird. Wenn Sie also Ihre Festplatte in mindestens zwei Partitionen unterteilen und auf der ersten Partition den Systemordner ablegen, dann können Sie sich im Fall einer defekten Struktur in aller Ruhe diesem Teil der Festplatte widmen, während die Partition mit den wichtigen Daten unangetastet bleibt. Wenn auf der Systempartition noch Platz frei ist, können Sie den mit Programmen und anderen Daten auffüllen, von denen Sie Sicherheitskopien besitzen.

Kleinere Cluster. Grosse Festplatten führen zwangsläufig zu grossen Clustern. Wenn Sie nun eine Harddisk in mehrere kleine Teilbereiche zerstückeln, dann werden auch die Cluster kleiner und Sie können den verfügbaren Platz besser nutzen.

Passwortschutz. Mit einer guten Software können Sie eine oder mehrere Partitionen mit einem Passwort belegen und bei Bedarf sogar verschlüsseln. So können Sie Ihre vertraulichen Daten in Sicherheit bringen, ohne dass der ganze Macintosh für die Mitarbeiter gesperrt werden muss.

Geringere Fragmentierung. Richtig. Das bringt uns zum nächsten Thema…

Fragmentierung

Wir haben gesehen, dass jede Datei auf einen Sektor oder – bei Festplatten, die grösser als 32 Megabyte sind – auf einen Cluster geschrieben wird. Die meisten Dateien auf Ihrem Macintosh werden jedoch so gross sein, dass sie mehrere Cluster belegen. Der Macintosh wird anfangs versuchen, die Dateien auf der Festplatte zusammenzuhalten, damit er möglichst schnell auf alle Cluster einer Datei zugreifen kann. Im Optimalfall sieht also die Anordnung etwa so aus:

Alle Dateien sind fein säuberlich aneinander aufgereiht. Sie sind also *nicht fragmentiert*. Nun wird eine Datei gelöscht, das heisst, es entsteht freier Platz zwischen zwei Dateien:

Soweit ist die Welt noch in Ordnung. Nun ist aber die Wahrscheinlichkeit relativ gross, dass sehr bald eine neue Datei hinzukommt, die nicht mehr in eine Lücke passt. Die Datei kann nicht mehr am Stück gespeichert werden, sondern muss in zwei oder mehr Teile gespalten werden. Das sieht dann etwa so aus:

Klar, dass die Datenbestände immer stärker auseinandergerissen werden, je mehr Dateien hinzukommen und wieder gelöscht werden. Eine Fragmentierung kann nicht verhindert werden und schlägt sich soweit auch nicht auf die Gesundheit der Platte oder der Daten nieder. Wenn jedoch die Fragmentierung einen Punkt erreicht, an dem so ziemlich jede Datei in Dutzende von Bruchstücken verteilt ist, dann wird ein Leistungsabfall spürbar, weil der Macintosh jedesmal alle Teile zusammenkratzen muss, bevor er die Datei öffnen kann.

Zunehmende Fragmentierung

MERKET AUF

Fragmentierung reduzieren

Blenden wir noch einmal zum Thema *Partitionierung* zurück. Wenn Sie eine Festplatte in verschiedene Partitionen unterteilen, dann können Sie Ihre Datenbestände so aufteilen, dass sich die Fragmentierung einer Partition über lange Zeit hinweg in Grenzen hält. Wenn Sie also zum Beispiel auf der ersten Partition das Betriebssystem, die Schriften und die Programme unterbringen, dann wird es nur zu einer sehr geringen Fragmentierung kommen, da diese Partition relativ selten verändert wird.

Wer soll das alles machen?

Nun, nachdem wir einige Aspekte der Festplatte beleuchtet haben, stellt sich natürlich die Frage, welche Software in der Lage ist, eine Festplatte zu *formatieren,* zu *entfragmentieren* oder zu *partitionieren.* (Fremdwörter sind in der Computerbranche die Seuche schlechthin.)

Professionelle Hilfen

Einige Programme erhalten Sie kostenlos mit Ihrem Macintosh, andere müssen Sie kaufen. Sie sollten aber nie vergessen, dass sich jede Investition, die Sie in ein gutes Produkt für die Einrichtung und Pflege von Festplatten stecken, tausendfach auszahlen wird!

Kostenlose Entfragmentierung

Wenn Sie die Festplatte entfragmentieren möchten und dabei nicht auf ein spezialisiertes Hilfsprogramm zurückgreifen können, dann gibt es eine billige Möglichkeit – auch wenn sie auf die Dauer ziemlich umständlich ist:

1. *Erstellen Sie von allen Dateien Sicherheitskopien.*

2. *Formatieren Sie die Festplatte neu.*

3. *Kopieren Sie alle Datenbestände zurück.*

Die richtige Software

Genauso wie ein Monitor, eine Tastatur oder ein Drucker Software benötigt, um seine Arbeit aufzunehmen, muss auch die Festplatte von irgendwoher instruiert werden, wie sie sich zu verhalten hat. Das Programm, das dafür verantwortlich zeichnet, nennt man *Treiber*. Der Treiber lädt sich selbst, sobald Sie den Macintosh einschalten – und zwar noch vor dem System. Später dann, wenn Sie Daten von der Festplatte laden oder ein Dokument sichern, werden die dafür nötigen Anweisungen vom Betriebssystem an den Treiber weitergegeben, der dafür sorgt, dass alles mit rechten Dingen zu und her geht.

Der Treiber enthält ausserdem die verschiedensten Informationen über die Festplatte. Wieviele Teilbereiche installiert wurden, ob ein Passwort für den Zugriff vorhanden ist und mehr. Normalerweise wird er auf die Festplatte geschrieben, wenn sie zum ersten Mal eingerichtet, sprich formatiert wird. Doch wie jede andere Software kann er später aktualisiert oder sogar durch einen anderen Treiber ersetzt werden. Und genau wie bei den anderen Softwaregattungen gibt es Treiber, die exzellent funktionieren und solche, die man besser nie programmiert hätte.

Da also der Treiber eine zentrale Rolle spielt, sollten Sie ihn mit besonders kritischen Augen betrachten. Nicht wenige Firmen bieten zwar gute Festplatten an, aber das heisst leider nicht, dass sie auch fähige Programmierer beschäftigen, die in der Lage sind, einen anständigen Treiber auszutüfteln. Je nachdem, für welche Festplatte Sie sich also entschieden haben, werden Sie nun im Besitz des einen oder anderen Programms für deren Einrichtung sein. Diese Software wird gleichzeitig den Treiber installieren.

Sehen wir uns zwei häufige Varianten an.

Der Treiber der Festplatte

BASIS

Professionelle und schlechte Treiber

Der Apple-Treiber

Die meisten Festplatten, die Apple in einen Macintosh einbaut, werden entweder von Quantum oder von IBM produziert und können mit dem Programm *Festplatte installieren* eingerichtet werden. Diese kleine Anwendung wird mit jedem Betriebssystem von Apple mitgeliefert und ist nicht sonderlich spektakulär, dafür aber robust und zuverlässig. Wenn Apple den Treiber verbessert, können Sie sich relativ schnell beim Händler kostenlos die neuste Version von *Festplatte installieren* beschaffen und Ihre Festplatte auf den neusten Stand bringen.

Festplatte installieren

Treiber aktualisieren

Um den Treiber zu aktualisieren, müssen Sie lediglich *Festplatte installieren* aufstarten und auf die Taste *Aktualisieren* klicken. Unmittelbar danach sollte der Macintosh neu gestartet werden.

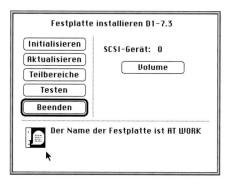

Partitionen für Fremdsysteme

Festplatte installieren ist sehr spartanisch ausgerüstet. Es erlaubt zwar das Partitionieren der Festplatte, aber nur eine Macintosh-Partition. So gesehen ist eine Unterteilung mit diesem Programm nur für die wenigen Anwender interessant, die eine Festplatte zum Beispiel gleichzeitig sowohl unter dem Macintosh-Betriebssystem als auch unter *Apple-Unix (A/UX)* betreiben möchten. (Wir werden an dieser Stelle nicht weiter darauf eingehen.) Wer sich gerne in Sicherheit wiegt, wird ebenfalls nicht auf seine Kosten kommen, da die Festplatte nicht mit einem Passwort geschützt werden kann.

Hammer Harddisk ToolKit

Im Augenblick ist dieses Softwarepaket der ungekrönte König unter den Festplatten-Hilfen. Das *Hammer Harddisk ToolKit* (kurz *HDT* genannt) stellt alle Werkzeuge zur Verfügung, die nötig sind, um eine Festplatte zu formatieren, zu partitionieren oder mit einem Passwort zu belegen. Das Kernelement ist der *Primer*, der eben diese Funktionsvielfalt bietet, doch das Paket enthält noch eine ganze Menge weiterer Hilfsprogramme, die entweder das letzte aus einer Harddisk herausholen oder ganz einfach nützlich sind. In diesem Buch wollen wir uns auf den *Primer* konzentrieren.

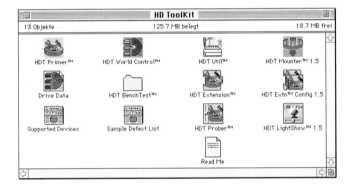

Der Primer

Der *Primer* funktioniert mit fast allen Festplatten, die auf dem Markt erhältlich sind. Für die Qualität der Software bürgt der Name *FWB Hammer*. Diese Firma bietet – unter dem Strich betrachtet – die schnellsten und besten Harddisks feil, die man für reichlich Geld kaufen kann.

Mehrere Partitionen mit dem Primer

Nebst den üblichen Funktionen wie Formatieren oder Testen von Harddisks bietet der *Primer* die Möglichkeit, den verfügbaren Platz in verschiedene Partitionen aufzuteilen, um die Cluster-Grösse zu reduzieren, die Datensicherheit zu verbessern oder was auch immer (mehr dazu im Abschnitt *Partitionierung* ab Seite 111).

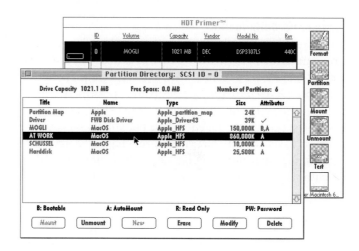

Ein wasserdichter Passwortschutz

RAFFINIERT

Jede Partition kann wiederum mit ihren ganz spezifischen Eigenschaften wie Grösse, zusätzliche Verschlüsselung oder Eignung als Startlaufwerk ausgerüstet werden. Auch der Passwortschutz ist vom Feinsten. Da er auf der untersten Ebene des Treibers eingebaut wird, ist es auch für einen professionellen Eindringling extrem schwierig, auf einer noch tieferen Ebene mit Hilfsprogrammen einzusteigen, um den Schutzmechanismus zu knacken. *(Mehr dazu in Kapitel 9, Datensicherheit.)*

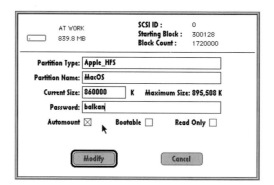

Welches Produkt für wen?

Bis jetzt haben wir zwei Produkte erwähnt: Das Apple-eigene *Festplatte installieren* und das *Hammer Harddisk ToolKit*. Natürlich gibt es eine Menge weiterer Alternativen, genug, um noch ein Buch zu füllen. Wir haben sie hier aber aus gutem Grund weglassen:

HDT ist das beste Produkt auf dem Markt – und es kostet nicht die Welt. Da die richtige Software für eine Festplatte wirklich elementar ist, sollten Sie sich nicht mit weniger zufriedengeben.

Falls Ihnen jedoch ein einfaches Programm wie *Festplatte installieren* nicht genügt und Sie kostenlos zu *HDT* kommen möchten, bietet sich eine dritte Möglichkeit: Einige Festplatten-Hersteller haben eingesehen, dass man das Programmieren der Software samt Treiber den Profis überlassen sollte. Wenn Sie sich also zur Anschaffung einer neuen Harddisk durchgerungen haben, werden Sie einige Produkte entdecken, die mit einer abgespeckten Variante von *HDT* geliefert werden. Der Name dieser Version ist mit dem Anhängsel «LE» für *Limited Edition* gekennzeichnet. Dieses Paket bietet zwar nicht alle Funktionen der Vollversion, aber es ist genauso zuverlässig und verträgt sich später problemlos mit den erweiterten Funktionen des grossen Bruders, falls Sie aufsteigen möchten.

Einige Festplatten, die nicht von Apple kommen, werden vielleicht von *Festplatte installieren* nicht unterstützt (was relativ häufig der Fall ist). So wird Ihnen nichts anderes übrigbleiben, als auf *HDT* oder ein ähnliches Produkt umzusteigen.

Arbeiten Sie nur mit den Besten!

Ein kostenloses Harddisk ToolKit

HEISSER TIP!

Mangelnde Unterstützung

> ⚠ **Auswahl der Festplatte nicht möglich.**
>
> Keine geeignete Festplatte am SCSI Anschluß gefunden.
>
> [OK]

Was bringt die Zukunft?

BASIS

Wie erwähnt, lassen sich unter System 7.1 keine Partitionen einrichten, die grösser als zwei Gigabyte sind. Bei System 7.5 wurde die Latte immerhin doppelt so hoch gelegt – eine Partition kann hier vier Gigabyte gross sein. Doch was sind vier Gigabyte, wenn man sich vor Augen hält, was sich Apple für System 8 und 9 vorgenommen hat? Bei System 8, das im Augenblick unter dem Codenamen *Copland* durch die Gerüchteküche der Branche geistert und 1996 auf den Markt kommen soll, lassen sich Festplatten bis 256 Terabyte oder 262 144 Gigabyte einsetzen. Dann, 1997, wird System 9 *(Gershwin)* die Grenzen jeglicher Vorstellungskraft sprengen, indem die oberste Grenze auf sage und schreibe *acht Exabyte* gesetzt wird. Das entspricht 8 192 *Petabyte* oder 8 388 608 Terabyte oder 8 589 934 592 Gigabytes oder immerhin ein wenig mehr als neun Trillionen Zeichen. (Also genaugenommen sind es 9 223 372 036 854 775 808 Zeichen.)

Die Zukunft der Massenspeicher

Nun muten solche Zahlen sinnlos an. Ausserdem können wir Gift darauf nehmen, dass es nie eine Harddisk geben wird, die neun Trillionen Zeichen fassen kann. Doch schliesslich geht es hier nicht darum, wie gross eine *Harddisk,* sondern wie gross ein *Massenspeicher* sein kann. Es liegt durchaus im Bereich des Möglichen, dass es in zehn Jahren holografische oder biologische Speichersysteme mit einem Fassungsvermögen von acht Exabyte geben wird, die dann allerdings nichts mehr mit einer Harddisk gemeinsam haben.

Wer will schon soviel Speicher?

Neun Trillionen Zeichen sind mehr, als alle Menschen, die jemals gelebt haben, schreiben können. Trotzdem würden verschiedenste Interessengruppen nach solchen Speichermedien gieren. Die moderne Medizin, die Genforschung oder andere Wissenschaften sowie das Militär sind nur einige Gebiete, in denen unfassbar grosse Datenmengen anfallen. Auch das interaktive Fernsehen oder die Anbieter von Spielfilmen, die via Glasfaserkabel zu Ihnen nach Hause geschickt werden, verlangen nach ungeheuren Kapazitäten. Wir werden es erleben.

Harddisks formatieren

Eine Harddisk zu formatieren ist ein Kinderspiel. Alles, was Sie dazu brauchen, ist eine Startdiskette mit der Formatiersoftware.

Wenn Sie eine Festplatte formatieren möchten, dann darf sich der aktive Systemordner, mit dem der Macintosh arbeitet, nicht auf dieser Festplatte befinden. Das selbe gilt für das Programm, mit dem die Harddisk formatiert werden soll.

VORSICHT FALLE

Eine Startdiskette erstellen

Wenn Sie sich dazu entschlossen haben, das Apple-eigene Hilfsprogramm *Festplatte installieren* zu verwenden, dann hat Apple schon alles für Sie vorbereitet. Die Diskette *Dienstprogramme* enthält einen voll funktionstüchtigen Systemordner mit den Programmen *Festplatte installieren* und *Erste Hilfe* (auf das wir später zu sprechen kommen). Sie brauchen also nichts weiter zu tun, als den Macintosh auszuschalten, die Diskette *Dienstprogramme* einzulegen und ihn wieder einzuschalten. Da das interne Diskettenlaufwerk beim Einschalten des Macintosh zuerst abgefragt wird, startet er automatisch ab dieser Diskette.

Wenn Sie Ihre Festplatte mit *HDT* oder einem anderen Programm formatieren möchten, können Sie sich aber auch eine eigene Startdiskette zusammenbasteln:

Dienstprogramme modifizieren

1. Erstellen Sie von der Disk *Dienstprogramme* ein Duplikat.

2. Löschen Sie auf dem Duplikat die Programme *Festplatte installieren* und *Erste Hilfe*.

3. Kopieren Sie das Programm *Primer* (oder was immer Sie verwenden möchten) auf die Diskette. Denken Sie bitte daran, dass das Installationsprogramm eventuell noch eine weitere Datei benötigt, um seinen Dienst aufzunehmen. Im Fall von *Primer* ist es die Datei *Drive Data*.

Wenn das Installationsprogramm nicht auf die neue Startdiskette passt, dann sollten Sie kontrollieren, ob vielleicht
der Papierkorb noch nicht entleert worden ist. Wenn es jetzt
immer noch nicht reicht, müssen wir etwas mehr Aufwand
betreiben:

4. Nehmen Sie die Datei *System* (falls Sie unter System 7.1
   oder System 7 Pro arbeiten auch noch den System Enabler)
   aus dem Systemordner und legen Sie sie auf die oberste
   Ebene der Diskette. Alles andere können Sie löschen.

5. Kopieren Sie nun das Formatierprogramm sowie eventuell
   nötige Dateien auf die Diskette.

6. Benennen Sie das Formatierprogramm in *Finder* um.

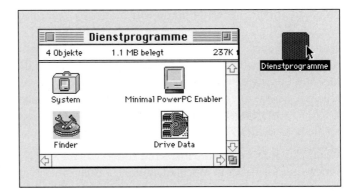

Das Kuckucksei Fertig! Wenn Sie nun den Macintosh mit dieser Diskette
aufstarten, wird anstelle des *Finders* automatisch das Formatierprogramm geladen. Ein Kuckucksei, sozusagen…

Nun können Sie Ihre Festplatte formatieren, so wie es das
Handbuch der Software vorschreibt.

Am besten fahren Sie natürlich, wenn Sie ein Wechselplattenlaufwerk besitzen und Sie sich eine eigene Platte für solche
Zwecke eingerichtet haben. Wie man das macht, erfahren Sie
auf Seite 39.

Tips zu Partitionen

Eine Partition für Photoshop

Wenn Sie zur bildverarbeitenden Gattung der Macintosh-Anwender gehören und mit *Photoshop* arbeiten, dann sollten Sie für die temporäre Datei eine eigene Partition anlegen. Damit wird garantiert, dass diese Datei nicht fragmentiert wird und *Photoshop* immer mit der bestmöglichen Leistung arbeiten kann – wenigstens was die Virtuelle Speicherverwaltung betrifft. Allerdings empfiehlt sich eine solche «Scratch-Disk» meistens nur bei Festplatten ab 500 Megabyte.

HEISSER TIP!

1. Erstellen Sie eine etwa 100 Megabyte grosse Partition.

2. Starten Sie *Photoshop*.

3. Rufen Sie im Menü *Ablage* unter *Grundeinstellungen* den Befehl *Virtueller Speicher* auf.

4. Wählen Sie die eigens dafür eingerichtete Partition aus.

5. Beenden Sie *Photoshop* und starten Sie ihn erneut.

Jetzt wird die temporäre Datei auf dieser Partition angelegt. Erst wenn sie voll ist, wechselt *Photoshop* automatisch zum nächsten Teilbereich.

Alias für Programme

Wenn Sie alle Ihre Programme nun auf der Startpartition abgelegt haben, sollten Sie von jedem Programm ein Alias erzeugen und auf die Hauptpartition kopieren. So können Sie bequem auf alle Programme zugreifen, ohne dass Sie jedesmal die Startpartition öffnen müssen:

Die Passwort-Falle

Das Problem ist so simpel, dass es fast schon lächerlich ist – wenn man es kennt! Es taucht eventuell dann auf, wenn Sie mit *HDT* oder einem anderen Produkt ein Passwort auf Treiberebene definiert haben. Ich kann mich noch genau erinnern, wie es bei mir war: Die Festplatte wurde formatiert, dann partitioniert und schlussendlich mit dem Passwort *Zack* vor neugierigen Blicken gesichert.

Mit dem nächsten Neustart kam dann auch die Panik: Das Passwort wurde nicht akzeptiert! Der Passwortschutz war hartnäckig, wirklich. Eine andere Startdiskette wurde versucht, dann ein paar alte, längst vergangene Passworte und schliesslich eine halbe Stunde des Wehklagens. Endlich kam die Erleuchtung.

Ein kleiner Denkfehler

Wenn ein Programm wie *HDT* das Passwort auf Treiberebene installiert, dann erscheint die Abfrage, noch *bevor* das Betriebssystem geladen wird. Das aber bedeutet, dass nur die amerikanische Tastaturbelegung aus dem ROM des Rechners verfügbar ist. Z und Y waren vertauscht und so lautete das Passwort nun *Yack*. Kein Problem, wenn man es einmal weiss.

Vermeiden Sie also bei einem Passwortschutz auf Treiberebene die Buchstaben Y und Z sowie alle Sonderzeichen.
Oder kennen Sie jemanden, der auswendig weiss, wie man
mit einer amerikanischen Tastaturbelegung das Passwort
«ᵃΔμΩ𝑓∂ç» eingibt?

Unamerikanische
Passwörter

Eine zweite Startpartition für Experimente

Wenn Sie Programmierer sind, für eine Computerzeitschrift
schreiben oder von der Firma regelmässig dazu angehalten
werden, den neusten Schrei in Sachen Software für andere
auszutesten, dann sollten Sie sich für solche Zwecke eine
eigene Partition anlegen. 50 Megabyte reichen, damit Sie
dort einen zweiten Systemordner anlegen können. Wenn Sie
also wieder einmal zweifelhafte Programme auf ihre Brauch-
barkeit hin prüfen, können Sie den Macintosh mit dieser
Partition aufstarten. Wenn dann etwas schief geht, bleibt Ihr
wohlkonfigurierter Systemordner unangetastet.

Eine zweite Startpartition kann Ihnen aber auch noch in
anderer Hinsicht dienen. Sie können mit ihrer Hilfe zum
Beispiel die andere Partition defragmentieren oder komplett
neu einrichten. Mit anderen Worten, Sie haben für Notfälle
und Wartungsarbeiten immer eine voll ausgerüstete Startdiskette mit allen Schikanen zur Verfügung.

Partition als
Notfalldiskette

Soviel zum Einrichten einer Festplatte. Allerdings verlangt
eine Festplatte auch nach regelmässiger Pflege. Mehr noch:
Eine gut gewartete Festplatte ist die beste Schutzmassnahme
gegen Datenverluste.

Im nächsten Kapitel werden wir uns um das Wohlbefinden
Ihrer Festplatte kümmern.

SCHNELLÜBERSICHT

Grundsätzliche Informationen und Tips zu Harddisks

❖ Eine Harddisk muss für ein bestimmtes Computersystem formatiert werden.

❖ Jeder Block und jeder Cluster kann nur die Daten *einer* Datei aufnehmen.

❖ Je grösser die Festplatte oder Partition, desto grösser die Cluster.

❖ Wenn Sie mit *HDT* ausgestattet sind, nutzen Sie die Vorzüge von Partitionen.

❖ Eine partitionierte Festplatte wird in kleinere Cluster aufgeteilt.

❖ Achten Sie beim Treiber auf die Qualität.

❖ Wenn Sie einen neuen Treiber installieren, sollten Sie den Macintosh anschliessend sofort neu starten!

Formatieren einer Harddisk

1. Erstellen Sie von all Ihren Daten Sicherheitskopien.

2. Schalten Sie den Macintosh aus.

3. Legen Sie die Diskette *Dienstprogramme* oder eine andere Startdiskette ein, auf der sich die Formatiersoftware befindet.

4. Schalten Sie den Macintosh ein.

5. Formatieren Sie die Harddisk neu.

Defragmentieren einer Harddisk

1. Schalten Sie den Macintosh aus.

2. Legen Sie eine Startdiskette ein, auf der sich die Software für das Defragmentieren der Harddisk befindet.

3. Schalten Sie den Macintosh ein.

4. Defragmentieren Sie die Harddisk.

Eine gut gepflegte Festplatte ist der beste Garant dafür, dass sich Datenverluste und andere üble Geschichten nur selten oder gar nicht ereignen. In diesem Kapitel geht es darum, wie Sie Ihren Lieblingsmassenspeicher in Schuss halten. Möglichkeiten für die Rettung verlorener Daten besprechen wir dann im *Kapitel 8, Datenrettung.*

Die defekte Festplatte

Eine Festplatte, die *mechanisch in Ordnung* ist, werden Sie selbst wieder auf die Füsse stellen können, ganz egal, wie schlimm sie in Mitleidenschaft gezogen wurde. Anders sieht die Sache aus, wenn tatsächlich eine hardwaremässige Beschädigung vorliegt – dann werden Sie einen Techniker bemühen müssen.

Falls so geschehen, sollten Sie sich jetzt Kapitel 8 zu Gemüte führen und von den Datenbeständen retten, was zu retten ist. Anschliessend muss die Platte zum Händler.

HEISSER TIP!

Festplatten sind mechanisch gesehen hochkomplexe Gebilde. Wenn sie sich einmal entschlossen haben, den Geist aufzugeben, lassen sie sich normalerweise nicht mehr reparieren, sondern werden schlicht und einfach vom Hersteller ausgetauscht. Bevor Sie also die Harddisk zum Händler tragen, ist es eine gute Idee, ein paar Zukunftspläne zu schmieden.

Austausch der Festplatte

❖ Wenn Sie mit der Grösse und der Marke zufrieden waren, sollten Sie den Händler nach dem Preis für einen Ersatz fragen. Ab und zu bekommt der Hersteller der Festplatte ein schlechtes Gewissen und wird Ihnen das gleiche Modell zu einem stark reduzierten Preis anbieten.

Aufrüsten auf ein grösseres Modell

❖ Wenn Sie bereits mit einem grösseren Modell liebäugeln, das Ihnen mehr Speicherplatz bietet, sollten Sie sich erkundigen, ob Sie gegen den entsprechenden Aufpreis in eine höhere Klasse wechseln können. Das geht jedoch nur, wenn Sie dem Hersteller treu bleiben.

Nutzen Sie die Gunst der Stunde, denn jetzt sitzen Sie am längeren Hebel! Verlangen Sie einen Kostenvoranschlag, *bevor* die «Reparatur» ausgeführt wird. Man wird Ihnen dann mitteilen, ob die Platte repariert werden kann oder ausgewechselt wird. Wenn Sie nämlich auf eine grössere Platte wechseln möchten, dann käme es Ihnen bestimmt ungelegen, wenn sich die Festplatte wider erwarten doch noch instandsetzen liesse.

Kostenvoranschlag

HEISSER TIP!

Manche Hersteller, die keine Heilungschance sehen, offerieren dem Kunden eine firmeninterne Datenrettung. Überlegen Sie sich diesen Schritt gut. Wenn Sie von den meisten Daten Sicherheitskopien besitzen oder bereits in der Lage waren, die wichtigen Dateien zu retten, dann sollten Sie Kosten und Nutzen genau abschätzen. Sonst könnte es sein, dass Sie für unwichtige Datenbestände eine Menge Geld liegen lassen!

Datenrettung durch den Hersteller

MERKET AUF

Professionelle Retter

Manchmal kann auch wirklich alles schiefgehen. Nehmen wir an, die Firma *AcmeBrain* hat sich ein Netzwerk an Computern zusammengestellt, das quasi das Rückgrat des ganzen Unternehmens darstellt. Da gibt es Fileserver im Netz, auf denen 10 000 Adressen gespeichert worden sind. Wichtige Archive mit Plänen befinden sich auf Festplatten, Disketten oder Streamerbänder und so weiter. Kurz, die Computerdaten sind für *AcmeBrain* das wichtigste Gut überhaupt. Natürlich wurden von all diesen Daten zusätzliche Sicherheitskopien erstellt, die aber dummerweise im selben Raum aufbewahrt wurden wie die Computer selbst.

Und dann geschah das, was sich niemand vorstellen wollte: Ein Mitarbeiter warf beim Nachhausegehen eine brennende Zigarette in einen Papierkorb. Erst hat es nur geraucht, anschliessend ein bisschen gebrannt und dann sind die Sprinkleranlagen losgegangen. Was nun? An verschmorte Bürotische oder defekte Hardware mag niemand denken – alles dreht sich nur noch um die versengten, verrauchten und bewässerten Computerdaten. Was lässt sich hier noch retten?

Extremfälle

Profis für Extremfälle

In solchen Fällen, wenn alles auswegslos scheint, kommt die Stunde der Profis. Verschiedene Firmen haben sich darauf spezialisiert, Daten auch dann noch zu retten, wenn es scheinbar unmöglich ist. In Räumen, deren Luft etwa 50000 Mal sauberer ist als gewöhnlich, werden die stark in Mitleidenschaft gezogenen Festplatten geöffnet, untersucht und behandelt. Ohne diese ultrasauberen Arbeitsräume wäre das nicht möglich, da der Schreib-/Lesekopf der Festplatte nur wenige Tausendstel Millimeter über der Platte schwebt und somit jedes noch so winzige Staubkörnchen wie ein Pflasterstein wirkt.

MERKET AUF

Wir wollen uns hier nicht zu stark mit diesem Thema auseinandersetzen. Sollten Sie jedoch einmal in die Situation kommen, dass Daten – koste es, was es wolle – gerettet werden müssen, dann sollten Sie es auf keinen Fall selbst probieren. Jeder Versuch, der misslingt, macht es den Spezialisten schwerer, die Daten zu retten.

Soviel zum Thema. Wenn wir in Zukunft das Wort «defekt» in den Mund nehmen, dann wird sich das immer auf eine *mechanisch einwandfreie Platte* beziehen, die an einer softwaremässigen Unpässlichkeit leidet.

Abschliessend finden Sie die Adresse einer Firma, die sich der Datenrettung in besonders heiklen Situationen verschrieben hat:

Coss Schadenmanagement GmbH, Bleicherfleck 3, D-85737 Ismaning. Tel. 089/96 24 260.

Aus der Schweiz und Österreich: Tel. 0049-89/96 24 260

Ursache und Wirkung

Wenn Ihre Festplatte nicht so will wie Sie, dann kann das die verschiedensten Ursachen haben. Hier einige Beispiele:

SCSI-Geräte. Wenn Sie ein SCSI-Gerät ein- oder ausschalten, während der Computer in Betrieb ist, kann es sein, dass das Inhaltsverzeichnis der Platte beschädigt wird. Schalten Sie den Computer immer aus, wenn Sie ein Gerät in der SCSI-Kette ein- oder ausschalten möchten. Im schlimmsten Fall kann nämlich sogar die Hardware beschädigt werden.

Fehler in der SCSI-Kette

Schwere Systemfehler. Auch sie können das Inhaltsverzeichnis in Mitleidenschaft ziehen, besonders dann, wenn der Computer gerade dabei war, eine Datei auf die Festplatte zu schreiben, als die Bombe kam.

Systemfehler beim Sichern

Viren. Einige Viren können sich ebenfalls an der Platte zu schaffen machen. Wie Sie sich vor diesen Widerlingen schützen, steht im *Kapitel 10, Viren.*

Virenattacken

Schlechte Software. Manchmal kommt es vor, dass eine schlecht programmierte Software am System Modifikationen vornimmt, die zu Unregelmässigkeiten in der Dateistruktur führen.

Mangelhafte Software

Stromunterbruch. Wenn der Strom ausfällt, während die Festplatte gerade am Arbeiten ist, kann das ebenfalls zu einer defekten Dateistruktur führen.

Stromunterbrüche

Schläge. Mobile Computer wie das PowerBook sollten nur auf einer festen Unterlage betrieben werden. Eine rotierende Festplatte, die bewegt oder Stössen ausgesetzt wird, befindet sich in akuter Lebensgefahr.

Transportschäden

Vollmond. Manchmal will die Festplatte einfach nicht – und damit hat es sich!

Blue Moon

Symptome

Dummerweise können wir nicht davon ausgehen, dass unsere Festplatte stöhnt, wenn sie sich nicht wohlfühlt. Kleine Fehler können sich lange Zeit erfolgreich vor den Augen des Anwenders verstecken, bis sie erwachsen sind und dann mit voller Wucht zuschlagen können. Es gibt aber einige Symptome, die Sie stutzig machen sollten:

Ordner lassen sich nicht löschen

❖ Dateien, Ordner und Programme, die sich auch nach einem Neustart des Rechners nicht löschen lassen, sind ein verlässliches Anzeichen für eine beschädigte Dateistruktur.

Falscher Fensterinhalt

❖ Achten Sie auf Fenster mit falschen Inhaltsangaben wie etwa hier abgebildet. Das Fenster gibt als Inhalt sechs Objekte an, aber nur fünf sind sichtbar:

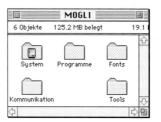

Unkopierbare Daten

❖ Dateien, die sich nicht kopieren oder duplizieren lassen.

Daten verschwinden

❖ Ordner und Dateien, die nicht sichtbar sind, aber auftauchen, sobald Sie im Finder den Befehl *Finden* verwenden.

Ordner/Dateien lassen sich nicht öffnen

❖ Ordner und Dateien, die sich plötzlich nicht mehr öffnen lassen. Das kann zwar andere Gründe haben, aber es könnte auch auf eine Beschädigung des Inhaltsverzeichnisses der Festplatte hindeuten.

Der Macintosh startet nicht

❖ Ein Macintosh, der nicht mehr aufstartet und nur noch das blinkende Fragezeichen zeigt, lässt ebenfalls auf Probleme schliessen (auch wenn es nicht an der Dateistruktur der Festplatte liegen muss). Vielleicht ist das System beschädigt.

Erste Hilfe – Die Axt im Haus

Wann immer Sie mit Problemen kämpfen, die nicht nur eine einzelne Datei, sondern die ganze Festplatte betreffen, sollten Sie Unterstützung anfordern, die nachschaut, was denn so schiefgegangen ist. Das einfachste Softwaremodell kommt kostenlos mit dem Betriebssystem, nennt sich *Erste Hilfe* und befindet sich auf der Diskette *Dienstprogramme.*

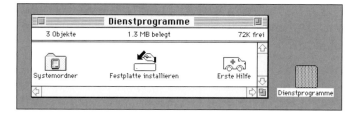

Erste Hilfe ist einfach in der Handhabung und meistens erfolgreich. Wenn Sie eine Harddisk prüfen möchten, die den aktiven Systemordner oder ein geöffnetes Programm enthält, dann erhalten Sie folgende Meldung:

Startlaufwerk lässt sich nicht reparieren

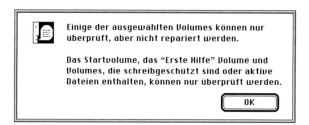

Sie können also die Harddisk überprüfen, aber um sie zu reparieren, müssen Sie den Macintosh mit der Diskette *Dienstprogramme* aufstarten. Für eine schnelle Diagnose zwischen zwei Tassen Kaffee können Sie jedoch *Erste Hilfe* von der Harddisk aus aufstarten. Wenn tatsächlich einmal etwas nicht im Lot ist, können Sie immer noch die Diskette bemühen.

HEISSER TIP!

Erste Hilfe ist ein feines Prográmmchen, aber es bietet keine weiterreichenden Möglichkeiten wie etwa das Retten versehentlich gelöschter Dateien. Dafür gibt es Spezialisten wie die *MacTools* oder die *Norton Utilities,* die wir später in diesem Kapitel behandeln werden.

Die Schreibtischdatei

BASIS

Die Schreibtischdatei *(engl. Desktop file)* birgt unter anderem Informationen, welche Datei von welchem Programm erzeugt wurde, wie das Icon aussieht und dergleichen mehr. Es kommt oft vor, dass die Schreibtischdatei aus den verschiedensten Gründen beschädigt wird oder ganz einfach ein wenig durcheinandergeraten ist. Am ehesten macht sich das bemerkbar, wenn eine Datei, die Sie Doppelklicken, ihr Programm nicht

Verlorene Icons

mehr finden kann oder wenn Objekte plötzlich ihr Icon verlieren:

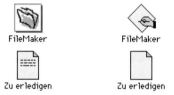

FileMaker   FileMaker

Zu erledigen   Zu erledigen

Desktop löschen und neu einrichten

Eine beschädigte oder verwirrte Schreibtischdatei kann zwar weder zu Datenverlusten noch zu anderen Missgeschicken führen, aber sie ist schlicht und einfach lästig. Ausserdem wirkt der Finder wenig dekorativ, wenn sich zu viele Icons im einheitlichen, langweiligen Grau zeigen. Eine Schreibtischdatei kann leicht auf den neusten Stand gebracht werden:

1. Starten Sie den Macintosh neu.

2. Halten Sie gleichzeitig die Befehls- und Optionstaste gedrückt, bis der folgende Dialog erscheint:

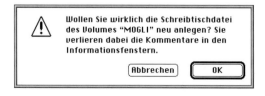

⚠ Wollen Sie wirklich die Schreibtischdatei des Volumes "MOGLI" neu anlegen? Sie verlieren dabei die Kommentare in den Informationsfenstern.

Abbrechen   OK

3. Sobald Sie den Dialog bestätigt haben, erscheint ein neues Fenster, das den Aufbau der Schreibtischdatei zeigt.

Je nach Grösse der Festplatte kann die Aktualisierung der Schreibtischdatei ein paar Minuten dauern. Anschliessend sollte sich eigentlich wieder alles in der gewohnten Aufmachung zeigen.

Wenn die Schreibtischdatei neu angelegt wird, gehen alle Kommentare, die Sie im Finder im Fenster *Information* eingegeben haben, verloren. Das werden Sie also nach der Aktualisierung *nicht* mehr zu sehen bekommen:

MERKET AUF

Wenn immer noch verschiedene Icons fehlen, dann könnte es auch sein, dass das zugehörige Programm von der Festplatte gelöscht worden ist. Wie das Icon einer Datei aussieht, bestimmt fast immer das Programm. Wenn nun die Schreibtischdatei neu angelegt wird, verlieren alle Dateien, deren Ursprungsprogramm nicht mehr vorhanden ist, ihr Icon.

Fehlendes Programm

Andererseits könnte aber auch sein, dass die Schreibtischdatei tatsächlich beschädigt ist. Der Finder liefert bei der Abbildung unter Punkt 3 eine falsche Information, da die Schreibtischdatei nicht wirklich neu angelegt, sondern lediglich aktualisiert wird. In diesem Fall reicht es nicht, sie einfach auf den neusten Stand zu bringen; sie muss erst komplett gelöscht und dann von Grund auf neu errichtet werden.

Desktop Reset

SMART DISK

Es gibt verschiedene Methoden, um eine Schreibtischdatei zu löschen. (Zum Beispiel die, dass diese normalerweise unsichtbare Datei mit *ResEdit* sichtbar gemacht und dann in den Papierkorb gezogen wird.) Am einfachsten ist es aber, wenn Sie die Systemerweiterung *Desktop Reset* verwenden. Kopieren Sie die Software von der mitgelieferten *SmartDisk* in den Ordner *Systemerweiterungen* innerhalb des Systemordners und starten Sie den Macintosh neu.

Das Verfahren bleibt das selbe: Halten Sie nach dem Neustart gleichzeitig die Befehls- und die Optionstaste gedrückt, bis Sie die folgende Meldung sehen:

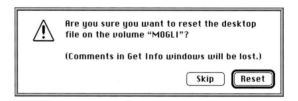

Wenn Sie jetzt auf die Taste *Reset* klicken, dann wird die Schreibtischdatei komplett gelöscht und anschliessend von Grund auf neu aufgebaut. Auch hier gehen alle Informationen, die Sie zu einer Datei eingegeben haben, verloren.

Kommerzielle Helfer

Mit *Erste Hilfe* und *Desktop Reset* sind Sie also in der Lage, die beiden häufigsten Fehlerquellen bei aufmüpfigen Festplatten zu korrigieren. Beide Produkte sind kostenlos und verfehlen ihre Wirkung nicht. Allerdings sollten Sie sich jetzt nicht voreilig in Sicherheit wiegen: Es gibt Dinge zwischen Himmel und Erde, die sich nicht so einfach beheben lassen und die nach verstärkter Hilfe von aussen verlangen. Hier kommt sie…

Norton Utilities und MacTools

Egal, wie überzeugt Sie von anderen Produkten sind, früher oder später werden Sie doch nicht um die Anschaffung eines dieser beiden Pakete kommen. Sowohl die *MacTools 3.0* als auch die *Norton Utilities 3.1* bieten Funktionen, die Sie eines Tages mit Gold aufwiegen werden.

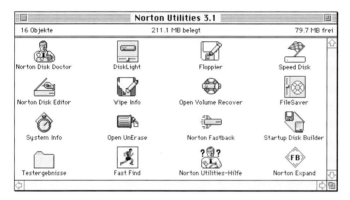

Beide Produkte brüsten sich zu Recht damit, reichhaltige Möglichkeiten für die Wiederherstellung abgestürzter Festplatten und versehentlich gelöschter Dateien zu bieten. Beide offerieren eine Fülle an Hilfsprogrammen, die jedem Computersystem gut stehen. Aber so ähnlich sie sich sind, so

Im Herzen Brüder

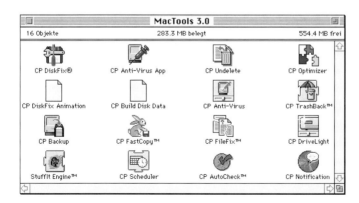

Sicherheit und Sicherheit

unterschiedlich ist die Gewichtung. Es ist interessant zu sehen, wie beide Pakete das Stichwort *Datensicherheit* auf verschiedene Art auslegen. Während die *Norton Utilities* darunter auch das garantierte Zerstören von Datenbeständen meinen, um sie gegen spätere Einblicke Unberechtigter zu schützen, konzentrieren sich die Programme bei den *MacTools* fast ausschliesslich darauf, die kostbaren Daten zu hegen und zu pflegen. Doch da sind trotzdem eine Menge Gemeinsamkeiten.

Dateien retten

Die Rettung versehentlich gelöschter Dateien und abgestürzter Festplatten ist wohl das Hauptargument, um sich das eine oder andere Produkt anzuschaffen. Beide Pakete bieten diverse Schutzmechanismen, um im Falle eines Datenverlustes eingreifen zu können.

Wann gilt eine Datei als gelöscht?

Wenn Sie eine Datei in den Papierkorb werfen und ihn dann entleeren, ist die Datei *nicht wirklich gelöscht.* Vielmehr wird ihr Eintrag im Inhaltsverzeichnis der Festplatte getilgt, und der von ihr bisher belegte Platz kann mit neuen Dateien überschrieben werden. Solange das aber aber nicht der Fall ist, bleiben die ursprünglichen Daten intakt. An diesem Punkt setzen sowohl die *Norton Utilities* als auch die *MacTools* an.

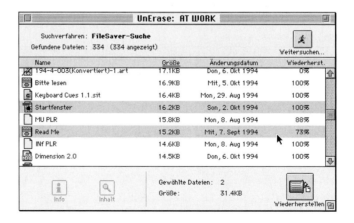

```
╔═══════════════ Central Point® Undelete ═══════════════╗
║  ◉ ☑                                                    ║
║  ○ ⊠      📄       🔍        🔍       🖥        ☂        ║
║ Options...  Recover   File Scan...  Text Scan...   View...   TrashBack™...  ║
╠════════════════════════════════════════════════════════╣
║   Name              Condition  Data   Resource Modified  C ║
║  ▽ ▭ MOGLI            –        –         20.6.1994  ⬆ ║
║  ▷ ▭ Trash            –        –         20.6.1994    ║
║    ▽ ▭ Deleted files  –        –         20.6.1994    ║
║       📄 Icon         Excellent         2.5 kB  20.6.1994 2║
║       📄 Aldus PageMaker 5.0  Good  16 kB       20.6.1994  ║
║       📄 Aldus PageMaker 5.0  Good  32 kB       20.6.1994  ║
║       📄 PS Spool File  Excellent 1.8 kB 1.7 kB 20.6.1994 1║
║       📄 MS Word 3.0, 4.0 & 5.0  Good 32 kB     20.6.1994  ║
║       📄 Desktop Reset™  Excellent       2.5 kB 20.6.1994 2║
║       📄 MS Word 3.0, 4.0 & 5.0  Good 32 kB     20.6.1994  ║
║       📄 Aldus PageMaker 5.0  Good  32 kB       20.6.1994 ⬇║
║  ◀ ▭                                               ▶   ║
╠════════════════════════════════════════════════════════╣
║  Scan completed successfully                            ║
╚════════════════════════════════════════════════════════╝
  CENTRAL POINT
  ▸▸▸ Undelete
```

Bei beiden Programmen ist die Chance, dass Sie wieder an Ihre Dateien kommen, «nicht schlecht» bis «gut». Sowohl der eine als auch der andere Vertreter bieten allerdings eine zusätzliche Hilfe an, um die Chancen bei der Wiederbelebung massiv zu steigern. Bei den *Norton Utilities* heisst sie *FileSaver*, bei den *MacTools* handelt es sich um *CP TrashBack*.

FileSaver und TrashBack

FileSaver

CP TrashBack™

FileSaver führt Buch darüber, wo sich eine Datei befunden hat, als der Befehl für die Löschung gegeben wurde. Ausserdem sorgt er dafür, dass der Platz, auf dem die Datei gelagert wird, möglichst spät überschrieben wird. Auf diese Weise – und dank des eigenen Verzeichnisses, das *FileSaver* auf der Harddisk anlegt – werden die Chancen für eine Wiederbeschaffung im Falle eines Missgeschickes enorm gesteigert.

FileSavers doppelte Buchführung

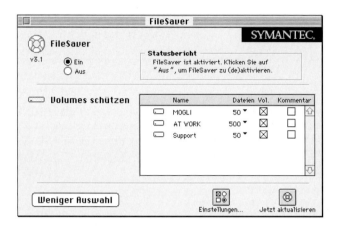

TrashBacks Prävention

RAFFINIERT

TrashBack geht einen anderen, noch geschickteren Weg. Die Idee dahinter ist, dass bei vielen Anwendern überhaupt keine Notwendigkeit besteht, den Papierkorb zu entleeren, weil auf der Harddisk noch mehr als genügend freier Platz vorhanden ist. Wenn Sie also eine Datei in den Papierkorb werfen und den Befehl *Papierkorb entleeren* anwählen, dann wird der Platz, den die Dateien einnehmen, nicht zum Löschen freigegeben, sondern die Dateien werden in ein unsichtbares Verzeichnis verschoben. Logisch: Was lässt sich einfacher wiederbeschaffen als eine Datei, die nie richtig verschwunden ist?

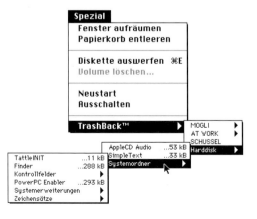

Wenn Sie nun eine Datei zurückhaben möchten, brauchen Sie nur im Finder unter dem Menü *Spezial* den Punkt *Trash-Back* anzuwählen, damit Sie auf sämtliche «gelöschte» Dateien zurückgreifen können.

Grundsätzlich ist die Idee hinter *TrashBack* genial, aber der Nachteil ist, dass der Erweiterung 214 Kilobyte Arbeits-speicher zum Opfer fallen. Wenn Sie also speichermässig dauernd auf dem letzten Loch pfeifen, dann werden Sie eher Mühe haben, sich mit dem Speicherhunger von *TrashBack* abzufinden.

Speicherhunger!

Bruchstücke retten

Beide Programme versuchen als erstes, die Dateien komplett zurückzuholen. Das heisst, wenn Sie ein Dokument aus einem Layoutprogramm retten, dann hätten Sie es natürlich gerne so vollständig wie möglich zurück: Ein anständiges Icon, den ganzen formatierten und gestalteten Text, alle Aus-zeichnungen und grafischen Elemente und so weiter. Leider ist das nicht immer möglich, da Teile der Datei bereits verloren gegangen sein könnten. Die Wahrscheinlichkeit, dass Sie die Datei überhaupt noch öffnen können, ist in einem solchen Fall sogar verschwindend gering.

Rettung der Dateien

Im Gegensatz zu den *Norton Utilities* bietet das Programm *CP Undelete* der *MacTools* eine Funktion, die es erlaubt, aus einer unvollständigen Datei die Texte so weit als möglich herauszufiltern. Das heisst zwar in besagtem Beispiel mit dem

Texte herausfiltern

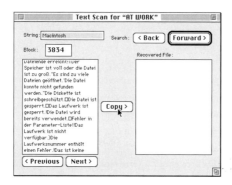

Layoutprogramm, dass alle Formatierungen und Aus-
zeichnungen noch einmal vorgenommen werden müssen.
Eine der grössten Arbeiten aber, die Erfassung der Texte,
bleibt Ihnen erspart.

Datenpflege

**Präventiv-
massnahmen**

Im Normalfall werden Sie es vorziehen, eine Festplatte zu
reparieren, noch bevor irgendwelche Daten verloren gehen.
Auch hier bieten beide Pakete eine Lösung an: Der *Disk
Doctor* bei den *Norton Utilities* und *DiskFix* bei den *MacTools*.

Obwohl beide Programme in etwa den selben Funktionsumfang aufweisen und die Festplatte in nahezu identischer
Weise prüfen, sind hier doch zum Teil massive Unterschiede
festzustellen.

**Startlaufwerk
reparieren**

Die *Norton Utilities* sind nicht nur viel schneller als die
MacTools, sondern erlauben auch das Reparieren des Start-
laufwerkes. Solange die Festplatte also in der Lage ist, das
System zu laden, müssen Sie nicht mit einer Startdiskette
arbeiten, um eine kränkelnde Harddisk zu untersuchen. Der
Disk Doctor ist wirklich gut. Doch wie so oft ist das Bessere
des Guten Feind…

**Die MacTools
bei der Arbeit**

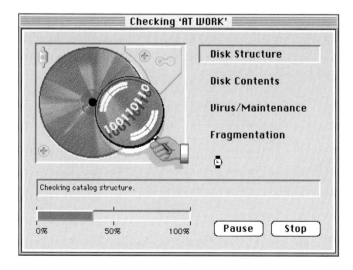

DiskFix ist langsamer. *DiskFix* ist nicht in der Lage, das Start-laufwerk zu reparieren. Aber *DiskFix* ist auch ein wenig gründ-licher. Genaugenommen ist es bei mir in letzter Zeit ab und zu vorgekommen, dass *Disk Doctor* bestimmte Fehler nicht entdeckte oder nicht in der Lage war, sie zu beheben. Das kommt zugegebenermassen nicht sehr häufig vor, aber wenn es brennt, verhandelt man nur ungern. So kann ich Ihnen also aus diesem Grund die *MacTools* wärmstens empfehlen. Wenn Sie jedoch der Meinung sind, dass «gut» gut genug ist und mit den zusätzlichen Hilfsprogrammen der *Norton Utilities* liebäugeln, dann sollten Sie sich nicht weiter beirren lassen.

Gründlichkeit ist Trumpf

RAFFINIERT

Festplatten defragmentieren

Über die Defragmentierung der Festplatte haben wir bereits im letzten Kapitel gesprochen. Beide Pakete bringen eine geeignete Lösung mit: Bei den *Norton Utilities* ist es *Speed Disk*, bei den *MacTools* das Programm *CP Optimizer*. Welches

Speed Disk und CP Optimizer

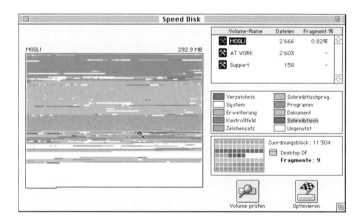

der beiden Programme Sie verwenden, ist gehupft wie ge-sprungen. Beide sorgen dafür, dass nach der Optimierung alle Programme, Erweiterungen, Dateien usw. zusammengefasst werden.

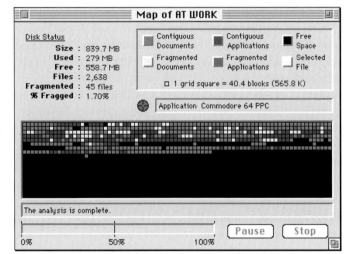

CP Optimizer

Definition der Datenreihenfolge

CP Optimizer lässt eine freie Anordnung der Daten zu – Sie können also definieren, dass beispielsweise die Programme ganz an den Anfang oder an den Schluss der Datenbestände gesetzt werden sollen. In der Praxis bringt das jedoch kaum Vorteile. *SpeedDisk* hingegen ist in der Lage, einzelne Dateien gezielt zu defragmentieren, was ebenfalls nicht allzu wichtig ist. Wenn man schon mal dabei ist, optimiert man meistens die ganze Festplatte. Bei beiden Programmen muss der Macintosh von einer anderen Diskette aufgestartet werden, bevor sie ihre Arbeit aufnehmen können.

Disk-Indikatoren

Anzeige von Aktivitäten

Früher, als alles noch besser war, wurde jeder Macintosh an der Frontseite mit einer Funzel ausgestattet, die immer dann flackerte, wenn der Computer auf die Harddisk zugriff. Nun, diese Einrichtung ist bereits vor einiger Zeit aus der Mode gekommen. Ausserdem wusste man damals auch nur, wann die Harddisk arbeitete, aber nicht, ob das Diskettenlaufwerk beschäftigt war. Die Kontrollfelder *DiskLight* der *Norton Utilities* und *CP DriveLight* von den *MacTools* lassen die Vorzüge vergangener Zeiten wieder aufleben.

144

Beide Kontrollfelder zeigen alle Aktivitäten der angeschlossenen Harddisks und Diskettenlaufwerke durch ein kleines Icon in der Menüleiste an. *DiskLight* beschränkt sich dabei

auf diese beiden Massenspeicher, während *CP DriveLight* eine ganze Menge mehr auf Lager hat.

DriveLight beschränkt sich nicht nur auf Disketten und Festplatten, sondern zeigt jede Form eines Datentransfers an. Dazu gehören auch Modems, CDs, Wechselplatten und mehr. Da jedes Gerät von einem individuellen Icon dargestellt werden kann, gehören Unklarheiten der Vergangenheit an. Diese differenzierte Darstellung ist vor allem bei Eingaben, die lautlos ablaufen, ein Segen. CDs wären da zu erwähnen, oder Daten, die über das Modem hereinströmen.

Beliebige Eingabegeräte

RAFFINIERT

Viren-Abwehr

Die *MacTools* sind mit dem Kontrollfeld *CP Anti-Virus* sowie dem Programm *CP Anti-Virus App* ausgestattet, die Ihnen in harmonischem Zusammenspiel unerwünschte Besucher vom Leib halten. Im Gegensatz zu den meisten anderen, spezialisierten Produkten bietet dieser Virenschutz sogar die Möglichkeit, Viren aufzuspüren, die mit dem weit verbreiteten Kompressionsprogramm *StuffIt Deluxe* komprimiert wurden. Mehr zum Thema «Viren» in Kapitel 10.

Komprimierte Dateien prüfen

Backup-Programme

Erinnerungs-funktionen für die Datensicherung

Noch eine Gemeinsamkeit: *Norton Fastback* und *CP Backup* der *MacTools* helfen Ihnen, die Daten regelmässig und zuverlässig in Sicherheit zu bringen. Beide unterstützen Disketten, Wechselplatten, optische Laufwerke und andere Massenspeicher. Eine Timer-Funktion sorgt bei beiden Produkten dafür, dass Sie sich nicht mit irgendwelchen Sprüchen wie «Habe ich vergessen» vor der lästigen, aber nötigen Arbeit drücken können.

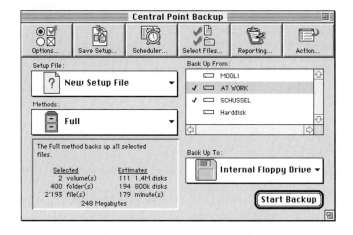

· ·

Disketten als Dateien

Mit *Floppier* von den *Norton Utilities* und *CP FastCopy* von den *MacTools* lassen sich mehrere identische Kopien einer Diskette wesentlich schneller erstellen, da das Original nur einmal in den Arbeitsspeicher geladen und dann immer wieder dupliziert wird. Ausserdem lässt sich der Inhalt einer ganzen Disk auch als Datei auf eine Festplatte sichern. Nützlich, wenn Sie in dieser Form von Ihrer Software Sicherheitskopien erstellen möchten, die später wieder in bitgenaue Kopien umgewandelt werden sollen.

Floppier

CP FastCopy™

Immer auf dem laufenden

Einer der interessantesten Aspekte der beiden Utility-Sammlungen dürfte die Kontrolle der Harddisk aus dem Hintergrund heraus sein. In regelmässigen Abständen kontrollieren bei den *MacTools* das Programm *CP AutoCheck* und bei den *Norton Utilities* das Kontrollfeld *FileSaver,* ob die Inhaltsverzeichnisse aller angeschlossenen Harddisks in Ordnung sind oder ob schlechte Sektoren aufgetaucht sind. Diese kleinen, aber feinen Anwendungen überwachen aus dem Hintergrund in regelmässigen Intervallen den Zustand der Harddisk. Sie verleihen dem Anwender ein gutes Gefühl, und das rund um die Uhr…

Kontrolle im Hintergrund

CP AutoCheck™

CP Notification

CP Scheduler

Von hier an geht jedes Paket seinen eigenen Weg. Während die *MacTools* sich weiter mit der Datensicherheit im Sinne von «möglichst wenig Daten verlieren» beschäftigen, bieten die *Norton Utilities* reichlich viele Optionen, um vertrauliche Dateien vor den Augen neugieriger Blicke zu verstecken.

· ·

Die letzte Chance für Excel- und Word-Anwender

CP FileFix kann die letzte Hoffnung für Anwender der Microsoft-Produkte *Excel* und *Word* werden. Wenn Dokumente dieser beiden Programme so beschädigt worden sind, dass sie sich nicht mehr öffnen lassen, versucht *CP FileFix*, die noch vorhandenen Daten so weit als möglich zu rekonstruieren. Zwar ist auch *CP FileFix* kein Garant dafür, dass alle Teile einer Datei rekonstruiert werden können, doch wenn es hart auf hart geht, klammert man sich bekanntlich an jeden Strohhalm.

Sicheres Löschen von Dateien

Keine Chance für Datenspione

Doch wie sieht es mit vertraulichen Daten aus, die so gelöscht werden sollen, dass sie später garantiert nicht mehr zurückzuholen sind? In diesem Fall bietet sich *Norton Wipe Info* an. Je nach Bedarf löscht dieses Programm entweder eine einzelne Datei, eine ganze Festplatte oder nur den freien Platz auf der Festplatte. Dabei wird eine Datei nicht nur einfach zum Löschen freigegeben, sondern gleichzeitig mehrmals mit zufällig erzeugten Daten überschrieben, die es unmöglich machen, den Inhalt später zu rekonstruieren. Auch dazu mehr im *Kapitel 9, Datensicherheit*.

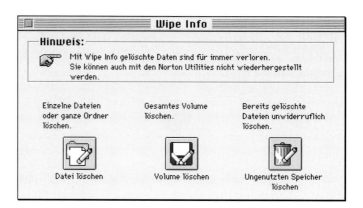

Noch mehr Helfer

Abgerundet wird das Paket der *Norton Utilities* durch drei Helfer, die zwar ganz nützlich sind, aber weder in der einen noch in der anderen Form etwas mit dem Thema *Datensicherheit* zu tun haben.

System Info

Fast Find

Startup Disk Builder

System Info. Dieser Helfer beschäftigt sich nicht im eigentlichen Sinn mit dem Gesundheitszustand des Systems, sondern mit seiner Geschwindigkeit. Der Hauptprozessor, der Monitor, die Harddisk und der Fliesskomma-Prozessor laufen um ihr Leben, um ihre Leistungsfähigkeit gegenüber den gespeicherten Referenzmodellen unter Beweis zu stellen.

Der Macintosh auf dem Prüfstand

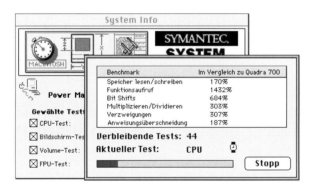

Fast Find. Eine wesentlich bessere Alternative zum Finden-Befehl im Finder bis System 7.1, aber kein Thema für System-7.5-Anwender. *Fast Find* sucht zuerst alle passenden Dateien auf der Harddisk und zeigt dann von jedem gefundenen Objekt den genauen Standort an. Unter System 7.5 ist der Finden-Befehl dank mehreren Suchkriterien und der Möglichkeit, gefundene Dateien direkt an einen beliebigen Ort zu kopieren oder zu verschieben, diesem Schreibtischzubehör um einiges überlegen.

Prima unter 7.1, wertlos unter 7.5

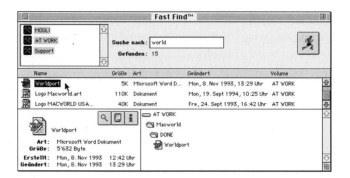

Eine Startdiskette für jeden Macintosh

Startup Disk Builder. Einer jeden Utility-Sammlung für die Pflege und Reparatur sollte eine Startdiskette beiliegen, von der das System im Notfall gestartet werden kann. Da aber nicht jede Startdiskette zu jedem System passt und ein Hersteller nicht gut für jedes Rechnermodell eine Diskette beilegen kann, gehen die *Norton Utilities* hier einen anderen Weg. Der *Startup Disk Builder* erstellt aufgrund des bereits installierten Systems auf der Harddisk je eine Startdiskette für die Programme *Disk Doctor* und *UnErase* oder *Speed Disk*.

Wer ist der bessere?

Welches Paket ist nun besser? Die *Norton Utilities* oder die *MacTools?* Nun, das kommt ganz darauf an, was Sie erwarten.

Zuverlässigkeit

Wenn es Ihnen in erster Linie um das Verhindern von Datenverlusten und das Retten abgestürzter Festplatten geht, sind die *MacTools* die erste Wahl. Sie sind vielleicht nicht so schnell wie die *Norton Utilities,* aber dafür gründlicher. Das Dynamische Duo *TrashBack* und *AutoCheck* sorgt dafür, dass sich Ihre Daten einer langen Lebenserwartung erfreuen können. Und wenn doch einmal etwas schiefgeht, liefert *DiskFix* einen erstklassigen Job.

Schutz von vertraulichen Daten

Wenn Sie in einer Umgebung arbeiten, in der es von neugierigen Blicken und vertraulichen Daten nur so wimmelt, dann werden Sie sich wahrscheinlich eher für die *Norton Utilities* entscheiden. *Wipe Info* garantiert, dass gelöschte Dateien auch gelöscht bleiben. Ausserdem erhalten Sie mit

System Info eine zuverlässige Möglichkeit, das gesamte System auf seine Geschwindigkeit hin zu prüfen und mit anderen Rechner-Modellen zu vergleichen. Lassen Sie sich jedoch nicht vom Beigemüse der *Norton Utilities* bestechen. *Fast Find* und *System Info* sind zwar feine Ergänzungen, aber sie haben mit der Datensicherheit als solcher überhaupt nichts zu tun.

Defintiv zugunsten der *MacTools* spricht der ausgezeichnete Virenschutz. Klar, dass sich Symantec nicht dazu durchringen konnte, da diese Firma ihren Virenwächter *SAM* als eigenständiges Produkt verkaufen will. *(Siehe auch Kapitel 10, Viren.)*

Ausgezeichneter Virenschutz gratis

Eine lohnende Anschaffung

Am besten fahren Sie, wenn Sie sich beide Pakete anschaffen und aus jedem das Beste herauspicken, da beide Pakete – am Leistungsumfang gemessen – wirklich preiswert sind. Hinzu kommt, dass den beiden Produkten ausgezeichnete Handbücher beiliegen, die sich umfassender mit den Strukturen von Daten und Festplatten auseinandersetzen, als wir es in diesem Buch tun konnten. Betrachten Sie die Anschaffung also nicht nur als wertvolle Ergänzung für Ihre Software-Sammlung, sondern auch als Weiterbildung.

HEISSER TIP!

Norton Utilities vs. MacTools

Und hier für alle Unentschlossenen eine Tabelle mit sämtlichen Werkzeugen in der Übersicht:

	Norton	MacTools
Wiederherstellung von Daten		
Rettung abgestürzter Harddisks	✔	✔
Reparieren von Harddisks	✔	✔
Reparieren des Startlaufwerks	✔	
Retten einzelner Dateien	✔	✔
Mitgelieferte Notfalldiskette	✔	✔
Erweitertes Retten von Excel- und Word-Dateien		✔
Herausfiltern von Texten aus defekten Dateien		✔
Vorbeugende Massnahmen gegen Datenverluste		
Backups mit Terminüberwachung	✔	✔
Virenschutz		✔
Prüfung von StuffIt-Dateien auf Viren		✔
Ständige Überwachung des Systems auf Defekte	✔	✔
Automatische Meldung bei Defekten	✔	✔
Präventivprogramme zur Rettung von Dateien	✔[1]	✔[2]
Pflege der Datenbestände		
Entfragmentierung von Festplatten	✔	✔
Schutzmassnahmen gegen Datenmissbrauch		
Sicheres Löschen von Dateien und Harddisks	✔	
Zückerchen		
Hilfe für schnelles Finden im Finder	✔	
Anzeige von Datentransfers	✔[3]	✔[4]
Schnelles Kopieren von Disketten	✔	✔
Prüfen des Systems auf seine Geschwindigkeit	✔	

1 *FileSaver* hilft bei der Rettung von Dateien und Festplatten
2 *TrashBack* bringt versehentlich gelöschte Dateien zurück
3 Nur für Harddisks und Disketten
4 Alle Datentransfers (auch Modem u.a.)

Tadellos in Schuss!

Wenn Sie das passende Werkzeug besitzen, ist es für Sie leicht, eine Festplatte tadellos in Schuss zu halten. Und sollte doch einmal etwas passieren, können Sie den Knoten innert kürzester Zeit entwirren.

Vorbereitende Massnahmen

Fehler tauchen erfahrungsgemäss immer dann auf, wenn man sie am wenigsten brauchen kann. Damit Sie schnell reagieren können, sollten Sie ein paar vorbeugende Massnahmen ergreifen.

Startdisketten. Erstellen Sie für jedes Ihrer Hilfsprogramme eine Startdiskette für den Fall, dass Sie nicht mehr auf die Festplatte zugreifen können. *(Kapitel 5, Festplatten einrichten.)* Die *MacTools* werden bereits mit einer solchen Notfalldiskette geliefert, bei den Norton Utilities können Sie sich mit dem *Startup Disk Builder* eigene herstellen. Bei anderen Paketen wie dem *Hammer Harddisk ToolKit* müssen Sie eine eigene Startdiskette erstellen. (Siehe Seite 121.)

Startdisketten griffbereit halten

Bessere Startdisketten. Wenn Sie ein SyQuest-Laufwerk oder ein ähnlich flexibles System besitzen, dann sollten Sie eine Platte dafür opfern, um sich die ultimative Startdiskette zusammenzustellen. Installieren Sie darauf einen Systemordner, mit dem Sie den Macintosh starten können. *(Siehe Kapitel 1, Das Betriebssystem.)* Dazu kommen alle Werkzeuge in Ihrer Softwaresammlung. Den restlichen Platz können Sie wiederum für die Datenrettung einsetzen – denn falls sich die Festplatte nicht wieder zum Arbeiten bewegen lässt, können Sie noch einige Megabyte Daten auf die Wechselplatte retten.

Wechselplatten als Startlaufwerk

Hilfen installieren. Wenn Sie mit den *MacTools* arbeiten, wird *TrashBack* eine der besten Hilfen sein, die man sich nur vorstellen kann. Wenn Sie Ihre Daten den *Norton Utilities* anvertraut haben, sollten Sie *FileSaver* installieren. Beide Utilities steigern die Chancen zur Datenrettung erheblich.

TrashBack oder FileSaver installieren

Fehlerbehebung

Nun ist es also soweit: Irgend etwas ist schiefgegangen! Wir gehen in diesem Abschnitt davon aus, dass sich die Festplatte wieder instand setzen lässt. Sollten jedoch all die Hilfsprogramme versagen, dann ist jetzt die Lektüre von *Kapitel 8, Datenrettung*, angesagt.

1. Starten Sie von der Notfalldiskette auf.

2. Prüfen Sie die Harddisk mit einem Diagnoseprogramm.

3. Wenn der Fehler gefunden und behoben worden ist, sollten Sie die Diagnosesoftware ein zweites Mal starten! (Es kommt ab und zu vor, dass ein behobener Fehler einen anderen freilegt, der erst in einem zweiten oder sogar dritten Durchgang behoben werden kann.)

4. Falls der Fehler auch nach dem vierten Durchgang immer noch vorhanden ist oder ständig neue hinzukommen, sollten Sie nach Möglichkeit das Werkzeug wechseln. Manchmal können die *MacTools* Unregelmässigkeiten ausbügeln, an denen die *Norton Utilities* gescheitert sind und umgekehrt.

5. Wenn sich der Fehler auf Biegen oder Brechen nicht tilgen lässt, dann müssen Sie das härteste aller Geschütze auffahren: Erstellen Sie von allen Daten Sicherheitskopien und formatieren Sie die Festplatte neu.

Das Beste, was Sie Ihrer Harddisk antun können

❖ Nehmen Sie sich einmal pro Woche eine halbe Stunde Zeit, um den Zustand der Harddisk zu kontrollieren.

❖ Wenn Sie Schwierigkeiten mit verschwundenen Icons haben oder mit Dateien, die sich auf Doppelklick nicht mehr öffnen lassen, sollten Sie *Desktop Reset* verwenden, um die Schreibtisch-Datei komplett zu löschen und wieder aufzubauen.

❖ Investieren Sie in die *MacTools* oder in die *Norton Utilities*.

❖ Wenn Sie die *MacTools* oder die *Norton Utilities* besitzen, sollten Sie *FileSaver* respektive *TrashBack* installieren.

❖ Erstellen Sie von allen Ihren Dienstprogrammen Startdisketten, bevor der Ernstfall eintritt.

❖ Wenn Sie das *Hammer Harddisk ToolKit* besitzen, sollten Sie die Festplatte in wenigstens zwei Partitionen aufteilen und das System von den Daten trennen.

❖ Für eine schnelle Diagnose während der Kaffeepause können Sie das Programm *Erste Hilfe* von der Harddisk starten.

Achten Sie auf folgende Symptome

❖ Dateien und Ordner, die sich auch nach einem Neustart nicht mehr löschen lassen.

❖ Fenster, die falsche Angaben über die Anzahl enthaltener Objekte machen.

❖ Dateien, die sich nicht mehr kopieren lassen.

❖ Dateien und Ordner, die plötzlich verschwinden.

❖ Dateien, die sich nicht mehr mit einem Doppelklick öffnen lassen, obwohl sich das zugehörige Programm auf der Festplatte befindet.

Reparatur einer Festplatte

1. Schalten Sie den Macintosh aus.

2. Legen Sie die Diskette *Dienstprogramme* oder die Startdiskette mit Ihrem «Retterprogramm» ein.

3. Schalten Sie den Macintosh ein.

4. Prüfen Sie die Festplatte.

5. Prüfen Sie die Festplatte erneut, bis keine weiteren Fehler mehr auftauchen.

Wenn sich die Festplatte nicht reparieren lässt

1. Sichern Sie alle Daten.

2. Formatieren Sie die Festplatte neu.

BASIS

Backups (Sicherheitskopien) sind reine Geschmackssache – einige mögen sie, andere nicht. Natürlich wird bereits mittelfristig niemand um Backups herumkommen, allein deshalb, weil auch die grösste Harddisk irgendwann einmal voll ist. «Backup» soll somit heissen, dass Sie Ihre Datenbestände regelmässig auf ein anderes Medium kopieren, damit Sie im Falle eines Missgeschicks auf eine unversehrte Version zurückgreifen können.

Anwender kontra Macintosh

Viele Anwender sehen das Sichern der Harddisk als eine lästige Pflicht an. Sie erfordert Zeit und trägt nicht unmittelbar zur Produktivität bei. Oftmals werden als Argumente für Backups Schlagworte wie «Headcrash», «Virenbefall» oder «Systemversagen» angeführt – lauter Ereignisse, von denen man glaubt, dass sie nur bei anderen eintreten. Allerdings kommen laut Studien einer amerikanischen Computerzeitschrift 95% aller Datenverluste durch die Unaufmerksamkeit des Anwenders zustande. Eine Datei, die zu früh gelöscht wird. Eine andere Datei, deren Inhalt aus Versehen mit falschen Zahlen überschrieben wurde. Ein Ordner, der voreilig durch einen anderen überschrieben wird. Das alles bildet den Stoff, aus dem die Alpträume sind.

VORSICHT FALLE

Backups müssen einfach sein

Backups sind schnell erstellt, wenn man es richtig anpackt. Gutes Material und eventuell eine spezielle Backup-Software vorausgesetzt, wird der tägliche Zeitaufwand auf ein Minimum reduziert. Denn eines steht fest: Backups dürfen nicht zuviel Arbeit machen, sonst verliert man schnell die Lust daran.

Das richtige Medium

Den perfekten Massenspeicher für Backups gibt es nicht, sondern nur solche, die für die eine oder andere Aufgabenstellung besser geeignet sind. Wenn Sie gerade vor der Anschaffung einer Backup-Lösung stehen, dann werden Sie in diesem Abschnitt bestimmt Ihr Wunschgerät finden.

Bei der Auswahl werden Sie wahrscheinlich auch die Kostenfrage berücksichtigen wollen. Einige Massenspeicher sind empfindlich teurer als andere, bieten dafür aber mehr Komfort oder Tempo oder beides. Am einfachsten fahren Sie, wenn Sie den Preis für eine Disk, ein Band oder eine CD durch die Anzahl Megabyte teilen, die darauf Platz finden. Das Resultat zeigt Ihnen genau, wie das Medium im Vergleich zu den anderen dasteht. Ein Beispiel: Eine optische 3.5-Zoll-Disk mit 128 Megabyte Fassungsvermögen könnte zum Beispiel 70 Taler kosten. 70:128 ergibt 0.55 Taler – soviel kostet hier also ein Megabyte Speicherplatz. Nicht eingerechnet ist in dieser Kalkulation der Anschaffungspreis des Laufwerks.

HEISSER TIP!

Disketten

Es scheint, als hätte es Disketten schon immer gegeben – jedenfalls legt die veraltete Technologie, die dahintersteckt, diese Vermutung nahe. Jeder Macintosh wird mit einem Laufwerk ausgeliefert, das Disketten bis zu einem Fassungsvermögen von 1.4 Megabyte lesen und beschreiben kann.

Vorteile. Es besteht die absolute Gewähr, dass jeder Macintosh damit umgehen kann. Disketten sind leicht zu transportieren, preiswert und einfach zu beschaffen.

Weite Verbreitung

Nachteile. Auf der anderen Seite sind Disketten oftmals unzuverlässig. Immer wieder kommt es vor, dass sich Dateien nicht mehr auf die Festplatte zurücklesen lassen. Ausserdem sind die 1.4 Megabyte Fassungsvermögen in der heutigen Zeit nicht mehr standesgemäss, da sehr schnell Dateien hinzukommen, die sich nicht mehr auf einer einzelnen Diskette unterbringen lassen. Dann heisst es entweder, die

Zuverlässigkeit?!?

Datei mit einem Hilfsprogramm in mehrere Teile (Segmente) zu zerlegen und/oder ein Kompressionsprogramm zu verwenden. Was das Arbeitstempo anbelangt, sind Disketten die langsamsten aller heute verfügbaren Speichermedien.

Disketten für die Heimarbeit

MERKET AUF

Ideale Anwender: Disketten sind ideal für Anwender, die den Macintosh in erster Linie zu Hause einsetzen und die meiste Zeit mit einem Integrierten Programm wie *ClarisWorks* oder *Microsoft Works* arbeiten – Programmen also, die meist keine allzu grossen Dateien erzeugen. Doch sogar hier ist es ratsam, von wichtigen Dateien doppelte Kopien herzustellen, wenn sich die Daten wirklich in Sicherheit befinden sollen.

SyQuest-Wechselplatten

Wohl kein anderer Massenspeicher hat die Computerwelt so schnell durchdrungen und begeistert wie die Wechselplatten. Die meisten Datenträger, die unter diese Bezeichnung fallen, werden von der Firma SyQuest hergestellt und waren anfangs mit einer Kapazität von 44 Megabyte lieferbar. Später kamen dann die 88-Megabyte-Versionen hinzu, heute sind bei gleichbleibender Geschwindigkeit 240-Megabyte-Platten verfügbar, die um einiges handlicher geworden sind.

Immer kleiner, immer mehr Platz

Vorteile: SyQuest-Laufwerke sind schnell – etwa so schnell wie eine langsame Festplatte. Ausserdem sind sie extrem weit verbreitet, was besonders für die 44-Megabyte-Modelle gilt. Sie werden also vielerorts willkommen sein, wenn Sie mit einer SyQuest-Platte daherkommen. Die weite Verbreitung führt auch dazu, dass praktisch jeder Händler Platten am Lager hat.

Leichte Verfügbarkeit

Nachteile: Gemessen an der Bedeutung, die einem SyQuest-Laufwerk als Backup-Medium zukommt, ist die Zuverlässigkeit nicht allzu hoch, denn eine normalerweise versiegelte Festplatte ist plötzlich nach allen Seiten offen und soll trotzdem die gewohnte Leistung bringen! Die 44er- und 88er-Platten waren so fehleranfällig, dass man gutes Geld damit verdienen konnte, wenn man sich auf die Datenrettung dieser Modelle spezialisierte. Last but not least sind SyQuest-Platten teurer als optomagnetische Systeme. (Siehe nächsten Abschnitt.)

Zuverlässigkeit könnte besser sein

Ideale Anwender: Grafiker, die grosse Datenbestände regelmässig zum Belichterservice bringen müssen, sind mit SyQuest-Laufwerken gut bedient, weil gerade in dieser Branche solche Wechselplatten weit verbreitet sind. Tatsächlich ist die Kompatibilität eines der Hauptargumente für die Anschaffung eines solchen Laufwerkes. Wenn Sie jedoch nicht so sehr auf den Datenaustausch mit anderen angewiesen sind, dann würde ich Ihnen eher ein optomagnetisches Verfahren empfehlen.

Das Lieblingskind der Grafiker

Optomagnetische 3.5-Zoll-Laufwerke

Dieses System ist nicht nur die beste Alternative zu den SyQuest-Laufwerken, sondern für Anwender mit mittelgrossen bis grossen Datenbeständen die Lösung schlechthin! Auf 3.5 Zoll – also der selben Grösse wie eine Diskette – finden 128 Megabyte Daten Platz.

Opticals sind die absoluten Allrounder

Vorteile: Kombiniert mit dem relativ günstigen Verkaufspreis für eine Disk sind diese Massenspeicher einiges günstiger als SyQuest-Platten und zudem wesentlich zuverlässiger. Die Information wird zwar ebenfalls mit Hilfe von magnetischen Partikeln festgehalten, aber die Ausrichtung der Partikel kann nur verändert werden, wenn die Platte vorher durch einen starken Laserstrahl erhitzt wurde. Da das Gerät ohne die klassischen Schreib-/Leseköpfe auskommt, ist ein sogenannter *Headcrash* ausgeschlossen.

HEISSER TIP!

Eine neue Generation, die auf der selben Fläche statt 128 ganze 256 Megabyte speichern kann, ist langsam, aber sicher im Kommen. Wer allerdings auf weitreichende Kompatibilität Wert legt, sollte mit dem Kauf noch zuwarten, bis sich das neue System weiter verbreitet hat.

Nachteile: MO-Laufwerke *(Magneto-Optical)* sind langsamer als die Systeme von SyQuest, auch wenn die Geschwindigkeit durchaus im Rahmen des Erträglichen liegt.

Ideale Anwender: Die selben Anwender, die bis jetzt mit einem SyQuest-Laufwerk zufrieden waren, werden von einem optischen 128-Megabyte-Laufwerk begeistert sein.

Optische 5.25-Zoll-Laufwerke

Die optischen 5.25-Zoll-Laufwerke funktionieren wie die vorher beschrieben 128-Megabyte-Ausführungen, allerdings mit dem Unterschied, dass sie zwischen 600 und 1 200 Megabyte fassen.

Vorteile: Siehe 128-Megabyte-Opticals.

Nachteile: Optische Laufwerke im 5.25-Zoll-Format sind nicht so verbreitet wie die kleineren 3.5-Zoll-Opticals.

Ideale Anwender: Die Laufwerke sind ein idealer Kompromiss zwischen den schwerfälligen Streamer-Tapes und den 3.5-Zoll-Laufwerken, die manchen Anwendern zu klein sind. Als Einsatzgebiete drängen sich Umgebungen auf, in denen grosse Datenmengen in Sicherheit gebracht werden müssen, etwa lithografische Anstalten oder Netzwerkumgebungen, die zentral verwaltet werden müssen.

Streamer

Digitale Bandlaufwerke, auch *Streamer* genannt, sind die perfekte Lösung für Umgebungen mit riesigen Datenbeständen. Auf einer Kassette finden je nach Modell, Backup-Verfahren und Bandart zwischen zwei und vier Gigabyte Platz – also etwa das 30fache einer 128-Megabyte-Optical.

Die preisgünstigste Lösung für riesige Datenbestände

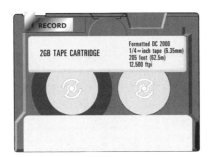

Vorteile: Gute Zuverlässigkeit. Zudem sind die Bänder so preiswert, dass man sie schon fast als geschenkt betrachten muss.

Unbequemer Zugriff auf die Datenbestände

Nachteile: Streamer können im Vergleich zu Festplatten und optischen Laufwerken nicht direkt auf eine bestimmte Datei zugreifen, da das Band immer zuerst an die richtige Stelle gespult werden muss. Dieses Verfahren wird schnell lästig, wenn man «nur mal schnell» eine Datei auf die Festplatte zurückholen möchte. Aus diesem Grund besetzen Streamer trotz ihrer Vorzüge nur eine relativ kleine Marktnische.

Ideale Anwender: Alle, die riesige Datenmengen zu bewältigen haben. Dazu gehören Grafiker, Lithografen und Architekten, aber auch Systemadministratoren. Letztere können mit einem einzigen Streamerband einen ganzen Fileserver sichern.

Beschreibbare CDs

CD-ROM boomen im Augenblick wie kein anderes Computerzubehör. Jeder will die kompakten, preiswerten Scheiben für seine Zwecke nutzen. Wen mag das verwundern – schliesslich finden hier über 600 Megabyte Daten auf engstem Raum Platz. Trotzdem ist der Zugriff darauf wesentlich eleganter gelöst als bei den Streamern, da CDs wie Harddisks behandelt werden.

Fertige CDs konsumieren ist eine Sache. Eine CD beschreiben eine andere. Die junge Technologie ermöglicht es grundsätzlich jedem Macintosh-Anwender mit ausreichend grossem Budget, seine eigenen CDs zu brennen.

Vorteile: Die selbstgebrannten CDs sind zuverlässig, leicht zu transportieren und im Verhältnis zur Datenmenge, die gespeichert werden kann, relativ günstig. Der schnelle Zugriff ist durch das bestens bekannte Verfahren gewährt. Selbstgebrannte CDs lassen sich auf jedem herkömmlichen CD-ROM-Laufwerk lesen.

Abspielbar auf jedem CD-ROM-Laufwerk

Nachteile: Die Geräte werden fast stündlich billiger. Noch 1993 blätterte man für eine Station samt Software etwa 15 000 Dollar hin, heute gibt es das selbe für einen Viertel. Es ist zu erwarten, dass diejenigen, die jetzt ein Gerät kaufen, es ziemlich schnell amortisieren müssen. Die Daten, die sich einmal auf der CD befinden, lassen sich ausserdem nicht mehr löschen. Das kann allerdings auch als Vorteil gewertet werden, nämlich dann, wenn es darauf ankommt, um jeden Preis die «dokumentechten Originale» zu behalten.

Der Preiszerfall ist absehbar

Ideale Anwender: Im Gegensatz zu den magnetischen Speichersystemen, deren Zuverlässigkeit nach etwa zehn Jahren rapide abnimmt, werden CD-ROM für die Ewigkeit gemacht. Wer grosse Datenmengen über einen langen, unbestimmten Zeitraum für die Nachwelt erhalten möchte oder schlicht und einfach über die nötigen Mittel verfügt, um sich den Luxus und die Annehmlichkeiten selbstgebrannter CD-ROM zu gönnen, findet hier sein Traum-System.

Festplatten spiegeln

Wenn Materialfehler der Festplatte 100%ig ausgeschlossen werden müssen, dann lassen sich für solche Anliegen zwei Festplatten *spiegeln.* Das heisst, sämtliche Aktionen des Anwenders werden doppelt ausgeführt. Alles, was es dazu braucht, ist ein System, das zwei Festplatten wie eine einzige verwaltet. Ihr Händler wird Sie diesbezüglich gerne beraten.

Für den Anwender völlig transparent

Vorteile: Da jede Aktion auf zwei verschiedene Festplatten gespeichert wird, ist die mathematische Wahrscheinlichkeit, dass beide Platten (mit einer Lebensdauer von rund 150 000 Betriebsstunden) gleichzeitig den Jordan überqueren, nahezu bei Null – es sei denn, äussere Umstände wie ein Blitzschlag seien daran schuld. Da auf dem Schreibtisch nur ein Icon erscheint, ist das Verfahren für den Anwender völlig transparent.

Eine Platte zum Preis von zweien

Nachteile: Teuer. Sie bezahlen für zwei Platten, können aber faktisch nur eine nutzen. Dazu kommt, dass es sich bei diesem Verfahren nicht um ein echtes Backup handelt. Es geht lediglich darum, Datenverluste durch eine mögliche Beschädigung der Hardware zu verhindern. Wenn der Anwender jedoch eine Datei aus Versehen löscht, wird der gleiche Schritt automatisch auch auf der zweiten Platte vollzogen.

Ideale Anwender: Gespiegelte Festplatten sind dort angebracht, wo es auf keinen Fall zu Betriebsunterbrüchen kommen darf und deshalb das Risiko in jeder Hinsicht auf ein Minimum reduziert werden muss. Das kann der zentrale Fileserver einer grossen Firma, ein Mailserver oder die Festplatte einer Mailbox sein.

Und der Gewinner heisst...

HEISSER TIP!

Wenn Sie nicht so recht wissen, welches Medium für Sie das beste ist und Sie auch nicht in die folgende Auflistung der verschiedenen Anwendertypen passen, dann würde ich Ihnen die optomagnetischen 128-mb-Disks empfehlen. Sie sind robust, zuverlässig, recht preisgünstig und fassen trotzdem so viele Daten, dass man damit auch anspruchsvolle Datensicherungen betreiben kann. Ausserdem ist dieses System so flexibel einsetzbar, dass Sie gar nicht völlig falsch liegen können.

Klassische Anwendertypen

Backups zu Hause

Für den Macintosh-Anwender zu Hause wird es oftmals nicht möglich sein, einen teuren High-End-Macintosh zu kaufen. Demzufolge sind auch die Harddisks meistens nicht allzu gross. Wer zudem mit Integrierten Paketen wie *Claris-Works, Microsoft Works, GreatWorks* oder *BeagleWorks* (eine wahre Works-Seuche…) arbeitet, wird selten in die Situation kommen, dass eine Datei so gross ist, dass sie nicht auf eine Diskette passt. Tatsächlich ist die Diskette das beste Medium, um kleine Dateien preiswert zu sichern.

Kleine Dateien

Wer mit den Disketten nicht zufrieden ist und sich nach etwas anderem umsieht, sollte vielleicht die Anschaffung eines *gebrauchten* Wechselplattensystems von SyQuest in Betracht ziehen. Da dauernd neue Geräte mit mehr Fassungsvermögen auf den Markt kommen, lassen sich gebrauchte 44er-Systeme oft zu Schleuderpreisen ergattern.

HEISSER TIP!

Der Einzelkämpfer im Geschäft

Diese Sorte Anwender unterhält eine Ein-Mann-Show, ist vielleicht aber auch zu zweit. Wenn es darum geht, Bürodaten wie Mailings, Kataloge, Datenbanken und ähnliches kunterbunt durcheinanderzusichern, dann sind hier die Opticals und SyQuest-Systeme bestens geeignet.

Grafiker

Hier ist es ähnlich wie beim Einzelkämpfer im Geschäft. In der grafischen Branche fallen meist mittelgrosse bis grosse Dateien an. Grafiker schätzen die Möglichkeit, Daten kunden- und jobbezogen abzulegen. Hier bieten die neuen SyQuest-Modelle oder die optischen Laufwerke ebenfalls am meisten.

Wenn jedoch sehr grosse Datenbestände anfallen – etwa weil man sich im Bereich der farbigen Bildverarbeitung umtut – dann kann ein Streamer eventuell besser geeignet sein, weil Opticals dann nicht mehr so kosteneffizient sind. Die aktuel-

Kosteneffizienz bei grossen Dateien

len Daten können so auf einer grossen Harddisk gespeichert werden, während alle andere Dateien auf Band archiviert werden.

Lithografische Anstalten

Die typische Zielgruppe für Streamer und 600-MB-Opticals. Die anfallenden Datenmengen sind hier so hoch, dass 128-MB-Opticals bei diesen Firmen in die Kategorie «Disketten» gehören. Mit einem 600-MB-Optical können aktuelle Jobs bequem transportiert und verarbeitet werden, während für die Archivierung der Streamer kostenmässig die einzig tragbare Variante ist.

Die Firma mit Netzwerk

Firmen, die sich ein Macintosh-Netzwerk aufgebaut haben, verwenden für die zentrale Datenablage oftmals einen Fileserver. Und wie es nun mal so ist, fallen bei solchen Geräten gemäss ihrer Natur sehr grosse Datenmengen an. Auch hier sind die Streamer bestens geeignet. Moderne Modelle sind in der Lage, eine Harddisk von zwei Gigabyte in einem Zug auf ein einzelnes Band zu sichern, ohne dass dabei relevante Kosten anfallen. Die Bänder sind so günstig, dass man problemlos täglich ein Backup erstellen kann. Nach etwa 30 Generationen – also wenn der Monat zu Ende ist – wird das erste Band überspielt, und der Reigen geht von vorne los.

Wenn die geschäftlichen Daten für die Ewigkeit archiviert werden sollen, könnte ein Gerät für das Brennen von CDs ebenfalls von Nutzen sein. Riesige Datenbestände lassen sich in Brocken von 600 Megabyte auf CD sichern und in einem Safe oder Bankschliessfach bequem archivieren. Wenn man dann nach zwei Jahre eine bestimmte Datei zurückspielen will, ist der schnelle Zugriff garantiert.

Die verschiedenen Methoden

Backups sind Vertrauenssache, gemacht in der Hoffnung, dass die wertvollen Daten anschliessend in Sicherheit sind. Es hängt von Ihren Absichten und vor allem von Ihren Vorlieben ab, wie ein Backup auszusehen hat. Im folgenden wollen wir einige Aspekte durchleuchten.

BASIS

Verschiedene Dateiformate

Wenn Sie für Backups eine spezialisierte Software zu Hilfe ziehen, dann ist es nicht zwingend so, dass die Daten auf dem Backup-Medium so aussehen wie im Finder. Einige Programme verwenden ein eigenes Format, um Dateien zu komprimieren (macht das Backup schön klein) oder sie fassen die Datenbestände in eine einzige grosse Datei zusammen, die dann bei Bedarf in verschiedene Segmente aufgeteilt wird, damit zum Beispiel der verfügbare Platz auf Disketten bis zum letzten Bit ausgenutzt wird.

Platzersparnis kontra Kompatibilität

Solche Verfahren bringen zwar oft Platzersparnis, haben aber den Nachteil, dass Sie später nur mit der Backup-Software auf Ihre Daten zugreifen können. Ein gutes Programm wird Ihnen die Wahl lassen, ob Sie in einem speziellen Dateiformat oder im Finder-Format (also mit den gewohnten Ordnerstrukturen) sichern möchten.

MERKET AUF

Komplette Backups

Unter einem *kompletten Backup* versteht man das vollständige Sichern aller Dateien. Das heisst, der gesamte Inhalt der Festplatte wird auf das Backup-Medium gesichert. Der Nachteil dieses Verfahrens ist, dass auch sämtliche Programme und der Systemordner mitgesichert werden, obwohl von diesen Daten auf den Originaldisketten bereits Kopien existieren.

Auf der anderen Seite gibt es Anwender, die auf dieses Verfahren schwören. Ein Kollege von mir sichert seine gesamte Festplatte einmal täglich auf ein Streamer-Tape. Falls die

HEISSER TIP!

Harddisk jemals ausfallen sollte, kann sie innert kürzester Zeit formatiert und wieder hergestellt werden, inklusive Systemordner, Programmen, sämtlichen Schriften und Daten. Wenn man es so betrachtet, macht ein komplettes Backup bestimmt Sinn. Für die gezielte Archivierung der Daten wäre es allerdings ratsam, zusätzliche Kopien auf ein flexibleres Medium wie SyQuest-Platten oder Opticals vorzunehmen.

Automatische Backups

Wenn die Software die Entscheidungen trifft

Oftmals werben Softwarehersteller damit, dass die Daten auf der Harddisk automatisch mit den Backup-Beständen abgeglichen werden. Normalerweise wird der gesamte Inhalt beim ersten Mal gezielt gesichert. Ab dem zweiten Backup vergleicht dann die Software die neuen mit den bereits gesicherten Datenbeständen und entscheidet selbständig, welche Dateien neu gesichert werden und welche durch eine neuere Version ersetzt werden sollen (hier zum Beispiel durch *CP Backup,* das Bestandteil der *MacTools* ist):

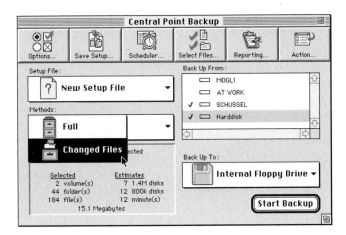

MERKET AUF

Ehrlich gesagt konnte ich mich mit solchen Programmen nie anfreunden. Backups sind eine relativ knifflige Angelegenheit, die ich mir nicht von einer Software abnehmen lassen möchte. So lange Computer intelligenzmässig nicht einmal an einen mittelmässig qualifizierten Regenwurm herankommen, kontrolliere ich gerne selbst, welche Datei wann und aus welchen

Gründen wohin kopiert wird. Der Gedanke, dass eine neuere Datei versehentlich durch eine ältere Überschrieben wird, nur weil die Bezeichnung per Zufall identisch oder die Systemuhr falsch eingestellt war, verursacht nicht gerade ein gutes Gefühl. Lieber ein wenig mehr Handarbeit und dafür ein perfektes Backup.

Backups im Netz

Wenn Sie in einem Netzwerkverbund arbeiten und an einen Fileserver angeschlossen sind, dann ist es das einfachste, wenn alle Teilnehmer ihre Daten in einen persönlichen Ordner auf dem Fileserver sichern. Anschliessend kann der Verantwortliche mit einem Streamer oder einem anderen geeigneten Medium sämtliche Daten in Sicherheit bringen, ohne dass er von Maschine zu Maschine pilgern muss.

HEISSER TIP!

Die beste Methode für die grosse Mehrheit

Wenn Sie mit mittelgrossen Dateien arbeiten – also etwa um ein Megabyte – dann ist eine der naheliegendsten Methoden gleichzeitig auch die beste:

Sichern Sie Ihre Daten auf Wechselplatten oder Opticals. Jeder Kunde erhält seinen eigenen Ordner, der wiederum in die verschiedenen Arbeiten unterteilt ist. Wenn Sie nun am Ende eines arbeitsamen Tages die Datensicherung vornehmen, kopieren Sie alle neuen und geänderten Datenbestände manuell an den gewünschten Ort. Erstens haben Sie so Ihre Datenbestände 100%ig unter Kontrolle. Zweitens ist diese

HEISSER TIP!

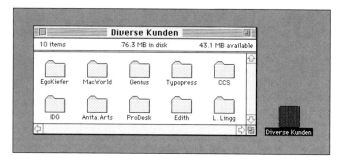

Art von Backup auch die transparenteste – Sie wissen immer, wo Sie suchen müssen. Drittens können Sie jederzeit bequem auf alle Daten zugreifen. Und viertens ist diese Form des Backups gleichzeitig auch bestens dazu geeignet, die Daten zu archivieren.

Massenhaft Geld sparen!

CDs brennen lassen

Wenn Sie ein Wechselplattensystem und ein herkömmliches CD-ROM-Laufwerk besitzen, können Sie einige hundert Taler sparen. In den verschiedensten Fachzeitschriften findet man immer häufiger Inserate von Dienstleistungsunternehmen, die das Brennen von CD-ROM anbieten, basierend auf Ihren Datenbeständen.

HEISSER TIP!

Nehmen wir nun an, Sie haben 15 SyQuest-Platten für Backups verwendet, das Stück zu 150 Taler. Mit anderen Worten: Ihr Archiv hat eine Wert von 2 250 Taler. Das Brennen einer CD mit einem Fassungsvermögen von über 600 Megabyte würde Sie jedoch nur etwa 200 Taler kosten, also knapp einen Zehntel. Kurz, wenn Sie alle Ihre SyQuest-Platten auf eine einzige CD kopieren lassen, können Sie nicht nur bequemer auf die Daten zugreifen, sondern Sie haben zudem wieder Speicherplatz für über zweitausend Taler verfügbar!

Sie sehen also, mit zweckmässigen Geräten und ein wenig Disziplin sind Backups keine grosse Sache. Und wenn Sie sich dann noch zusätzlich regelmässig um den Gesundheitszustand der Festplatte kümmern *(siehe Kapitel 6, Datenpflege)*, dann sollten Datenverluste für Sie eigentlich kein Thema sein.

Datenverluste betreffen die einen früher, die anderen später, aber garantiert muss jeder Anwender irgendwann in den sauren Apfel beissen. Innigst empfundener Weltschmerz über den Verlust von Computerdaten kann zwar eine interessante mentale Erfahrung sein, aber die meisten Anwender ziehen bei der Arbeit am Rechner andere Emotionen wie Hass, Unverständnis oder Langeweile vor.

Vorbeugen ist besser als heilen

Am einfachsten ist es, Dateien zu retten, die gar nie verloren gegangen sind. Deshalb wird von Fachleuten immer wieder empfohlen, von wichtigen Daten wenigstens einmal im Jahr (oder noch besser einmal am Tag) Sicherheitskopien zu erstellen. Wenn Sie sich nicht an diese Empfehlung halten, dann sind Sie Mitglied in einem wahrhaftig wenig exklusiven Club und werden sich nun wohl oder übel mit diesem Kapitel auseinandersetzen müssen. Wenn Sie jedoch regelmässig Sicherheitskopien ziehen, dann werden Sie selten in die Situation kommen, in der Sie vor den Trümmern Ihrer Arbeit stehen. Mehr zum Thema *Backups* finden Sie im *Kapitel 7, Backup-Grundlagen*.

Verschiedene Methoden

Datenrettung ist nicht gleich Datenrettung. Ein Anwender, der eine Datei nicht mehr öffnen kann, wird andere Techniken zur Wiederbeschaffung verwenden müssen als einer, der aus Versehen eine Datei zu früh gelöscht hat. Und der wiederum muss den Hebel an einem anderen Ort ansetzen als ein Unglücklicher, dessen Festplatte den Geist aufgab.

In einigen Fällen werden Sie keine andere Wahl haben, als auf spezialisierte Werkzeuge wie die *MacTools* oder die *Norton Utilities* zurückzugreifen. In anderen Fällen kann es aber durchaus sein, dass gerade diese allseits gerühmten Profis versagen und Sie andere Methoden einsetzen müssen, um beinahe verschollenen Daten wieder ans Tageslicht zu helfen. Mit einfachen Mitteln erzielen Sie manchmal bessere Resultate als mit den teuersten Hilfskräften. Alles, was es dazu braucht, ist eine Prise Kreativität.

Versehentlich gelöschte Dateien

Der Papierkorb im Finder steht in der Computer-Nahrungskette ganz oben und muss deshalb als der natürliche Feind aller Daten betrachtet werden. Apple hat ihm zwar einige Zähne gezogen, als man unter System 7 die Daten darin gegen Neustarts resistent machte, aber viele Anwender strafen diesen Fortschritt Lügen, indem sie es sich zur Gewohnheit machen, den Papierkorb zu entleeren, sobald sich mehr als null Dateien darin befinden. Und das, obwohl die Harddisk alles andere als voll ist. Niemand käme auf die Idee, im wirklichen Leben den Müllsack vor die Haustür zu stellen, nur weil jemand kurz nach der Installation in der Küche eine leere Milchtüte hineingeworfen hat.

Es gibt zwei Möglichkeiten, den Papierkorb zu entschärfen. Die eine wäre die, ihn nur noch zu entleeren, wenn die Harddisk langsam voll wird, oder vielleicht nur Ende Woche. Da aber die wenigsten dem Reflex widerstehen können, den Papierkorb augenblicklich von seinen Blähungen zu befreien, sollten Sie die folgende Technik versuchen:

Erstellen Sie einen neuen Ordner, den Sie gleich neben dem Papierkorb plazieren. Taufen Sie ihn auf den Namen «Abschied», «Altpapier» oder ähnlich. Werfen Sie alle Dateien, die Sie nicht mehr benötigen, in diesen Ordner, den Sie bei Gelegenheit ausmisten. Es reicht, wenn Sie den Inhalt einmal pro Monat kontrollieren. Ansonsten bleiben die Dateien putzmunter, und sind – falls Sie Ihre Meinung ändern – sofort wieder greifbar. Ein weiterer Vorteil dieses Verfahrens

Der Papierkorb-Blues

Papierkorb entschärfen

Der Vorraum zum Papierkorb

HEISSER TIP!

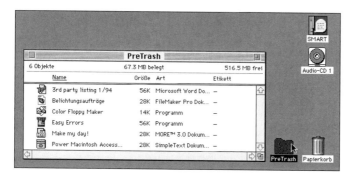

ist der, dass Sie den Inhalt einer vollen Diskette in den Papierkorb ziehen und löschen können, ohne dass auch die Daten im Papierkorb verschwinden, die auf der Harddisk abgelegt waren.

Dateien, die plötzlich verschwunden sind

Vielleicht ist es bei Ihnen schon einmal vorgekommen, dass Dateien ohne Vorwarnung das Weite suchten – und das, obwohl Sie jede Wette eingegangen wären, dass Sie nichts in den Papierkorb geworfen haben. Unter Umständen liegt es daran, dass das Inhaltsverzeichnis der Festplatte beschädigt worden ist.

HEISSER TIP!

Sie können solchen Verdachtsmomenten nachgehen, indem Sie im Finder den Befehl *Finden* aufrufen und nach der Datei suchen lassen. Wenn der verschwundene Ordner oder die entsprechende Datei dann plötzlich wie aus dem Nichts auftaucht, dann haben Sie die Objekte vielleicht übersehen oder das Inhaltsverzeichnis ist tatsächlich defekt. Die Abhilfe ist einfach:

Reparieren Sie die Harddisk mit dem *Norton Disk Doctor* oder *DiskFix*. Wenn Sie nicht mit einem dieser beiden Pakete ausgestattet sind, können Sie natürlich auch auf das Hilfsprogramm *Erste Hilfe* zurückgreifen, das mit jedem Betriebssystem ausgeliefert wird. Weitere Informationen dazu erhalten Sie im *Kapitel 6, Datenpflege*.

Dateien, die sich nicht mehr öffnen lassen

Fehlerhafte Blocks auf der Harddisk

Eine der berüchtigtsten Fehlermeldungen, die der Finder auf Lager hat, lautet «*Die Datei konnte nicht gelesen werden, weil ein Schreib-/Lesefehler aufgetreten ist.*»

BASIS

Schuld daran ist in den meisten Fällen ein beschädigter Block. Das heisst, einer dieser kleinen Bereiche, in die jede Festplatte unterteilt ist, wurde zerstört oder ist an Altersschwäche eingegangen. Es gibt keine Festplatte auf dieser Welt, bei der alle Blocks in einwandfreiem Zustand sind. Normalerweise werden die defekten Bereiche jedoch beim Formatieren erkannt und ausgemustert. Tritt ein mangelhafter Block aber erst später auf, kann es sein, dass Teile einer Datei darauf geschrieben werden, die sich später nicht mehr lesen lassen.

Eine andere Fehlermeldung, die im Grunde genommen auf das selbe hinausläuft, tritt in Programmen auf, wenn eine defekte Datei geöffnet werden soll: «*Die Datei konnte nicht geöffnet werden, weil ein unerwartetes EOF (End Of File) aufgetreten ist*». Oder so ähnlich. Das heisst, dass die Datei eigentlich noch nicht zu Ende sein dürfte, aber keine weiteren Daten mehr da sind. Häufig kommt es zu solchen Missgeschicken, wenn ein Programm ausgerechnet während dem Sichern der Datei abstürzt.

Unerwartetes Ende einer Datei

In beiden Fällen ist die Chance, die gesamte Datei zu retten, minim. Doch es gibt einen Kniff, mit dem Sie soviel wie möglich vom Inhalt retten und in eine andere Datei kopieren können. Dabei werden zwar praktisch alle Formatierungen und Auszeichnungen verloren gehen, aber die grösste Arbeit, nämlich die Daten zu rekonstruieren und neu einzutippen, bleibt Ihnen eventuell erspart.

Retten, was zu retten ist

Falls Sie mit der Textverarbeitung *Microsoft Word 5.0* ausgestattet sind, haben Sie bereits die besten Chancen. *Word* ist geeignet, Daten aus defekten oder wildfremden Dateien auszulesen. Das erste, was Sie also versuchen sollten, ist die Datei hier zu öffnen. Starten Sie die Anwendung, wählen Sie im Menü *Datei* den Befehl *Öffnen* und anschliessend im Popup-Menü mit den Dateiformaten die Option *Alle Dateien*. (Siehe Abildung nächste Seite.)

Held der Stunde: Microsoft Word

HEISSER TIP!

Nun werden unter anderem alle Dateien angezeigt, die sich auf Ihrer Harddisk befinden, inklusive denen, die von Programmen stammen, die nicht das geringste mit einer Textverarbeitung zu tun haben. Mit ein wenig Glück können Sie nun die Textpartien aus der Datei auslesen und in eine andere Datei kopieren. Diese Technik funktioniert auch mit *Word 4,* allerdings mit dem kleinen Unterschied, dass Sie die Shifttaste gedrückt halten müssen, bevor Sie den *Öffnen-Befehl* anwählen.

Word-fremde Dateien öffnen

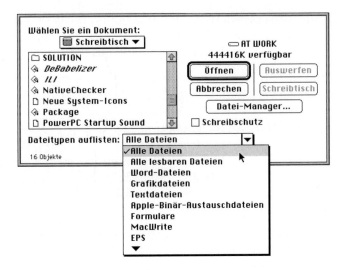

Words Datei-Manager

Sollte sich die Datei auf diese Weise nicht öffnen lassen, können Sie es mit dem Datei-Manager von *Word 5* versuchen. Er erlaubt Ihnen unter anderem das Aufspüren von Textpassagen in beliebigen, geschlossenen Dateien. Überlegen Sie sich also als erstes, welche Wörter sich mit Garantie in der defekten Datei befinden, lokalisieren Sie den Ordner, der die Datei enthält und tippen Sie im Dateimanager unter *Bel. Text* das gesuchte Wort ein.

· ·

Einmal fündig geworden, zeigt Ihnen *Word* in einem kleinen Fenster den gesamten Text der Datei, den Sie nun mit der Maus aktivieren und *über die Zwischenablage in ein neues Dokument kopieren können.*

Texte in eine neue Word-Datei kopieren

Nun müssen Sie sich nicht unbedingt *Word* kaufen, wenn Sie den Inhalt einer Datei über solche Umwege einlesen möchten. Auf der mitgelieferten *SmartDisk* finden Sie das Programm *Data Fork Opener*, das für solche Zwecke ebenfalls geeignet ist:

SMART DISK

1. *Starten Sie Data Fork Opener.*

2. *Öffnen Sie die gewünschte Datei.*

3. *Sichern Sie die Datei unter einer anderen Bezeichnung.*

· ·

179

Wohin mit den Steuerzeichen?

Eine der beschriebenen Methoden führt mit Garantie zum Erfolg. Sie werden also zumindest den textlichen Inhalt einer Datei retten können. Allerdings bestehen die meisten Dokumente nicht nur aus den wohlformulierten Phrasen und sauber recherchierten Zahlen, sondern auch aus Sonderzeichen, Formatierungen und mehr. All diese Zeichen machten einst Sinn, als sich die Datei noch regulär öffnen liess. Jetzt allerdings stören sie nur noch. Sehen wir also zu, dass wir diesen Datenmüll so schnell wie möglich verschwinden lassen.

Dateien bereinigen

Bereinigen der Texte

Sie haben es also geschafft, den Inhalt einer defekten Datei mit den vorgängig beschriebenen Methoden auszulesen und in eine Textverarbeitung zu kopieren. Je nachdem, um was für eine Datei es sich dabei handelt, wurde der eigentliche Text eventuell mit Tausenden von Steuerzeichen garniert, die Sie eigentlich lieber nicht gerettet hätten. Ähnliches kennt man ja auch, wenn man versucht, eine DOS-Datei in einem exotischen Format auf den Macintosh zu transferieren. Alles, was Sie brauchen, um einen Text zu bereinigen, ist eine Textverarbeitung.

Die Sache ist einfach: Angenommen, ein «ä» wird immer durch ein «æ» repräsentiert. Dann brauchen Sie lediglich den *Suchen/Ersetzen*-Befehl Ihrer Textverarbeitung anzuwählen und unter *Suchen nach* das Zeichen «æ» einzugeben. Unter *Ersetzen durch* wird das «ä» eingegeben. Anschliessend klicken Sie auf *Alles ersetzen* oder wie der jeweilige Befehl heissen

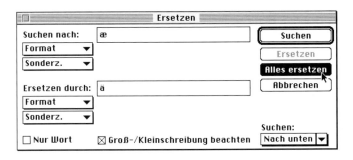

mag. Da im gesamten Text ein falsches Zeichen immer gleich falsch dargestellt wird, können Sie die Datei jetzt mit mehreren Suchdurchläufen relativ schnell bereinigen.

Achtung! Aktivieren Sie in solchen Fällen immer die Option *Gross-/Kleinschreibung beachten* (oder den entsprechenden Befehl in Ihrer Textverarbeitung). Ansonsten könnte es sein, dass das gewünschte «ä» durch ein «Ä» ersetzt wird.

Unbekannte Zeichen ersetzen

Ab und zu kommt es jedoch auch vor, dass der Text mit Kästchen unbestimmter Natur übersät ist. Jedes Kästchen bedeutet, dass an dieser Stelle ein Zeichen dargestellt werden sollte, das in der gerade verwendeten Schrift keine Entsprechung findet. Es könnte auch sein, dass in einem verunstalteten Text hintereinander fünf Kästchen gezeigt werden, aber jedes für ein anderes, nicht existentes Zeichen steht. Sie können diese Zeichen tilgen, indem Sie eines davon aktivieren, kopieren und im *Suchen/Ersetzen*-Dialog Ihrer Textverarbeitung einsetzen. (Suche nach diesem Kästchen, ersetze es durch nichts.) So kann der Text wieder in mehreren Suchvorgängen von unnötigem Ballast befreit werden. Hier ein Beispiel aus der integrierten Software *ClarisImpact:*

Suchen/Ändern			
Suchen:		**Ändern:**	
□			
☐ Ganzes Wort ☐ Groß-/Kleinschreibung beachten			
Alles ändern	Ändern	Ändern & Suchen	**Weitersuchen**

Die populärsten Dateitypen

Was wir bis jetzt besprochen haben, sind universelle Techniken, die Sie auf jede Datei anwenden können. Hier noch ein paar Tips zu populären Anwendungen:

FileMakers Rettungsfunktion

FileMaker-Dateien. FileMaker bietet eine eigene Funktion zum Reparieren von Dateien, mit der aus der beschädigten Datenbank so viele Datensätze wie möglich extrahiert und in einer neuen Datei untergebracht werden. Das einzige, was Sie als Anwender tun müssen, um eine defekte Datei wieder herzustellen, ist im Menü *Ablage* den Befehl *Reparieren* anzuwählen. Eine feine Datenbank; anwenderfreundlich bis zum letzten Atemzug …

Excel-Dateien

Excel-Dateien. Während das Retten von Textdateien mit ein bisschen Glück relativ leicht über die Bühne geht, sieht es bei Dateien aus *Excel* und anderen Tabellenkalkulationen etwas kniffliger aus. Sie bringen normalerweise eine Menge Sonderzeichen mit, die es dem Anwender sehr schwer machen, sich in diesem Zahlendschungel zurechtzufinden. Wenn sich eine Excel-Datei nicht mehr öffnen lässt, gibt es drei Möglichkeiten.

Die erste sieht so aus, dass Sie versuchen, die Datei in *Word 5* zu öffnen – falls greifbar. Es verfügt über einen eigenen Excel-Filter, der es Ihnen vielleicht erlaubt, Teile der Tabelle zu öffnen.

Die zweite kommt in Form des Programms *FileFix* daher, das Bestandteil der *MacTools* ist und sich darauf spezialisiert hat, so viele Daten wie möglich aus Excel- und Word-Dateien zu retten.

SMART DISK

Die dritte Variante finden Sie auf der mitgelieferten *Smart-Disk*. Das Programm *XL Recover* versucht auf ähnliche Art und Weise wie *CP FileFix*, die Überreste einer defekten Excel-Datei auszulesen und in eine neue Datei zu schreiben.

PageMaker-Dateien. Wenn sich eine PageMaker-Datei nicht mehr öffnen lässt, bestehen immerhin noch gute Chancen, dass Sie die Texte aus der defekten Datei herausfiltern können. Öffnen Sie dazu eine neue PageMaker-Datei und

PageMaker-Dateien mit PageMaker retten

```
┌─────────────────────────────────────────────────────────┐
│ PageMaker 5.0 Story Importer, v2.0          [    OK    ] │
│ ─────────────────────────────────────────                │
│ Markieren Sie zu positionierende  [Alles markieren] [Abbrechen] │
│ Textabschnitte:                                           │
│ ┌─────────────────────────────────────┐▲                 │
│ │Einleitung|Information ist das wichtigste Gut, das │  [  Inhalt  ] │
│ │inhaltsverzeichnis|einleitung 3|der anwender-bl...│          │
│ │                                     │  [  Hilfe  ] │
│ │              ▶                      │                 │
│ │                                     │                 │
│ │                                     │▼  [Erneut auflisten] │
│ └─────────────────────────────────────┘                 │
│ Nur Textabschnitte mit mehr als  [ 20 ]  Zeichen anzeigen │
└─────────────────────────────────────────────────────────┘
```

wählen Sie im Menü *Datei* den Befehl *Positionieren*. Suchen Sie sich die defekte Datei aus. Wenn Sie den «PM5 Story Importer»-Filter im Aldus-Ordner korrekt installiert haben, können Sie nun mit ein wenig Glück die verschiedenen Textpassagen aus der defekten in die neue Datei transferieren. Das Layout selbst ist zwar dahin. Aber in den meisten Fällen ist das immer noch viel besser als gar nichts.

Illustrator-Dateien. Illustrator- und andere EPS-Dateien zu retten, ist eine mehr als unangenehme Arbeit und im Normalfall nahezu unmöglich, da diese Dateien praktisch nur aus PostScript-Code bestehen. Ein einziges Zeichen am falschen Ort kann dazu führen, dass sich eine Datei nicht mehr ausdrucken oder öffnen lässt.

Illustrator-Dateien

Wenn bei Ihnen allerdings *PageMaker* und *Illustrator* zusammenarbeiten, könnte es durchaus sein, dass der eine zum unfreiwilligen Backupmedium des anderen wird. Sie können eine Illustrator-Datei nämlich problemlos wieder herstellen, wenn Sie erstens die Datei in *PageMaker* plaziert und zweitens dafür gesorgt haben, dass das gesamte Datenmaterial in das Layout übernommen wurde. Bei *PageMaker 4.2* und tiefer ist das automatisch der Fall, bei der Version 5.0 musste während

HEISSER TIP!

des Plazierens die Grafik-Option *Kopie in Satzdatei ablegen* aktiviert sein (den Befehl finden Sie im Menü *Einstellung* unter *Verknüpfungsoption*).

Speichern als PostScript-Datei

So geschehen, befinden sich sämtliche Daten der plazierten Illustrator-Datei jetzt in *PageMaker*. Und nun zur Rettungsaktion:

1. *Kopieren Sie die Grafik in eine neue PageMaker-Datei.*

2. *Wählen Sie den «Drucken»-Befehl.*

3. *Sichern Sie den Druckjob als PostScript-Datei.*

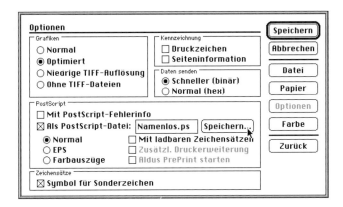

4. *Öffnen Sie die Datei in einer Textverarbeitung.*

5. *Löschen Sie den ersten Teil der Datei, bis Sie zu folgenden Zeilen kommen:*

```
%!PS-Adobe-3.0 EPSF-3.0
%%Creator: Adobe Illustrator(TM) D1-5.0.
```

Oder zumindest so ähnlich. Die Versionsnummer kann natürlich abweichen. Am besten lassen Sie die Textverarbeitung nach dem ersten Vorkommen von «Adobe» suchen. Löschen Sie den ganzen vorgängigen Code und sichern Sie das Dokument als reine Textdatei, die sich in Illustrator als Grafik öffnen, editieren und absichern lässt.

Je nachdem, welche Textverarbeitung Sie verwenden, kann es nötig sein, dass Sie den Importfilter für EPS-Bilder zuerst verschwinden lassen müssen, bevor sich die EPS-Datei editieren lässt. Sonst könnte es nämlich sein, dass die Textverarbeitung nicht den eigentlichen PostScript-Code öffnet (der ja nur aus Text besteht), sondern versucht, die Datei als Bild zu importieren, was unseren Zwecken hier nicht sehr dienlich ist. Wenn Sie also zum Beispiel mit *Word* arbeiten, müssen Sie aus dem Ordner *Word Befehle* zuerst den Importfilter namens «EPS-TIFF-PICT» verschwinden lassen, bevor der PostScript-Code geöffnet werden kann.

FreeHand-Dateien. Das oben beschriebene Vorgehen funktioniert auch mit FreeHand-Grafiken. Allerdings müssen Sie mit *FreeHand 4.0* oder neuer arbeiten, da die Vorgängerversionen nicht in der Lage sind, das eigene EPS-Format zu öffnen.

EPS-Grafiken, die im Layoutprogramm *Quark XPress* plaziert wurden, lassen sich auf diese Weise nicht wieder herstellen, da *XPress* nie die ganze Datei, sondern immer nur die Bildschirmdarstellung im Layout speichert. Der Grossteil der benötigten Daten fehlt also.

Doppelte Dateien als Retter

Manchmal lassen sich Daten recht einfach zurückholen, weil sie doppelt vorhanden sind. Einige populäre Anwendungen schreiben die Daten nicht nur in das Dokument, das Sie geschaffen haben, sondern zusätzlich auch in eine sogenannte *Temporärdatei,* die im Optimalfall eine nahezu komplette Kopie des Dateiinhaltes umfassen kann. Diese Temporärdatei wird normalerweise gelöscht, sobald Sie das jeweilige Programm beenden. Bei einem Systemabsturz bleibt sie jedoch erhalten und kann dazu beitragen, dass Sie wieder an Ihre wertvollen Daten kommen.

Nehmen wir an, Sie arbeiten in *PageMaker,* sichern das Layout auf Platte, und – wie es der unglückliche Zufall so will – das System stürzt mittendrin ab. Nach einem Neustart meldet

EPS-Filter entfernen

FreeHand-Dateien

Kein Quark!

Temporäre Dateien

PageMaker, dass die Datei nicht mehr geöffnet werden kann, *«weil ein unerwartetes Dateiende aufgetreten ist».* Oha!

Öffnen Sie den Papierkorb. Wahrscheinlich befindet sich darin ein Ordner, der mit *Gerettete Objekte von…* beschriftet ist. Suchen Sie die Datei mit der Bezeichnung *ALDTMP00,* also die Temporärdatei, und versuchen Sie, diese Datei mit einem Doppelklick zu öffnen. Falls das funktioniert, sollten Sie nun die Datei sofort unter einer anderen Bezeichnung absichern. Man weiss ja nie…

Wenn die Festplatte nicht will

Abgestürzte Harddisks zum ersten

BASIS

Bis jetzt sind wir immer davon ausgegangen, dass die Festplatte auf die eine oder andere Art ihre Funktion verrichten konnte. Sollten Sie allerdings irgendwann in die wenig beneidenswerte Situation kommen, dass die Harddisk ihren Dienst auch nach vielem gutem Zureden nicht mehr aufnehmen will, dann müssen Sie sich auf den lange befürchteten Ernstfall einstellen.

Eine Harddisk kann auf zwei verschiedene Arten abstürzen. Entweder war ein schwerer Systemfehler daran schuld, der bei den Datenbeständen einiges durcheinandergebracht hat. Oder die Festplatte wurde tatsächlich mechanisch beschädigt, indem zum Beispiel der Schreib-/Lesekopf der Platte den eigentlichen Datenträger berührt hat:

Software oder Mechanik?

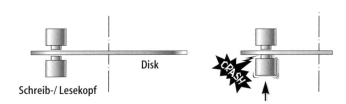

Disk

Schreib-/ Lesekopf

Als erstes sollten Sie versuchen, den Computer über die Diskette *Dienstprogramme* aufzustarten, die mit jedem Macintosh und jedem Apple-Betriebssystem geliefert wird. Wenn der Finder geladen ist und die Harddisk auf dem Schreibtisch erscheint, war das Ganze nicht so schlimm. Vielleicht erscheint die Harddisk jedoch nicht auf dem Schreibtisch. So oder so: Starten Sie *Erste Hilfe* und untersuchen Sie die Festplatte auf Unstimmigkeiten.

Wenn das nicht gereicht hat, starten Sie das Programm auf, mit dem Sie die Festplatte formatiert haben. Das ist nicht ganz unwichtig, da sich einige Festplatten, die zum Beispiel mit dem *Harddisk ToolKit* formatiert wurden, nachträglich nicht mehr mit dem Apple-Programm *Festplatte installieren* aktualisieren lassen. *(Siehe Kapitel 5, Festplatten einrichten.)*

Neue Treiber installieren

Installieren Sie anschliessend einen neuen Treiber (beim Programm *Festplatte installieren* geschieht das, indem Sie in der Dialogbox auf *Aktualisieren* klicken, bei anderen Programmen gibt Ihnen das Handbuch Auskunft).

MacTools und Norton Utilities

Geschieht immer noch nichts? Jetzt wird es kritisch. Falls nicht bereits so geschehen, müssen Sie nun entweder auf die *Norton Utilities* oder auf die *MacTools* zurückgreifen. Erstere sind schneller, letztere gründlicher. Wie auch immer, beide Pakete geben Ihnen Werkzeuge in die Hand, mit denen Sie auch Daten von Festplatten retten können, die wirklich tief gesunken sind. Ausserdem lassen sich die lädierten Datenbestände auf einen anderen Massenspeicher kopieren, ohne dass die Festplatte dazu auf den Schreibtisch des Finder geholt werden muss.

So wird nun die gesamte Harddisk auf Datenfetzen untersucht. Gefundenes Material wird automatisch auf eine
Wechselplatte oder ein anderes Speichermedium Ihrer Wahl
kopiert. Hier ein Beispiel aus den *Norton Utilities:*

**Datenbestände
umkopieren**

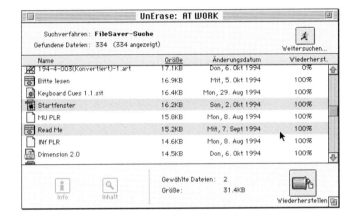

Je nachdem, welche vorkehrenden Massnahmen Sie getroffen
haben, wird dem Retter die Wiederbeschaffung der Daten
leichter oder schwerer fallen. Wenn Sie zum Beispiel den
FileSaver der *Norton Utilities* installiert haben, dann hat das
Programm *Norton Volume Recover* leichtes Spiel.

Haben Sie vorgesorgt?

Wenn keine vorbeugenden Massnahmen getroffen wurden,
kann Sie das Ergebnis unter Umständen ziemlich verwirren,
da oftmals die Bezeichnungen der geretteten Dateien verloren
gehen. Dann werden Sie mit Dokumenten konfrontiert, die
inhaltlich zwar intakt sind, aber zum Beispiel *?Unbekannt 213*
heissen und kein Icon tragen. Jetzt müssen Sie selbst abschätzen, worum es sich handeln könnte und versuchen, die
Datei mit verschiedenen Programmen zu öffnen. Sehen Sie
dazu im Abschnitt *Unbekannte Dateien öffnen* weiter hinten
in diesem Kapitel nach.

**Verlorene
Dateinamen**

Retten wir also jetzt, was zu retten ist. Wenn Sie überzeugt
sind, dass die Software ihr Bestes gegeben hat und Sie die
Festplatte wieder regulär in Betrieb nehmen möchten, dann

können Sie sie jetzt formatieren. *(Siehe Kapitel 5, Festplatten einrichten.)* Nur so haben Sie die Gewissheit, dass sie nicht vielleicht nach kurzer Zeit erneut Ärger machen wird.

Abgestürzte Harddisks zum zweiten

Wenn Sie eine Festplatte artgerecht halten, wird es sehr selten vorkommen, dass die Mechanik den Geist aufgibt. Trotzdem kann es sein, dass Sie eine abgestürzte Harddisk nicht mehr zum Laufen bringen. Vielleicht ist die softwaremässige Beschädigung einfach zu heftig, oder die Platte ist tatsächlich defekt. In beiden Fällen sieht die Behandlung vorerst gleich aus:

1. *Versuchen Sie, mit den MacTools oder den Norton Utilities möglichst viele Daten zu retten.*

Auch wenn eine Festplatte mechanisch beschädigt wurde, kann sie im Optimalfall immer noch so weit funktionieren, so dass die intakten Datenbestände auf eine andere Festplatte, auf Disketten oder auf Wechselplatten überspielt werden können. Auf jeden Fall aber werden die Blöcke, die mit dem Schreib-/Lesekopf in Berührung gekommen sind, unwiderruflich dahin sein.

2. *Formatieren Sie die Harddisk neu.*

Jetzt schlägt die Stunde der Wahrheit. Wenn sich die Festplatte anstandslos neu formatieren lässt, war es nur eine softwaremässige Beschädigung. Wenn sie sich allerdings Ihren Bemühungen widersetzt, sollten Sie mit dem Händler Kontakt aufnehmen.

Vorsichtsmassnahmen

Partitionen als Retter

HEISSER TIP!

Wenn sich die Festplatte nicht mehr auf den Schreibtisch holen lässt, obwohl sie mechanisch intakt ist, können Sie sich ziemlich elegant aus der Affäre ziehen, wenn Sie die Harddisk vorher in mehrere *Bereiche* oder *Partitionen* unterteilt haben. Allerdings müssen Sie für solche Aktionen auf die Formatierprogramme von Drittanbietern zurückgreifen, da das Apple-Installationsprogramm nur eine Macintosh-

Partition pro Harddisk zulässt. An dieser Stelle sei Ihnen das *Hammer Harddisk ToolKit* wärmstens empfohlen. *(Siehe Kapitel 5, Festplatten einrichten.)*

Teilen Sie Ihre Harddisk in mindestens zwei Partitionen auf. Verwenden Sie eine Partition für den Systemordner, die Programme und die Schriften – Daten also, von denen Sie die Originale und damit automatisch Sicherheitskopien besitzen. Alle Dateien, die Sie selber erstellen, werden auf der anderen Partition abgelegt. Wenn eine partitionierte Festplatte abstürzt und anschliessend Schwierigkeiten macht, dann ist es fast immer das Startlaufwerk, das den Geist aufgibt, also diejenige Partition, auf der sich der aktive Systemorder befindet.

System-Partitionen

Wenn nun der Zeitpunkt kommt, an dem der Macintosh mit der internen Harddisk nichts mehr zu tun haben will und nicht aufstartet, können Sie den Computer mit einer Startdiskette wie zum Beispiel der Diskette *Hilfsprogramme* booten. Sie werden mit grosser Sicherheit nicht nur Ihre Daten-Partition unversehrt wiederfinden, sondern können sich jetzt auch in aller Ruhe daran machen, die Start-Partition

Startpartition neu initialisieren

RAFFINIERT

zu reparieren. Wenn die Festplatte mit dem *Hammer Harddisk ToolKit* formatiert wurde, lässt sich der betroffene Teilbereich sogar neu initialisieren, ohne dass Ihrer Daten-Partition etwas passiert.

Natürlich hat diese Technik den Nachteil, dass der Bereich, der als Startlaufwerk auserkoren wird, jeweils zu gross oder zu klein ist, aber das liegt nicht am Macintosh, sondern an einer kosmischen Macht, die unermüdlich und ausserordentlich erfolgreich unserem Streben nach Perfektion entgegenwirkt.

Unbekannte Dateien öffnen

BASIS

Wenn Sie die Daten einer abgestürzten Harddisk mit den *Norton Utilities* oder den *MacTools* retten konnten, wird das Ergebnis eventuell nicht immer Ihren Erwartungen gerecht. Vielleicht haben die Dokumente ihr Icon verloren. Es kann aber auch sein, dass von einer Datei behauptet wird, sie sei mit der Anwendung *Microsoft File* erstellt wurde, obwohl Sie genau wissen, dass Sie eine solche Software nie im Leben besessen haben.

Kurz, die Datenrettung mit den *MacTools* und den *Norton Utilities* ist zwar meistens recht einfach, aber das nachträgliche Katalogisieren der geretteten Dateien kann ziemlich viel Zeit kosten. Hinzu kommt noch, dass Sie einige Dateien vorfinden werden, die tatsächlich defekt und deshalb kaum mehr zu rekonstruieren sind.

Hier ein paar Tips, wie Sie dem Inhalt dubioser Dateien auf die Schliche kommen:

Dateien doppelklicken

❖ Wenn das Dokument ein Icon trägt, dann sollten Sie es probeweise doppelklicken. Vielleicht lässt es sich problemlos öffnen, und Sie können es unter einer sinnvolleren Bezeichnung wieder absichern.

Die Dateigrösse als Hinweis

❖ Kontrollieren Sie die Grösse der Datei. Bei den meisten Dateien von über 500 Kilobyte können Sie davon ausgehen, dass es sich entweder um ein Bild, eine umfangreiche Datenbank oder ein Layout handelt – immer vorausgesetzt, Sie besitzen eine entsprechende Software.

❖ Wenn Sie eine Datei öffnen möchten, die keinerlei Hinweise darüber liefert, worum es sich handelt, sollten Sie eine Software verwenden, die über möglichst viele Importfilter verfügt. Ausgezeichnete Chancen haben Sie mit den Claris-Programmen, da diese mit einem reichhaltigen Angebot an XTND-Dateien geliefert werden, die den Austausch der verschiedensten Formate erlauben. Vielleicht kommen Sie der Datei so auf die Schliche. *Photoshop* ist ein anderer populärer Vertreter, der sich mit allen halbwegs gängigen Bildformaten bestens auskennt.

Importieren in andere Programme

❖ Wenn Sie ein Layoutprogramm besitzen, versuchen Sie, die Dateien zu plazieren, um weitere Rückschlüsse auf den Inhalt zu erhalten. Je mehr Importfilter Sie installiert haben, desto besser sind die Erfolgschancen.

Plazierung in einem Layoutprogramm

Kein Pardon für Disketten

Disketten sind die fossilen Erben eines vergangenen Computerzeitalters. Technisch gesehen sind sie längst völlig veraltet. Trotzdem halten sie sich hartnäckig, einfach deshalb, weil sie günstig sind und von jedem Macintosh gelesen werden können. Gleichzeitig sind sie aber auch die anfälligsten aller Medien. Wer jedoch nur schnell eine Datei von einer Harddisk zur nächsten weiterreichen möchte, wird sich ob der Zuverlässigkeit einer Diskette keinen tiefschürfenden Gedankengängen hingeben.

Wenn Sie allerdings auf Disketten als Backup-Medium angewiesen sind, sollten Sie sich zuerst genau ansehen, wem Sie Ihre wertvollen Daten anvertrauen. Unter System 6 war es noch so, dass mangelhafte Disketten vom Macintosh schlicht ausgespien und als «defekt» klassifiziert wurden.

Vorsicht bei Disketten als Backup-Medium

System 7 versucht, einer defekten Diskette soviel Speicherplatz wie nur möglich abzugewinnen, indem mangelhafte Sektoren umgangen und ausgemustert werden. Sie erkennen das daran, dass der Formatiervorgang wesentlich länger

dauert als gewöhnlich. Leider erweist Ihnen System 7 damit einen Bärendienst, denn eine so zusammengeflickte Diskette wird Sie langfristig nicht glücklich machen. Es ist nur eine Frage der Zeit, bis es heisst: «*Die Datei konnte nicht gelesen werden, weil ...*». Siehe weiter vorne. Führen Sie eine solche Diskette ihrem gerechten Schicksal zu. Werfen Sie sie zweimal in den Papierkorb – erst in den elektronischen, dann in den echten. Bei einem Stückpreis von weniger als zwei Talern ist jede Minute Ärger ein Verlustgeschäft.

Was bleibt?

Eine echte Festplatte zeigt keinen Schmerz. Oft kommt es vor, dass für den Anwender alles zur vollsten Zufriedenheit läuft, obwohl sich das Inhaltsverzeichnis oder die Dateistruktur der Harddisk längst in einem besorgniserregenden Zustand befinden. Irgendwann sind dann Dateien nicht mehr auffindbar oder der Computer lässt sich nicht mehr aufstarten. Überprüfen Sie wenigstens einmal im Monat den Gesundheitszustand Ihres Lieblingsdatenträgers mit Hilfe der weiter vorn beschriebenen Produkte.

Regelmässig prüfen

Wirkliche Crashs, bei denen die Festplatte tatsächlich zerstört wird, sind beim heutigen Stand der Technik sehr selten. Wenn Sie Ihre Festplatte routinemässig überprüfen, bei der Verwendung des Papierkorbes Mass halten und vielleicht sogar noch eine Hilfe wie *FileSaver* oder *TrashBack* installieren, dann verfügen Sie über die besten Karten, die man überhaupt nur haben kann.

Extrem wichtige Daten

Wenn Ihre Daten unbezahlbar sind und es für Sie wirklich in einer Katastrophe endet, wenn sie verloren gehen, dann sollten Sie die Datenrettung einem Spezialisten überlassen. Auf Seite 130 finden Sie die Adresse einer Firma, die sich auf die Wiederbelebung von Massenspeichern spezialisiert habt, bei denen scheinbar alles verloren ist. Verzichten Sie am besten darauf, die Daten selbst zurückzuholen – wenn es nämlich schiefgeht, schmälert das die Chancen der Profis.

Tips für die Vorsorge

❖ Erstellen Sie einen Ordner, den Sie anstelle des Papierkorbes verwenden. Wenn genug Platz auf der Festplatte ist, reicht es, diesen Ordner einmal pro Woche zu entleeren.

❖ Falls Sie mit den *Norton Utilities* oder den *MacTools* arbeiten, sollten Sie *FileSaver* respektive *TrashBack* installieren.

❖ Erstellen Sie regelmässig Backups. Das ist immer noch das beste Mittel gegen Datenverluste.

❖ Lassen Sie bei Disketten Vorsicht walten. Sie gehören nicht unbedingt zu den sichersten Backup-Medien. Wenn Sie trotzdem damit arbeiten, sollten Sie von wichtigen Dateien doppelte Kopien erstellen.

Inhalt von beschädigten Dateien retten

❖ Öffnen Sie die Datei in *Word 4* oder *5*. Wenn das nicht funktioniert, lesen Sie den Inhalt mit Hilfe des Datei-Managers von *Word 5* aus.

❖ Verwenden Sie den *DataFork Opener,* den Sie auf der beiliegenden *SmartDisk* finden, um Texte aus einer Datei herauszufiltern.

❖ Versuchen Sie, die Datei in einem Layoutprogramm zu plazieren.

❖ Defekte Bilddateien lassen sich eventuell in *Photoshop* oder einer anderen Bildverarbeitungs-Software öffnen, die über viele Importformate verfügt.

❖ Sehen Sie im Papierkorb nach, ob sich eine Temporärdatei darin befindet, die sich öffnen lässt.

Illustrator- und FreeHand-Dateien aus PageMaker retten

Anmerkung: Diese Technik funktioniert nur, wenn *PageMaker 4.2* oder tiefer verwendet wurde, respektive wenn in *PageMaker 5.0* im Menü *Einstellung* unter *Verknüpfungsoption* die Option *Kopie in Satzdatei ablegen* aktiviert war.

1. Öffnen Sie das PageMaker-Dokument, das die Illustration enthält.

2. Kopieren Sie die Grafik in ein neues PageMaker-Dokument.

3. Sichern Sie das neue PageMaker-Dokument als PostScript-Datei.

4. Öffnen Sie die PostScript-Datei in einer Textverarbeitung.

5. Löschen Sie den Anfang der Datei, bis Sie zu folgenden Zeilen kommen:

```
%!PS-Adobe-3.0 EPSF-3.0
%%Creator: Adobe Illustrator(TM) D1-5.0.
```

6. Sichern Sie die Datei als reine Textdatei ab.

7. Öffnen Sie die Datei in *Illustrator* oder *FreeHand*.

Anmerkung: Wenn Sie mit *FreeHand* arbeiten, benötigen Sie Version 4.0 oder neuer, damit Sie die Grafiken wieder öffnen können!

BASIS

Jeder Mensch hat seine Geheimnisse, grosse und kleine, wichtige und belanglose. Früher, in der guten alten Zeit, in der Computer noch zur Sparte Science-fiction gehörten, tendierte man zu eher simplen Methoden, um die Diskretion zu wahren. Geheimnisse, die mit den Worten «Liebes Tagebuch» anfingen, wurden Lederalben anvertraut und mit einem kleinen Schlüssel gesichert. Beim Militär und in grossen Firmen zog man einen anständigen Safe vor, aber das Prinzip war in etwa das gleiche.

Die Firma auf der Diskette

Mit dem Aufkommen der Computer veränderte sich die Lage markant. Immer mehr Geheimnisse werden heute in elektronischer Form abgelegt und mit verschiedenen Schutzmassnahmen gesichert. Trotzdem sorgt der Gedanke, dass Daten im grossen Stil von Unberechtigten kopiert und später in aller Ruhe eingesehen werden können, bei so manchem Anwender für ein mulmiges Gefühl. Kein Wunder – komplexeste Firmenstrategien für die nächsten zehn Jahre können auf einer Diskette ausser Haus geschafft werden, ohne dass jemand etwas ahnt.

Computer als Risikofaktor

Seit es Personal Computer gibt, sind also die Sicherheitsprobleme bei der Wahrung der Diskretion nicht eben kleiner geworden. Persönliche Daten werden mit grösster Regelmässigkeit auf diesen Maschinen abgelegt, und viel zu oft ist der Erzeuger durchtränkt vom Glauben an das Gute im Menschen und daran, dass seine elektronische Intimsphäre gewahrt wird.

Wieviel Sicherheit muss sein?

Unterschiedliche Geheimnisse verlangen nach unterschiedlichen Schutzmöglichkeiten. Sehen Sie in einem Passwortprogramm am besten einen Safe: Für bestimmte Daten reicht eine einfache Schatulle, während für wirklich vertrauliches Material nur das beste, schwerste und sicherste Modell gut genug ist. Und genau wie bei den verschiedenen Safes lassen sich einige Schutzmechanismen quasi mit einer Haarnadel öffnen, während andere bombensicher sind.

Die verschiedenen Mechanismen

Nicht jeder Schutz ist für alle Bedürfnisse gleich gut geeignet. Genau wie bei einer Software, die Viren fernhält, schützen Anwender ihre Daten nur dann konsequent, wenn die Mittel dem Zweck angepasst sind und der Aufwand gerechtfertigt wird. Eine der ersten Fragen, die Sie sich stellen sollten, lautet also: «*Wie vertraulich sind meine Daten?*» Wenn es nicht gerade um Leben und Tod geht, reicht in den meisten Fällen ein einfacher Passwortschutz. Wenn wirkliche Geheimnisse gesichert werden müssen, sollten Sie vielleicht mit härteren Bandagen auffahren.

Wie vertraulich sind die Daten?

Nächste Frage: «*Welcher Schaden würde entstehen, wenn die Daten in falsche Hände geraten?*» Ein aufgedecktes Geheimnis muss nicht immer in einer Katastrophe enden. Wenn Sie ein neues Logo entworfen haben, das Sie bei einer Firmenpräsentation mit einem Paukenschlag vorstellen möchten, macht es wahrscheinlich wenig Sinn, der Überraschung zuliebe die gesamte Harddisk zu verschlüsseln.

Wie gross ist der Schaden?

Die letzte Frage betrifft Ihre Mitarbeiter: «*Wie sieht meine Arbeitsumgebung aus?*» Vielleicht arbeiten Sie in einer Schule und unterrichten eine Horde Siebenjähriger. Das verlangt nach einem anderen Passwortschutz, als wenn Sie in der Abteilung *Forschung und Entwicklung* eines bedeutenden Pharmakonzerns tätig sind, in der sich Computerprofis die Türklinke in die Hand geben.

Wie sieht meine Umgebung aus?

Eingebauter Passwortschutz

Wenn Sie in erster Linie die lieben Arbeitskollegen daran hindern möchten, in Ihren Unterlagen herumzuschnüffeln, dann wird Ihnen ein einfacher Passwortschutz hervorragende Dienste leisten. Programme, die eine solche Option bieten, sind zum Beispiel die Datenbank *FileMaker* von Claris oder die Tabellenkalkulation *Excel* von Microsoft. Wenn Sie die Datei sichern, können Sie ein Passwort definieren, das den Inhalt der Datei mit einem einfachen Mechanismus vor Unberechtigten absperrt.

Programmeigener Passwortschutz

Passwortschutz aus FileMaker Pro

Paßwörter für die Datei "Adressliste" definieren

Bond_@@7
wAnZeL

Berechtigung
☐ Zugriff auf die gesamte Datei
☒ Datensätze sehen
☒ Datensätze drucken/exportieren
☐ Datensätze bearbeiten
☒ Neue Datensätze erstellen
☐ Datensätze löschen
☒ Warnungen ignorieren
☐ Layouts erstellen
☒ Vorgaben ändern

Paßwort:
wAnZeL
(Leer für beschränkten Zugriff)

[Neu]   [Zugriff...]
[Ändern]   [Gruppen...]
[Löschen]   [Zurück]

Einfach, aber oftmals wirkungsvoll

Der Vorteil dieser Methode ist der, dass Sie als Besitzer des Passwortes leicht an Ihre Dateien herankommen, während die Mitarbeiter diese Hürde umgehen müssten, wenn sie Einsicht in die Datei erhalten möchten. Doch auch hier kommt es wieder darauf an, wie sich Ihre Umgebung zusammensetzt. Ein solches Passwort hält den Bemühungen eines erfahrenen Kryptografen keine zehn Minuten stand, aber für einen durchschnittlich qualifizierten Anwender stellt es ein unüberwindliches Hindernis dar.

HEISSER TIP!

Diese Form von Passwortschutz ist auch dann bestens geeignet, wenn Sie einzelne Dateien schützen möchten, während der Rest der Daten auf der Festplatte frei zugänglich bleiben soll.

Schutz der ganzen Festplatte

Vielleicht arbeiten Sie mit Programmen, die ohne eigene Schutzvorkehrungen auskommen müssen. Vielleicht sind Ihre vertraulichen Daten aber auch so zahlreich, dass es lästig wird, alle drei Minuten ein Passwort einzugeben, nur weil Sie schnell eine andere Datei öffnen wollen. In solchen Fällen ist es bequemer und auch sicherer, wenn Sie nicht nur spezifische Dokumente, sondern gleich die ganze Harddisk schützen.

Das kann auf zweierlei Arten passieren. Einige Programme modifizieren das Betriebssystem oder legen im Systemordner eine Datei ab, die vom Anwender beim Aufstarten zuerst das Passwort verlangt, bevor der Finder sichtbar wird. Andere Programme gehen wesentlich gründlicher vor und modifizieren den SCSI-Treiber der Festplatte. Der Passwortschutz wird also nicht im Betriebssystem oder in einer Datei abgelegt, sondern noch viel tiefer unten, in einem Bereich, der noch vor dem Betriebssystem geladen wird.

Das Passwort im SCSI-Treiber

Beide Arten des Passwortschutzes sind relativ problematisch. Wenn der Schutz im Betriebssystem oder in einer Systemerweiterung verankert ist, dann ist die Wirkung verdächtig nahe bei Null. Sobald jemand den Macintosh mit einer anderen Systemdiskette aufstartet, wird der Schutz aufgehoben und kann anschliessend bequem von der Festplatte entfernt werden. Ein Passwort auf Treiberebene ist relativ sicher, aber gefährlich. Ein kleiner Fehler in der Programmierung oder eine Spezifikation von Apple, die der Programmierer übersehen hat, kann unter Umständen dazu führen, dass Sie sich selbst aussperren. Mehr dazu später.

MERKET AUF

Schutz einer Partition

Vielleicht schiessen Sie mit dem Schutz der ganzen Harddisk übers Ziel hinaus, etwa dann, wenn mehrere Personen mit dem selben Macintosh arbeiten müssen. Dann wäre es angebracht, die Harddisk in verschiedene Teilbereiche oder *Partitions* zu unterteilen. Wie man das macht und welche Produkte dazu empfohlen werden können, steht im *Kapitel 5, Festplatten einrichten*.

Sie könnten dann die Harddisk so modifizieren, dass zum Beispiel die Startpartition mit dem System und allen Programmen frei verfügbar ist, während jeder Anwender eine eigene Partition für seine Daten erhält, die mit einem eigenen Passwort geschützt wird.

Teilbereiche mit Passwortschutz

Wenn eine Harddisk beim Formatieren in Teilbereiche zerstückelt wird, nennt man das eine *echte* Partition. Das heisst,
die einzelnen Bereiche sind tatsächlich voneinander getrennt
und werden vom Betriebssystem so gehandhabt, als ob es
sich um verschiedene Festplatten handeln würde.

Falsche und echte Partitionen

Dann gibt es noch die *falschen* oder *weichen* Partitions. Ein
Programm, das eine solche Einrichtung ermöglicht, nennt
sich *Norton Partitions* und wurde mit dem Paket *Norton
Utilities 2.0* von Symantec geliefert. Die Harddisk wird dabei
nicht in wirkliche Teilbereiche zerlegt. Vielmehr wird auf der
Festplatte eine Datei erzeugt, die so tut, als ob sie ein echter
Teilbereich wäre. Bei der Installation können problemlos
auch mehrere Soft-Partitions angelegt und auf Wunsch mit
einem Passwort geschützt werden.

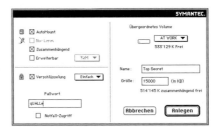

Nach dem nächsten Neustart wurden die Soft-Partitions so
angezeigt, als ob es sich um einen unabhängigen Massenspeicher handeln würde.

MERKET AUF

Obwohl das alles sehr einfach und annehmbar klingt, habe
ich mich nie mit diesem System anfreunden können. Einerseits tauchten vor meinem geistigen Auge regelmässig
Visionen von beschädigten Partitions auf, die meine Daten
nicht mehr hergeben wollten, weil die Partition-Datei irgendwie beschädigt wurde (so wie es jeder Datei ergehen kann).
Zudem ist es ja einer der Vorteile, dass eine partitionierte
Festplatte einfacher repariert werden kann, wenn die Teilbereiche echt und nicht nur gespielt sind. *(Siehe Kapitel 5,
Festplatten einrichten.)* So oder so: Soft-Partitions sind irgendwie weder Fisch noch Vogel.

Passwort kontra Verschlüsselung

Nach dieser kleinen Übersicht sollten wir uns genauer ansehen, wie sicher die einzelnen Methoden sind. «Sicher» ist aber immer relativ zu verstehen. Wenn Ihre Daten in erster Linie für Sie persönlich von Bedeutung sind, dann wird sich wohl kaum jemand die Mühe nehmen, mit professionellen Mitteln hinter die Fassaden zu sehen.

BASIS

Die Passwortfunktionen, die in Programmen wie *Excel*, *WingZ* oder *FileMaker* den Neugierigen den Zugang verweigern sollen, sind gut fürs Büro, aber nicht besonders widerstandsfähig. *FileMaker* setzt vor die Datenbestände einfach ein Passwort, ohne dass die Daten dahinter verändert werden. Unten sehen Sie eine FileMaker-Datei, die mit dem *Disk Editor* der *Norton Utilities* geöffnet wurden. Es ist zwar ein Passwort installiert, aber die Daten dahinter sind nach wie vor im Klartext einsehbar … So wird das wohl nichts.

Keine Veränderung der Daten

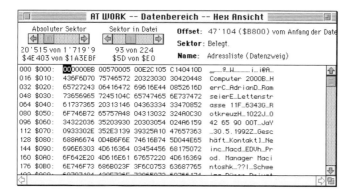

Wie die meisten anderen Schutzmechanismen, die von Softwareherstellern eingebaut werden, ist auch derjenige von *FileMaker* nicht auf Sicherheit, sondern auf Schnelligkeit und einfache Handhabung getrimmt worden, was wohl den meisten Anwendern entgegenkommt. Wirkliche Geheimnisträger werden mit diesem Schutz allerdings nicht zufrieden sein.

MERKET AUF

Schutzmassnahmen aus dem letzten Jahrhundert

Ähnlich verhält es sich mit dem Passwortschutz von *Excel*. Bei aktiviertem Passwort werden die Daten zwar verschlüsselt, aber der Algorithmus dahinter ist relativ einfach. Es sind die selben Verschlüsselungsmechanismen, die auch während des amerikanischen Bürgerkrieges verwendet wurden. Damals waren die Codes sicher – heute wird eine solche Datei von einem Kryptografen, der mit einem Computer bewaffnet ist, innert Minuten geknackt.

Meistens reichen solche Schutzmassnahmen alleweil aus, aber wir sprechen hier über wirkliche Sicherheitsmassnahmen, die auch hartnäckigen Datenspionen Paroli bieten sollen. Was gibt es also sonst noch?

Herkömmliche Verschlüsselung

BASIS

Links sehen Sie die Datei in ihrem ursprünglichen Zustand. Bei einem einfachen Passwort (Mitte) wird der Inhalt der Datei nur durch eine simple Abfrage geschützt. Bei einer *Verschlüsselung* hingegen (rechts) wird die Datei mit Methode durcheinandergeschüttelt, so dass das Passwort des Eigentümers benötigt wird, um die Daten wieder in eine lesbare Form zu bringen.

Kryptograf gegen Kryptograf

Ein Verschlüsselungsprogramm ist genau so sicher wie der Algorithmus, der dahinter steht. Viele Kryptografen haben Jahre ihres Lebens darauf verwendet, Algorithmen auszutüfteln, nur um dann zuzusehen, wie andere Kryptografen sie knackten. Algorithmen wirken zum Teil narrensicher, arbeiten aber mit versteckten mathematischen Tricks, die fatale Mängel aufweisen können und deshalb leicht zu knacken sind. Die Regierung der USA im allgemeinen und das Militär im speziellen haben Gebäude errichtet, die bis unters Dach mit Verschlüsselungsspezialisten gefüllt sind – immer auf der Suche nach dem perfekten Algorithmus. Diesen Aufwand kann man von einem kleinen Software-hersteller natürlich nicht erwarten.

Da also solche Programme neugierige Mitarbeiter, aber keine Profis abhalten können, kann man sie bei wirklich wichtigen Dateien auch nicht empfehlen. Die Situation wird sogar noch ein bisschen absurder, weil zwei Firmen kommer-zielle Programme anbieten, die die Passwörter bestimmter Produkte knacken können. AccessData verkauft die Nuss-knacker *Wrpass* für WordPerfect- und *Xlpass* für Excel-Dateien. Die Firma NewVision ihrerseits bietet das Programm *MasterKey* an, das Excel-, WordPerfect- und WingZ-Dateien von ihren Passwörtern befreit.

Automatische Panzerknacker

Wie auch immer. Wenn man immer wieder davon liest, dass Hacker in vermeintlich sichere Systeme eingedrungen sind, dann stellt sich unweigerlich die Frage, ob es so etwas wie die perfekte Sicherheit überhaupt gibt. Kann man einen Schutz-mechanismus einsetzen, der von den besten Kryptografen, den schnellsten Computern und den cleversten Mathema-tikern nicht zu knacken ist? Man kann!

Gibt es die perfekte Verschlüsselung?

Die DES-Verschlüsselung

Damit wir uns richtig verstehen: Für die meisten Macintosh-Anwender stellt ein simples Passwort beim Aufstarten des Rechners ein nahezu unüberwindliches Hindernis dar. Tun wir nun zum Spass einmal so, als wäre auf Ihrem Macintosh eine Datei abgelegt, in der sich die Konstruktionspläne für ein Fahrzeug befindet, das sich mit Überlichtgeschwindigkeit bewegen kann. Das tönt zwar ein wenig utopisch, aber ande-rerseits wären gewisse Gruppen bereit, Milliarden für die Daten hinzublättern. Man würde sich die besten Hacker und Geräte der Welt kaufen, um Ihren Macintosh zu knacken. Ein einfaches Passwort oder eine laienhafte Verschlüsselung wird dann innert Minuten zu Fall gebracht. Schweres Geschütz muss her – *DES* ist angesagt!

Wirklich sichere Programme verwenden den DES-Algorithmus *(Department of Commerce-approved Data Encryption Standard)*, der zum grössten Teil von der *National Security Agency* in den USA entwickelt wurde. Seit über zehn Jahren widersteht dieses Verfahren zur Verschlüsselung den Attacken und Bemühungen der besten Spezialisten der Welt. Jedes Programm, das sich an den DES-Standard anlehnt, ist grundsätzlich sicher genug für alle Hüter von Geheimnissen, mit Ausnahme derjenigen, deren Daten Millionen wert sind.

Schwachpunkte bei schlechten DES-Programmen

Eigentlich kann man davon ausgehen, dass DES auch den Mantel-und-Dolch-Spielen der besten Geheimdienste der Welt widerstehen kann. Trotzdem gibt es bei den verschiedenen Programmen Unterschiede. Einige Programme speichern das Passwort in der DES-Datei selbst. Ein erfahrener Computerspezialist könnte es unter Umständen knacken. Andere Programme «helfen» dem Anwender, indem sie selbst ein Passwort generieren. Ein Profi könnte herausfinden, nach welchen Regeln das Passwort generiert wird, und den Ablauf nachvollziehen.

MERKET AUF

DES ist also nicht gleich DES. Ein Softwarehersteller, der aus Bequemlichkeit eine eigene Interpretation des DES-Algorithmus produziert, setzt die Wirksamkeit seines Produktes herab. Diese selbstgestrickten Lösungen bieten weniger Schutz als der Originalmechanismus, da der DES-Algorithmus ein sehr zerbrechliches Gebilde und nicht leicht zu programmieren ist. Sie können davon ausgehen, dass ein DES-Code umso unsicherer wird, je schneller und bequemer das Verschlüsselungsprogramm arbeitet. Obwohl die schnelleren Varianten theoretisch ebenfalls nur von den allerbesten Kryptografen zu knacken sind, sollte man sie nicht empfehlen. Jede Verschlüsselung braucht ihre Zeit – gönnen Sie sich also die paar Sekunden, damit das Sie sich über dieses Thema nicht mehr länger den Kopf zerbrechen müssen.

Je bequemer, desto schlechter

Wer bewacht den Wächter?

Eines sollten Sie sich jedoch immer vor Augen halten, wenn Sie eine Datei durch DES dicht machen: Der Schutz ist sicher – auch dann, wenn er sich gegen Sie richtet! Wenn Sie das Passwort für eine DES-verschlüsselte Datei vergessen, haben Sie einen wirklich miesen Tag vor sich. Symantec zum Beispiel erhält regelmässig Anrufe von Anwendern, die das Passwort ihrer mit *Norton Encrypt* verschlüsselten Daten vergessen haben und nun den Mann an der Hotline um ein Hintertürchen anflehen, damit sie wieder an die intimen Geheimnisse herankommen. Es gibt keinen Weg – das einzige, was man tun kann, um den Schmerz über den Datenverlust ein wenig zu mindern, ist weinen. Das befreit manchmal…

Keine Hintertürchen für Vergessliche

Norton Encrypt

Bleiben wir gleich ein wenig bei *Encrypt*. Es war Bestandteil der *Norton Utilities 2.0,* und wird mit Version 3.0 leider nicht mehr mitgeliefert. Trotzdem können wir an *Encrypt* den Mechanismus verdeutlichen. Alles, was der Anwender zu tun hat, ist, eine Datei auf das Icon von *Encrpyt* zu ziehen:

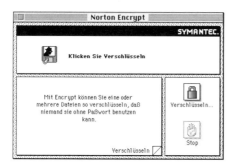

Die Passwort-Eingabe muss *immer manuell* erfolgen, sowohl bei der Verschlüsselung als auch bei der Entschlüsselung. Es werden keine Logbücher auf der Festplatte angelegt, die das Passwort in verschlüsselter Form enthalten könnten. Kurz, das Ganze ist wirklich solide aufgebaut.

Manuelle Passworteingabe

Neues Paßwort eingeben für Adressdatei

●●●●●

(Abbrechen)   (OK)

DES-verschlüsselte FileMaker-Datei

Kommen wir nun noch einmal auf die durchsichtigen FileMaker-Dateien zu sprechen. Wenn man die selbe Datei, die auch auf Seite 203 abgebildet wurde, durch DES verschlüsselt und anschliessend mit dem *Norton Disk Editor* betrachtet, sieht alles schon viel beruhigender aus:

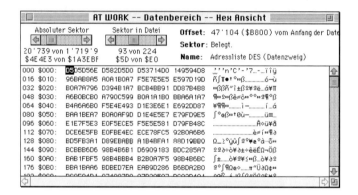

Und diese Datei befindet sich in Sicherheit – wirklich!

Wie gelöscht ist «gelöscht»?

BASIS

Wenn Sie eine Datei in den Papierkorb ziehen und im Menü *Spezial* den Befehl *Papierkorb entleeren* anwählen, dann streicht der Macintosh lediglich den Datei-Eintrag aus dem Inhaltsverzeichnis der Festplatte und gibt den Platz zum Überschreiben frei. Viele Programme wie die *Norton Utilities* oder die *MacTools* sind in der Lage, solche Dateien wieder hervorzukramen – schliesslich ist diese Funktion ihr bestes Verkaufsargument. Wenn Sie die Daten jedoch wirklich löschen wollen, muss jedes Bit der Datei auf der Platte überschrieben werden. Das Verteidigungsministerium der

USA empfiehlt, dass eine so zu löschende Datei dreimal überschrieben werden sollte. Experimente am *National Institute of Standards and Technology* unter Zuhilfenahme eines Rastertunnel-Mikroskopes haben aber ergeben, dass im Extremfall drei Löschungen immer noch nicht genug sind, um alle Spuren restlos zu verwischen.

Mindestens eine dreifache Löschung

Obliterate

Nun, so weit wollen wir nicht gehen. Wenn in Ihrer Nähe kein Rastertunnel-Mikroskop herumsteht und die Mitarbeiter meistens freundlich lächeln, kommen Sie mit weniger Aufwand zum Ziel. Auf der mitgelieferten *SmartDisk* finden Sie das Programm *Obliterate*.

SMART DISK

Obliterate kann auch verwendet werden, um eine Datei einfach zu löschen, ohne den Inhalt zu überschreiben oder zu *schreddern*. Das kann zum Beispiel dann nützlich sein, wenn Sie den Inhalt einer Diskette löschen möchten, ohne den Papierkorb zu entleeren (dann würden ja auch die Dateien im Papierkorb gelöscht werden, die auf der Harddisk abgelegt sind).

Wenn Sie *Obliterate* doppelklicken, erscheint zuerst ein Fenster, das einige Angaben über die weiteren Produkte von Robert Gibson zeigt, den Programmierer dieses feinen Utilities. Klicken Sie noch einmal, und Sie gelangen zu den Voreinstellungen. *Obliterate* ist eine sogenannte *DropBox*. Das heisst, es erfüllt seine eigentliche Funktion nur dann, wenn Objekte auf das Icon von *Obliterate* gezogen werden.

Voreinstellungen ändern

Hier eine kleine Beschreibung:

Die letzte Warnung

Show alert before deleting files. Diese Option sollten Sie immer eingeschaltet lassen. *Obliterate* zeigt Ihnen dann eine Warnung, wann immer Sie eine oder mehrere Dateien löschen möchten. Verweilen Sie dann eine Sekunde, um sich die Sache noch einmal gut zu überlegen.

Anzeige der Vorgänge

Show status window when shredding. Falls Sie diese Option ankreuzen, zeigt Ihnen *Obliterate* in einem Fenster, wieviele der Daten bereits geschreddert worden sind. Nur so zum Spass, damit einem nicht langweilig wird.

Schreddern der Dateien

Shred files. Wird diese Option aktiviert, werden die betroffenen Dateien nicht einfach gelöscht, sondern zugleich der Sicherheit halber *überschrieben.* Auch wenn Sie diese Option ausschalten, erhalten Sie vor dem Löschen noch einmal die Gelegenheit, die Daten zu schreddern.

Geschützte Objekte automatisch löschen

Delete locked items. Dateien werden auch dann gelöscht, wenn sie geschützt sind, weil Sie den Schutz im Informationsfenster des Finders eingeschaltet haben.

Mehrere Objekte gleichzeitig löschen

Um nun eine oder mehrere Dateien zu löschen, können Sie diese aktivieren und auf das Icon von *Obliterate* ziehen. Das Programm startet, und gleich darauf sehen Sie folgende Dialogbox:

  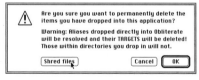

Klicken Sie nun auf die Taste *Shred files,* um die Dateien nicht nur zu löschen, sondern gleichzeitig ihren Inhalt zu überschreiben. Doch denken Sie bitte immer daran: Es wird keinen Weg geben, diese Dateien je wieder zurückzuholen!

Persönliche Erfahrungen

Wir haben nun die verschiedensten Methoden unter die Lupe genommen, und bestimmt werden Sie das eine oder andere Verfahren für Ihre Zwecke durchaus brauchbar finden. Dieser Abschnitt offenbart in diesem Sinne nichts Neues, aber vielleicht interessiert es Sie zu erfahren, wie ich die Sache mit dem Passwortschutz sehe. Eines jedoch vorweg: Da ist nicht nur Licht, sondern auch viel Schatten.

Schutz auf Treiberebene

Das erste Produkt für den Datenschutz, das mir so ungefähr 1987 über den Weg lief, ist heute zum Glück längst vom Markt verschwunden. Es schützte die Festplatte auf Treiberebene – das heisst, wann immer die Festplatte im Finder auftauchen musste, wurde zuerst der Treiber geladen und der wiederum verlangte nach dem richtigen Passwort. Ich installierte die Software, und sie funktionierte. Ich wollte den Schutz wieder aufheben, und der Macintosh bombte. Doch das war erst der Anfang…

Nach einem Neustart musste ich feststellen, dass zwar nach wie vor ein Passwort vorhanden war, aber nicht mehr dasjenige, das ich einst definiert hatte. Zudem zeigten die Fenster der Harddisk das kleine Schloss in der linken oberen Ecke. Auf unergründliche Weise war die Festplatte also ab sofort schreibgeschützt und überdies mit einem fremden Passwort verriegelt worden. Es wäre müssig, alle Massnahmen aufzuzählen, die ich ergreifen musste, bis ich die Harddisk überhaupt wieder formatieren konnte. (Vor allem habe ich den genauen Ablauf längst vergessen.) Die Daten darauf waren aber samt und sonders verloren.

Die verriegelte Festplatte

Hingegen ist die Lehre aus der Geschichte ziemlich eindeutig: Ein Schutz auf Treiberebene kann sich sehr schnell gegen den Anwender richten, wenn der Programmierer gepfuscht hat.

MERKET AUF

FileGuard

Die zweite Erfahrung mit einem Schutz auf Treiberebene machte ich mit *FileGuard*. Auch er modifizierte den SCSI-Treiber der Festplatte. Der Schutz funktionierte ganz manierlich, bis er von einem heftigen Systemabsturz entfernt wurde! Weg! Okay, ich kam nicht zu Schaden, weil ich am Tatort war, als es passierte. Aber wieviel ist ein Schutzmechanismus wert, der sich eines Tages plötzlich aus dem Staub macht?

Hammers Harddisk ToolKit

Der einzige Passwortschutz auf Treiberebene, der mein Vertrauen nie enttäuscht hat, ist derjenige des *Hammer Harddisk ToolKit*. Das *ToolKit* ist nicht nur das beste, was man einer Harddisk beim Formatieren antun kann, sondern hat sich bisher auch in allen Lebenslagen als stabil und zuverlässig erwiesen.

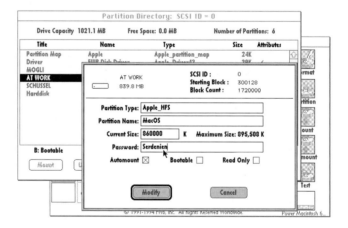

So kann ich die Harddisk in verschiedene Partitionen unterteilen und nach Gutdünken mit einem Passwort belegen, das die vertraulichen Daten schützt. Wenn Sie in der Situation sind, dass mehrere Anwender mit dem selben Macintosh arbeiten, kann jeder Anwender seinen eigenen Teilbereich mit einem eigenen Passwort schützen, während sich das Betriebssystem und alle Programme auf einer Partition befinden, die frei zugänglich ist.

Der Passwortschutz des *ToolKit* ist frei von Schnickschnack, aber er ist solide programmiert – von einer Firma, die im Ruf steht, die besten Harddisks der Welt herzustellen. Kurz, hier haben sich die cleversten Spezialisten alle erdenkliche Mühe gegeben.

R A F F I N I E R T

Das Passwort im System

Mit einem Passwortschutz, der entweder im Betriebssystem oder als Startdatei installiert wird, konnte ich mich ebenfalls nicht abfinden. Man kann ihn zu leicht umgehen, indem man den Macintosh mit gedrückter Shifttaste aufstartet – oder spätestens dann, wenn man eine andere Startdiskette verwendet. Anschliessend kann der Schutz bequem entfernt werden. So simpel der Mechanismus, so ungeschickt kann sich eine Software trotzdem anstellen. Die *Connectix Desktop Utilities* (kurz CDU) bieten zum Beispiel einen solchen Passwortschutz:

Connectix Desktop Utilities (CDU)

Ich installierte den Passwortschutz, startete den Macintosh neu und musste feststellen, dass er nicht mehr willens war, das System zu laden. Erst mit einer anderen Startdiskette konnte ich die Festplatte zwar wieder auf den Schreibtisch holen, aber das Passwort nicht mehr entfernen. Der Grund war der, dass bei der Installation aus unerfindlichen Gründen das Betriebssystem beschädigt wurde. Nun ist ja die Installa-

tion eines neuen Systems kein allzu grosses Problem, aber erstens raubt es Zeit, zweitens Nerven und drittens hat der

Vertrauen Sie nur Spezialisten

Schutz mehr Ärger als Nutzen gebracht. Man sollte sich nicht auf Produkte von Firmen verlassen, die sich «ab und zu auch mit diesem Thema auseinandersetzen». Verwenden Sie ausschliesslich Produkte von gestandenen Profis.

Bis jetzt habe ich übrigens noch keinen solchen Passwortschutz gefunden, der wirklich zuverlässig funktioniert und ein halbwegs gutes Gefühl vermitteln konnte, was die Sicherheit anbelangt. Dies ist auch der Grund, warum Sie auf der Shareware-Diskette keine solche Anwendung finden, obwohl nicht wenige Produkte im Umlauf sind.

Programmspezifische Schutzmechanismen

Schutzmechanismen, wie sie *FileMaker, Excel, WingZ* und andere Programme mitbringen, repräsentieren bestimmt nicht das höchste der Gefühle. Profis können sie umgehen, aber das sollte Sie nicht weiter beunruhigen, wenn Sie lediglich neugierige Mitarbeiter im Büro fernhalten wollen, die nicht zum Kryptografen ausgebildet worden sind.

Verschlüsselung

Da sich in meiner Arbeitsumgebung keine Personen auf-
halten, die auch nur annähernd in der Lage wären, eine verschlüsselte Datei zu knacken (mich selbst eingeschlossen),
konnte ich hier fast keine Erfahrungen sammeln. Wenn Sie
also nicht gerade im Verteidigungsministerium arbeiten,
können Sie sich auf ein halbwegs namhaftes Verschlüsselungsprogramm verlassen. Ich verwende Norton *Encrypt*, das zwar
total unterfordert und für meine Verhältnisse viel zu sicher
ist; aber dank der sauber implementierten DES-Verschlüsse-
lung kommen Gedanken an eine mögliche Indiskretion gar
nicht erst auf.

Wenn Sie also Besitzer der *Norton Utilities 2.0* sind, dann
verfügen Sie auch über *Norton Encrypt* und somit über einen
der zuverlässigsten Schutzmechanismen überhaupt. Wenn
nicht, dann gibt es auch für dieses Programm ein Konkurrenz-
produkt, das wir hier jedoch nicht im Detail besprechen
wollen:

Eine Alternative zu Encrypt

Wenn Sie sich also in Ermangelung von *Encrypt* nach einer
Alternative umsehen, dann sei Ihnen *ultraSecure* von der
Firma «usrEZ Software» wärmstens empfohlen (die Schreib-
weise hingegen ist wohl eher Geschmacksache). *ultraSecure*
gilt als sicher, extrem schnell und benutzerfreundlich. Im
Augenblick ist es jedoch unklar, wer *ultraSecure* im deutsch-
sprachigen Raum vertreibt – Sie werden also ein wenig
Sucherei in Kauf nehmen oder das Programm im schlimmsten
Fall direkt in den USA bestellen müssen: usrEZ ist unter der
Nummer 001/714 573 25 48 erreichbar. Der Preis beträgt unge-
fähr $ 200 Dollar.

ultraSecure

HEISSER TIP!

Datensicherheit im Netzwerk

Bis vor kurzem war der Datenschutz in einem Apple-Netzwerk der absolute Alptraum eines jeden Systemverantwortlichen. Daten liessen sich zwar auf der Harddisk des einzelnen Anwenders oder auf dem Fileserver schützen, aber nicht während der Übertragung im Netz – es sei denn, man hätte sie *vor* der Übermittlung verschlüsselt.

Einfach schon, aber nicht sicher genug

Lange Zeit war die Apple-eigene Serversoftware *AppleShare* darauf ausgelegt, die Kommunikation im Netz *einfach* zu machen, und nicht etwa *sicher*. Wohl konnte man auf einem Server Zugriffsberechtigungen und Passwörter definieren, aber auf dem Weg vom Server zum Anwender und zurück blieben die Daten ungeschützt. Ein Spion konnte irgendwo im Netz einen sogenannten *Paket-Schnüffler* installieren, der die Daten zu einem anderen Gerät seiner Wahl umleitete, wo er sie in aller Ruhe einsehen konnte.

AOCE

Seit neustem bietet Apple eine eigene Lösung an, um das Netzwerk sicher zu machen. Genauer gesagt ist die Lösung so neu, dass sie bei der Drucklegung dieses Buches erst kurz vor der Einführung stand. Das Wunderwerk nennt sich *AOCE* für *Apple Open Collaboration Environment* und löst dieses Problem definitiv. *(Siehe auch Kapitel 1, Das Betriebssystem.)*

Verschlüsselung im Netzwerk

Wir werden auf dieses Thema hier nicht im Detail eingehen, weil *AOCE* zu umfassend ist und weit mehr Aspekte berücksichtigt als nur die Datensicherheit. Lediglich soviel sei hier verraten: Wenn auf dem Server der *PowerShare Collaboration Server* installiert ist, dann werden alle Daten, die vom Server zum Anwender und zurück geschickt werden, vor der Übertragung verschlüsselt. Wie lange dieser Schutz halten wird, soll uns die Zukunft zeigen. Die Experten haben *AOCE* allerdings bis zum Geht-nicht-mehr gelobt und bezeichnen es als *die* Herausforderung für alle Hacker dieser Welt, die nun endlich einen Felsen haben, an dem sie sich die Zähne ausbeissen können.

RAFFINIERT

Allgemeine Tips

Die grundsätzlichen Punkte hätten wir also besprochen. Was bleibt, ist eine Ansammlung von Tips, die das Thema abrunden. Einige Punkte mögen übertrieben erscheinen, aber es soll später niemand behaupten, dass wir hier halbe Sachen machen.

Eine Lösung für zu Hause

Es ist wohl kaum anzunehmen, dass Sie von den eigenen Familienmitgliedern ausspioniert werden. Andererseits ist der Macintosh tatsächlich kinderleicht in der Handhabung. Wenn Sie also Ihren Sprösslingen Zugang zum Rechner verschaffen möchten, ohne dass Sie ständig in der Sorge leben müssen, dass sich das 300seitige Konzept demnächst im Papierkorb auflöst, dann sollten Sie sich *At Ease* von Apple anschaffen.

At Ease ersetzt quasi den Finder. Grosse, griffige Icons erlauben den Kindern den Zugang zu ihren Spielen, Malprogrammen und weiteren Anwendungen, die Sie ihnen verfügbar gemacht haben. Der Finder hingegen lässt sich nur mit

At Ease als Finderersatz

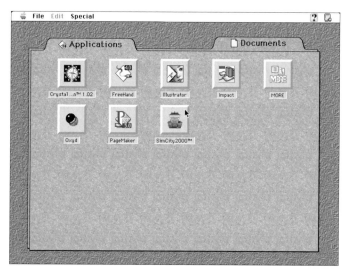

einem Passwort laden, so dass von *At Ease* aus keine Dateien in den Papierkorb geworfen und gelöscht werden können. Eine kleine, aber feine Versicherung…

Das richtige Passwort

«Hacker dringt in Computer von Kernforschungszentrum ein!» Solche und ähnliche Schlagzeilen tragen nicht gerade dazu bei, dass die Öffentlichkeit grosses Vertrauen in die Datensicherheit von Staat, Banken oder Militärs setzt. Einer der häufigsten Gründe, weshalb Computersysteme geknackt werden, ist, dass irgend jemand ein zu simples Passwort verwendet hat.

Zu simpel, zu gefährlich

Es ist nicht ratsam, dass Sie als Passwort Ihre Telefonnummer, das Geburtsdatum Ihrer Tochter oder Ihre Autonummer verwenden. Solche Angaben werden von einem Datenspion meistens als erstes eingegeben. Wenn Sie ganz auf Nummer Sicher gehen wollen, dann meiden Sie sogar ein Passwort, das im Duden steht. (Tatsächlich wurde einmal ein Computersystem geknackt, weil der Eindringling sich Tausende Male automatisch anmeldete und dabei bei jedem Versuch als Passwort ein neues Wort aus dem elektronischen Wörterbuch einer Textverarbeitung verwendete. Allerdings trifft hier auch den Programmierer Schuld, denn ein anständiges System hätte spätestens nach der fünften Fehleingabe den Zugriff dauerhaft verweigert.)

HEISSER TIP!

Optimal wäre natürlich ein Passwort, das etwa so lauten würde: *Px/6=*m!°&&-!27*. Dummerweise lässt sich das aber schlecht merken. Wenn der Passwortschutz zwischen Gross- und Kleinschreibung unterscheidet, dann können Sie ein Wort aus der Umgangssprache verwenden, aber bewusst falsch schreiben, zum Beispiel *AuTObahN*. Die mathematische Wahrscheinlichkeit, dass jemand zufälligerweise darauf kommt, ist unglaublich klein. Oder verwenden Sie einfach ein Sonderzeichen: *Auto%bahn*. Das lässt sich leicht merken, aber nicht erraten. *Kurz, verwenden Sie kein Passwort, das auch nur halbwegs naheliegend ist.*

Daten wegschliessen

Wenn Ihnen Schutzprogramme nicht ganz geheuer sind, können Sie die vertraulichen Daten natürlich auch doppelt auf Disketten sichern und wegschliessen. Die Originale auf der Festplatte sollten jedoch nicht einfach gelöscht, sondern immer mit *Obliterate* oder einem ähnlichen Programm vernichtet werden.

Und noch einmal Safes…

Harddisk vernichten

Computer werden heutzutage richtigerweise nicht mehr einfach in den Hausmüll gegeben, sondern entsorgt. Wenn Ihr System nicht mehr funktioniert und Sie den Computer wegwerfen wollen, sollten Sie die Harddisk mit einem Hammer in Stücke schlagen. Sonst könnte es sein, dass sich ein Techniker dafür interessiert, was Sie so alles mit dem Computer geleistet haben.

Vorsicht bei der Entsorgung

FileMakers grosse Unterlassungssünde

Mit einer besonders unangenehmen Eigenart kann *FileMaker* aufwarten. Wenn eine Datei, die mit einem Passwort geschützt wurde, einmal offen ist, kann sich jeder die definierten Passwörter der Datei in Klartext ansehen. Sie sollten die Datei also unbedingt schliessen, bevor Sie den Computer verlassen.

VORSICHT FALLE

Der verlassene Computer

Es ist mühsam, den Computer immer auszuschalten, obwohl Sie nur schnell für kleine Macintosh-Anwender müssen. Wenn Sie Ihren Rechner mit einem Passwort auf Treiberebene geschützt haben, dann sollten Sie zusätzlich dafür sorgen, dass der Computer während des Betriebes von einem Bildschirmschoner mit Passwort geschützt wird. Populäre Vertreter, die eine solche Vorrichtung besitzen, sind zum Beispiel die *AfterDark*-Produkte von Berkeley Systems.

HEISSER TIP!

Wenn Sie mit der Maus eine bestimmte Bildschirmecke anpeilen oder ein gewisser Zeitraum verstrichen ist, ohne dass Sie die Tastatur oder Maus betätigt haben, aktiviert sich der Bildschirmschoner. Wenn der Computer über die Maus oder Tastatur reaktiviert wird, verlangt der Bildschirmschoner die Eingabe eines Passwortes. Ein Datenspion kann den Bildschirmschoner zwar umgehen, indem er den Macintosh neu startet. Dann aber wird er aber als nächstes mit dem Passwortschutz der Festplatte konfrontiert.

Eine Frage der Disziplin...

Der raffinierteste Schutz ist wertlos, wenn der Anwender fahrlässig mit seinem Macintosh umgeht. Wenn zum Beispiel ein Passwort den Zugang zur Harddisk reguliert, aber Sie dann das Gerät unbeaufsichtigt in Betrieb lassen, haben andere leichtes Spiel. Ebenso wird das beste Passwort für den Fileserver zunichte gemacht, wenn Sie das Gerät verlassen, ohne die Verbindung zum Server abzubrechen. Schlimmer noch: Es kommt immer wieder vor, dass Anwender den Verbindungsaufbau zum Server automatisieren, mit Passworteingabe und allem, was dazugehört. Überprüfen Sie Ihre Gewohnheiten also immer wieder auf solche Schwachstellen. Sonst könnte es gut sein, dass Sie zwar die perfekte Trutzburg errichten, aber den Schlüssel unter der Fussmatte liegen lassen.

Lautker micro M800tx

50 µm

BASIS

Miese kleine Viecher!

Viren! Wohl kaum ein anderes Thema im Computer-Business ist so zeitlos, so faszinierend und so von Mythen und Sagen umgeben wie die Computerviren! Sie bilden eine ständige Herausforderung an Programmierer aller Art. Fast täglich kommen neue hinzu (sowohl Programmierer als auch Viren) – das Geschäft mit den eingebildeten und echten Ängsten der Anwender blüht. Betreiben wir ein wenig Grundlagenforschung, auch wenn wahrscheinlich die meisten Leser bereits bestens im Bilde sind.

Ein Virus ist ein kleines Programm, das von einem Programmierer mit üblen Absichten geschrieben wurde. Mit anderen Worten, im Gegensatz zu den Viren, die dem menschlichen Organismus zu schaffen machen, entsteht ein Computervirus nie «einfach so». Es ist immer eine treibende Kraft dahinter, die ihn ins Leben ruft.

Gratis-Programme als Köder

Der fertig programmierte Virus wird an ein beliebiges Programm gehängt, das quasi den Wirtskörper bildet. Meistens sind das kleine Spielchen, ein lustiger Taschenrechner oder irgend ein anderes Stück Software, das über Mailboxen und Shareware-Firmen in Umlauf gebracht wird – Bezugsquellen also, über die sich jeder Anwender ganz legal mit kostenlosen Programmen eindecken kann. Da Gratis-Software selten verschmäht wird, kann ein solcherart verseuchtes Programm oft effizient in Umlauf gebracht werden.

Ziel 1: Das Betriebssystem

Wenn nun ein unvorbereiteter Anwender diese Software auf seinen Rechner überspielt, passiert vorerst einmal überhaupt nichts. Erst wenn das infizierte Programm gestartet wird, erwacht der Virus zum Leben. Als erstes wird er mit grosser Wahrscheinlichkeit versuchen, das Betriebssystem zu infizieren. Der Beweggrund ist einfach: Da das Betriebssystem immer aktiv ist, kann der Virus nun jede andere Software, die gestartet wird, ebenfalls infizieren. Innert kürzester Zeit gibt es auf dem Rechner kein Programm mehr, das nicht befallen wurde.

**Ziel 2:
Alle Programme**

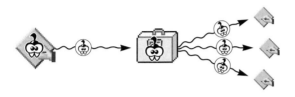

So weit, so schlecht. Wenn nun der betroffene Anwender ein infiziertes Programm an einen anderen weitergibt, geht das Spiel von neuem los. Somit ist ein Virenbefall in einem Netzwerk besonders heikel, da es meistens nur eine Frage von wenigen Stunden ist, bis sämtliche Rechner im Netz befallen sind. Wenn keine Schutzsoftware einen Riegel vorschiebt, kann sich der Virus bis in alle Ewigkeit vermehren.

**Ziel 3:
Der Rest der Welt**

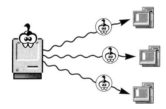

Schadensmeldungen

Bis jetzt haben wir davon gesprochen, *wie* sich ein Virus vermehrt. Ein ganz anderes Kapitel ist dann, *was* er tut. Wenn der Virus seine Stunde nahen sieht, gibt es theoretisch kaum eine Grenze für das Ausmass der Schäden, die er anrichten kann. Die Frage ist lediglich, was der Programmierer im Sinn hatte, als er den Virus kreierte…

Einige Programmierer sind auf die Ehre scharf, anderen Leuten Kopfzerbrechen zu bescheren. Ihre Viren führen zum Beispiel dazu, dass der Computer an einem bestimmten

Datum lauthals zu lachen anfängt oder andere zweifelhafte Spässe treibt (ein Freitag, der auf den 13. fällt, ist für solche Zwecke ziemlich beliebt). Dann gibt es die anderen Programmierer, die auf möglichst hohe Schäden hoffen und den Virus zum Beispiel anweisen, die Festplatte zu löschen. Am

Wollen schon, aber können nicht

Schluss bleiben noch die ganz bösen, aber unfähigen Vertreter der Programmierer-Gilde, die gerne grosse Schäden anrichten würden, aber nicht wissen, wie man einen effizienten Killer-Virus herstellt. Das ist übrigens einer der Gründe, warum es in der DOS-Welt wesentlich mehr Viren gibt: Da der Macintosh an einen Programmierer höhere Anforderungen stellt, sind «qualifizierte» Viren-Programmierer eher selten anzutreffen.

Viren, die Dateien löschen

Trotzdem sind in der Macintosh-Welt Viren bekannt geworden, die in der Lage sind, die Festplatte zu löschen. Wenn Sie also ein Programm aufstarten, es beenden und dann auf dem Finder weit und breit nichts mehr entdecken können, was wie eine Datei aussieht, dann haben Sie sich vielleicht einen solchen Virus eingehandelt. Geraten Sie jetzt nicht in Panik! In fast allen Fällen können Sie die Daten wieder beschaffen, indem Sie ein Hilfsprogramm wie die *MacTools* oder *Norton Utilities* bemühen. Die Daten sind also noch intakt, auch wenn der Virus Sie glauben machen will, dass sie unwiderruflich gelöscht sind.

HEISSER TIP!

Zeitbomben

Und wann bricht nun ein Virus aus? Wann nimmt er seine eigentliche Funktion auf? Überlegen wir uns selbst einmal, wie man einen Virus gestalten müsste, wenn man darauf aus wäre, dass er möglichst viel Schaden anrichtet. Am besten wäre eine Art *Zeitbombe*, denn ein Virus, der sofort entdeckt wird, ist fast wertlos, weil die Anwendergemeinschaft zu schnell gewarnt wird und ihre Antiviren-Programme anpassen kann. Also muss sich der Virus in aller Ruhe verbreiten

Stunde Null

können. Erst wenn die Systemuhr ein bestimmtes Datum anzeigt, soll der Virus global zur selben Minute losschlagen.

. . . .

Viren, die Schäden verursachen, nennt man *bösartig*. Solche, die nur Scherze treiben, *gutartig*. Aber das ist irgendwie so, wie wenn Ihnen Ihr Zahnarzt mitteilen würde, das Sie an «gutartiger Karies» leiden. Der schale Geschmack im Mund bleibt.

Die Guten und die Bösen

Dabei ist das Ganze eigentlich nicht so wild, wie man annehmen müsste. Im Gegenteil, die Abhilfen sind sehr einfach. Alles, was Sie dazu benötigen, ist ein wenig Aufmerksamkeit und ein brauchbares Antiviren-Programm.

Präventivmassnahmen

Als erstes sollten Sie einen Wachhund installieren, der Ihre Festplatte auf bestehende Viren prüft und in Zukunft darauf achtet, dass sich keine ungebetenen Gäste einschleichen. Für beide Zwecke finden Sie auf der mitgelieferten *SmartDisk* das Programm *Disinfectant* von John Norstad. Ewiger Dank sei ihm gewiss – er verlangt für sein ausgezeichnetes Produkt nicht die geringste Gegenleistung. Sie können die Software nach Belieben einsetzen und ohne Rücksicht auf Urheberrechte an Ihre Freunde weiterkopieren.

SMART DISK

Starten Sie *Disinfectant* und wählen Sie oben rechts aus dem Popup-Menü eine Festplatte, eine Diskette oder einen anderen Massenspeicher an. Klicken Sie anschliessend auf *Scan*.

Prüfen mit Disinfectant

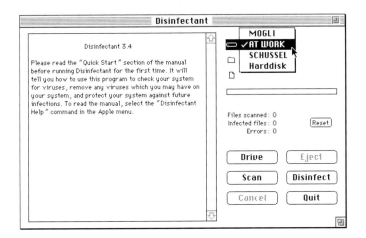

Disinfectant

Disinfectant INIT

. . . .

Überwachung aus dem Hintergrund

Falls *Disinfectant* keine Viren findet, können Sie jetzt die Disinfectant-Systemerweiterung installieren. Sie überwacht im Hintergrund, ob sich neue Viren einschleichen und wird bei einem geplanten Befall die Infektion sofort stoppen.

Wählen Sie aus dem Menü *Protect* den Befehl *Install Protection INIT,* damit *Disinfectant* die Systemerweiterung für die Virenabwehr direkt am richtigen Ort im Systemordner installiert. Nach dem nächsten Neustart ist der Virenschutz aktiv.

Das war doch wirklich einfach, oder? Wenn Sie allerdings einen Virus gefunden haben, dann wird es jetzt ein wenig komplizierter...

Kampfansage

Falls Sie bis anhin ohne Virenschutz gearbeitet haben und nun feststellen, dass Sie ein solches Untier in Ihrem System beherbergen, dann gibt es keinen Grund zur Eile. Die Chance, dass er ausgerechnet in den nächsten zehn Minuten zuschlägt, ist relativ gering. Umsicht zählt jetzt mehr als schnelles Handeln.

Wenn nur wenige Dateien infiziert worden sind, dann können Sie diese von Viren befreien, indem Sie in der Anwendung *Disinfectant* auf die Taste *Disinfect* klicken. Falls Sie jedoch von den befallenen Daten Sicherheitskopien besitzen, die noch sauber sind, sollten Sie auf jeden Fall nach der Bereinigung durch *Disinfectant* mit diesen Sicherheitskopien arbeiten und die befallenen Objekte auf der Stelle löschen. Das ist wesentlich sicherer, als mit Daten weiterzuarbeiten, an denen quasi herumgeschnippelt wurde.

Viren entfernen

Wenn *Disinfectant* eine befallene Datei nach der anderen findet und Sie mit Fug und Recht behaupten können, dass Ihr Computer ein Seuchenherd ohnegleichen ist, dann hilft nur noch eine Radikalkur:

1. *Isolieren Sie Ihren Macintosh.* Falls Ihr Macintosh in ein Netzwerk eingebunden ist, sollten Sie das Gerät als erstes isolieren, damit nach der Entlausung ein Neubefall verhindert wird. Trennen Sie also jetzt das Netzwerk-Kabel vom Rechner.

   Macintosh vom Netzwerk trennen

2. *Löschen Sie alle Programme.* Viren heften sich normalerweise am liebsten an Programme. Wohl bietet fast jede Antiviren-Software die Möglichkeit, die betroffene Anwendung von ihrem Übel zu befreien, aber nicht selten wird sie dabei so beschädigt, dass ein normales Arbeiten nicht mehr möglich ist. Löschen Sie also alle Programme.

   Programme löschen

3. *Prüfen Sie die Festplatte noch einmal auf Viren.* Schieben Sie eine Diskette mit einer Kopie von *Disinfectant* ein, bei der Sie den Schreibschutz aktiviert haben. Je nach Virentyp, der Ihren Macintosh heimgesucht hat, könnte es sein, dass Ihr Macintosh bereits jetzt genesen ist. Sehr

   Erneute Prüfung

227

wahrscheinlich ist aber zumindest das Betriebssystem immer noch befallen. Prüfen Sie also die Harddisk darauf, ob sich noch weitere Viren eingenistet haben. Wenn *Disinfectant* fündig wird, entfernen Sie die Viren, indem Sie die Taste *Disinfect* anklicken.

Neue Kopien

4. *Erstellen Sie Sicherheitskopien.* Erstellen Sie nun von allen Daten, die sich noch auf der Harddisk befinden, *neue* Sicherheitskopien. *Achten Sie darauf, dass sich der jetzige Inhalt der Harddisk nicht mit den bestehenden Sicherheitskopien vermischt!* Wenn Sie alle Daten gesichert haben, löschen Sie die gesamte Harddisk.

Festplatte neu formatieren

5. *Formatieren Sie Ihre Harddisk neu.* Wenn Ihre Harddisk bereinigt ist, wird dieser Schritt unter Umständen überflüssig. Allerdings haben Sie nur so die Gewähr, dass jeder Virus garantiert hinüber ist und alle Folgeerscheinungen wie zum Beispiel eine beschädigte Schreibtischdatei ausgemerzt wurden.

MERKET AUF

Da Sie die Harddisk nicht formatieren können, solange sich der aktive Systemordner darauf befindet, müssen Sie Ihren Macintosh von einer Diskette aus aufstarten. Wie das genau gemacht wird und welche Disketten Sie dazu benötigen, wird in *Kapitel 1, Das Betriebssystem*, detailliert beschrieben.

Wenn die Harddisk frisch formatiert wurde, können Sie nun ein neues System installieren, wie in Kapitel 1 beschrieben.

Disinfectant installieren

6. *Installieren Sie Disinfectant.* Legen Sie eine schreibgeschützte Diskette mit einer Kopie von *Disinfectant* ein und prüfen Sie die Harddisk noch einmal auf Viren – es könnte ja sein, dass auch Ihre Systemdisketten befallen wurden. Installieren Sie anschliessend die Systemerweiterung *Disinfectant INIT,* um einem weiteren Befall vorzubeugen. Starten Sie den Macintosh neu, um den Schutz zu aktivieren.

Falls Sie jetzt wider Erwarten immer noch einen Virus auf der Festplatte finden, hilft nur eines: Suchen Sie Ihren Händler auf, beschaffen Sie sich frische Systemdisketten und wiederholen Sie die Schritte fünf und sechs.

Überprüfung der Sicherheitskopien

So weit wäre also jetzt Ihr System von Viren befreit worden. **Datenbestände**
Allerdings sind da immer noch Ihre Datenbestände. Legen
Sie nun sämtliche Disketten mit Ihren Sicherheitskopien der
Reihe nach ein und überprüfen Sie die Daten mit *Disinfectant.* Wenn Sie von einer Datei eine verseuchte und eine
unverseuchte Kopie besitzen, sollten Sie unbedingt die viren-
freie Kopie weiterverwenden und die infizierte Datei löschen.
Das ist in jedem Fall besser, als wenn *Disinfectant* die Datei
bereinigt.

Als Nächstes prüfen Sie die Originaldisketten, auf denen sich **Originaldisketten**
Ihre Programme befinden. Wenn diese Disketten sauber
sind, können Sie nun die Programme wieder installieren.
Wenn nicht, wird Ihnen der Hersteller der Software die ver-
seuchten Disketten gegen einen neuen Satz tauschen.

Der Rest der Welt

Wenn Sie sicher sind, dass die Harddisk, die Originaldisketten
der Programme und alle Sicherheitskopien Ihrer Daten sauber
sind, ist das Problem gelöst. Wenn Sie allerdings über ein
Netzwerk mit anderen Anwendern verbunden sind, wäre es
nicht ratsam, den Macintosh jetzt wieder in die Gemeinschaft
einzubinden. Informieren Sie alle anderen Anwender, damit
deren Maschinen, die eventuell ebenfalls befallen sind, zuerst
bereinigt werden können. Jeder infizierte Macintosh muss
vom Netzwerk getrennt bereinigt werden.

Vorsicht Archive!

Es gibt eine Sorte von Dateien, die nicht so einfach auf Viren
zu durchsuchen sind: *Archive.* Das heisst, wenn Sie Daten mit
einem Kompressionsprogramm verkleinert haben, dann
werden Viren, die ebenfalls komprimiert wurden, für die
Virenabwehr unsichtbar. Zwar sind komprimierte Viren
nicht lauffähig, aber sobald die Datei später dekomprimiert
wird, können sie ihr vernichtendes Werk wieder aufnehmen.

VORSICHT FALLE

**StuffIt Deluxe und
Compact Pro-Dateien**

Disinfectant kann keine komprimierten Dateien prüfen. Die kommerziellen Produkte *SAM (Symantec Antivirus for the Macintosh)* und der Virenschutz der *MacTools* hingegen können auch Dateien scannen, die mit den populären Programmen *StuffIt Deluxe* oder *Compact Pro* komprimiert wurden. Wenn Sie häufig mit komprimierten Dateien zu tun haben, sollten Sie die Anschaffung eines dieser beiden Produkte in Erwägung ziehen.

Wieviel Schutz ist nötig?

Ganz grob gesagt gibt es zwei Arten von Viren: Bekannte und unbekannte. *Unbekannt* wiederum heisst nichts anderes, als dass ein Virus in Umlauf ist, der noch niemandem aufgefallen ist.

BASIS

Viren-Killer können nur bekannte Viren effektiv bekämpfen. Das heisst, sie wurden auf die einmaligen Erkennungsmerkmale der bekannten Viren geimpft und schlagen Alarm, sobald sie auf ein solches Merkmal stossen. Wenn nun der Macintosh aber von einem Virus bedroht wird, den die Antivirus-Software noch nicht kennt, dann kann dieser Virus den Schutz ungehindert passieren und das System infizieren.

Aus diesem Grund kontrollieren einige Wächterprogramme das System nicht nur auf bekannte Viren, sondern auch auf verdächtige Aktionen (*Disinfectant* gehört übrigens nicht dazu). Ein Beispiel: Typischerweise versucht ein Virus, das Betriebssystem zu infizieren. Also schlägt ein gewieftes Antiviren-Programm Alarm, wenn eine Anwendung im Begriff ist, das Betriebssystem zu verändern oder um Code zu erweitern.

Verdächtige Aktionen

Das hört sich im ersten Moment toll an, ist aber mit einigen Unannehmlichkeiten verbunden. So warnt die Software den Anwender auch dann, wenn er zum Beispiel ein neues Programm installieren möchte, das Modifikationen am Betriebssystem vornimmt. In diesem Fall wäre der Alarm ein falscher gewesen.

VORSICHT FALLE

Es gibt noch einige solche Stolpersteine mehr. Unter dem Strich bleibt praktisch nichts mehr, was einen solchen Schutz rechtfertigen würde. Der Profi wird andauernd mit überflüssigen Meldungen genervt, während ein Anfänger tatsächlich einen Virus vermutet und ständig Schweissausbrüche bekommt. Kurz, wenn Sie eine solche Software Ihr eigen nennen, dann sollten Sie den Schutz auf die Erkennung bekannter Viren reduzieren. Denn die Gefahr, dass ausge-

HEISSER TIP!

rechnet *Sie* zu den unglücklichen Anwendern gehören, die mit einem neuen Virus den ersten Kontakt aufnehmen, ist ziemlich klein. Horden von Systemadministratoren und Netzwerkverantwortlichen halten ständig nach neuen Viren Ausschau, die ihren Daten gefährlich werden könnten. Wenn einer gefunden wird, publizieren die Fachzeitschriften die neuen Erkenntnisse, und Sie können Ihr Schutzprogramm gezielt an die neuen Erkennungsmerkmale anpassen.

Halten Sie die Software auf dem neusten Stand

Charakteristiken eines neuen Virus

Wenn also neue Viren hinzukommen, dann sollten Sie Ihre Software dies wissen lassen. Neue Viren werden in allen halbwegs wichtigen Fachzeitschriften publiziert, samt ihren Erkennungsmerkmalen. Das sieht dann etwa so aus:

```
Name: INT 29
Definition: Guide Number: 15753664 1: 0302
3000 1276 0000/57 2: A9F0 303C A997 146/9D 3:
2028 FFFC 8180 9090/4C
```

Ein guter Virenschutz lässt sich aktualisieren

Nun brauchen Sie nur noch Ihren Virus-Killer aufzurufen und diese Merkmale einzugeben. Wo und wie das geschieht, steht im Handbuch. Programme, die diese Art von Aktualisierung unterstützen, sind zum Beispiel *Virex, SAM* oder die Virensoftware des Paketes *MacTools*. All diese Produkte können Sie über Ihren Händler beziehen.

Das mitgelieferte *Disinfectant* unterstützt keine Aktualisierungen. Wenn Sie jedoch mit einem Modem ausgerüstet sind oder gute Verbindungen zu anderen Anwendern der Macintosh-Szene pflegen, dann können Sie sich auch regelmässig nach der neusten Version von *Disinfectant* umsehen.

Wann sollte was geprüft werden?

Wie Sie gesehen haben, besteht *Disinfectant* aus einer Anwendung, mit der Sie gezielt Festplatten durchsuchen können, und einer Erweiterung, die das System aus dem

. . . .

Hintergrund überwacht. Viele andere Antiviren-Programme besitzen jedoch ein Kontrollfeld, mit dem Sie selbst bestimmen können, wann was auf Virenbefall hin geprüft werden soll. Hier ein Beispiel vom Virenschutz der *MacTools:*

Options

When a virus is found:

- ○ Clean automatically (no alert)
- ● Prompt to clean
- ○ Don't clean (prevent opening)

- ☒ Show message when scanning automatically
- ☐ Custom message in alerts:

Automatic scanning options:

Startup Volume	**System Folder**	**Files**
☐ Scan & Clean on Startup	☒ Scan & Clean on Startup	☒ Scan when Opened
☐ Scan & Clean on Shutdown	☐ Scan & Clean on Shutdown	☐ Checksum
☐ Checksum	☐ Checksum	

Network Volume	**Other Local Volumes**	**Floppy Disks**
☐ Scan on Mount	☐ Scan on Mount	☐ Scan on Insert
☐ Scan on UnMount	☐ Scan on UnMount	☐ Scan on Eject
	☐ Checksum	☐ Checksum

[Cancel]   [**OK**]

Das heisst: Das System wird ständig daraufhin überwacht, ob neue Viren im Anmarsch sind. Zusätzlich aber lässt sich das System *scannen,* also gezielt auf bestehende Viren durchsuchen. Genaugenommen ist das bei einem Computer, der vorher virenfrei war, ziemlich überflüssig.

Viele Anwender neigen dazu, die Schutzmassnahmen eher zu übertreiben. Wer das gesamte System beim Ein- und Ausschalten kontrolliert und zusätzlich alle eingeschobenen Disketten durchleuchten lässt, der wird sich sehr schnell nerven – ganz abgesehen davon, dass es nebst vertaner Zeit nichts bringt. Der Abwehrmechanismus ist ja nicht nur beim Prüfen der Datenträger aktiv, sondern in jeder Sekunde, in der das System in Betrieb ist.

Weniger ist oft genauso gut

Schalten Sie diese zusätzlichen Vorkehrungen aus, es sei denn, Sie nehmen alle zehn Minuten eine Diskette von einer fremden Person entgegen. (Das könnte zum Beispiel der Fall sein, wenn Sie in einem Computer-Dienstleistungsbetrieb

H E I S S E R   T I P !

. . . .

**Sinnvolle
Zurückhaltung**

arbeiten.) All die Sicherheitsmassnahmen, die Sie aktivieren können, sind *Optionen,* aber kein *Muss!* Ich persönlich schätze zum Beispiel *SAM* von Symantec, der immer nur im Hintergrund arbeitet. Disketten werden prinzipiell nicht gescannt, es sei denn, es wird beim Einschieben die Shifttaste gedrückt. Das reicht für die meisten Fälle vollkommen aus. Wenn sich ein Virus einschleichen will – was in acht Jahren täglicher Arbeit am Macintosh gerade ein Mal vorgekommen ist – heult *SAM* wie jede andere gute Virenschutzsoftware auf, warnt mich und blockt das infizierte Programm ab. Herz, was willst du mehr?

**Ein einziger Wächter
reicht vollkommen**

Genauso sinnlos ist es, mehr als eine Virenabwehr zu installieren. Das frisst lediglich Arbeitsspeicher, setzt die Leistung des Systems herab und kann zu Konflikten führen. Ein einziges Produkt ist mehr als genug.

Die Moral von der Geschicht'

Nach so viel Gerede über Seuchengefahren wird es höchste Zeit für eine kleine Aufmunterung: Sehen Sie das Ganze nicht zu eng! Die Chance, dass Ihr Macintosh von Viren befallen wird, ist zwar da, aber nicht allzu gross. Das liegt einerseits daran, dass es für den Macintosh, verglichen mit der DOS- und Windows-Welt, nicht allzuviele davon gibt, andererseits ist die Virenhysterie das beste Mittel, um die Verbreitung einzudämmen. Wenn die meisten Anwender Angst vor Viren haben und ihren Macintosh schützen, dann wird die Verbreitung massiv erschwert. Das musste ich auch beim Schreiben dieses Kapitels feststellen, denn trotz intensiver Suche war es mir nicht möglich, bei irgend jemandem einen Virus aufzutreiben, den man hier als Anschauungsmaterial hätte verwenden können…

So beseitigen Sie Viren in Ihrem System

1. Trennen Sie Ihren Macintosh vom restlichen Netzwerk.

2. Löschen Sie alle Programme.

3. Prüfen Sie angeschlossene Festplatten auf Viren.

4. Bereinigen Sie mit der Antiviren-Software alle infizierten Dateien.

5. Erstellen Sie neue Sicherheitskopien und bewahren Sie diese Backups von den anderen Datenbeständen getrennt auf.

6. Formatieren Sie alle angeschlossenen Harddisks.

7. Installieren Sie ein frisches System.

8. Installieren Sie *Disinfectant* oder ein anderes Wächterprogramm.

9. Installieren Sie Ihre Programme von den Originaldisketten.

10. Prüfen Sie alle Ihre Sicherheitskopien auf Viren. Wenn Sie von einer Datei eine infizierte und eine nicht infizierte Version besitzen, sollten Sie unbedingt mit der sauberen Datei weiterarbeiten und die infizierte Version löschen.

11. Kopieren Sie die Daten auf die Harddisk zurück.

12. Bevor Sie den Macintosh wieder am Netzwerk anschliessen, müssen zuerst alle anderen Rechner im Verbund ebenfalls gereinigt werden.

Tips für die Prävention und den Umgang mit Viren

❖ Wenn Sie mit *SAM* oder dem Virenschutz der *MacTools* arbeiten, sollten Sie die Software anweisen, das System nur auf bekannte Viren hin zu prüfen. Eine Kontrolle aller verdächtigen Vorgänge ist lediglich lästig und macht das System kaum sicherer.

❖ Übertreiben Sie es mit dem Scannen des Systems nicht. Es ist vollkommen ausreichend, wenn der Macintosh aus dem Hintergrund überwacht wird – es sei denn, Sie haben Grund zu der Annahme, dass sich ein Virus eingeschlichen hat.

❖ Wenn Sie nicht mit *SAM* oder dem Virenschutz der *MacTools* arbeiten, sollten Sie bei komprimierten Dateien (Archiven) besonders vorsichtig sein.

❖ Sehen Sie sich in Fachzeitschriften regelmässig nach den neusten Virendefinitionen um und aktualisieren Sie Ihre Software. Wenn bei Shareware-Programmen wie *Disinfectant* keine Aktualisierungen möglich sind, sollten Sie sich bei den üblichen Sharewarequellen ab und zu nach einer neuen Version umsehen.

❖ Falls ein Virus Ihre Harddisk scheinbar gelöscht hat, können Sie praktisch alle Daten mit einem Hilfsprogramm wie den *MacTools* oder den *Norton Utilities* retten.

❖ Eine Datei, die nie infiziert wurde, ist in jedem Fall stabiler und besser als eine, bei der ein Virus entfernt wurde.

❖ Wenn sich bei Ihnen ein Virus eingeschlichen hat, sollten Sie nicht in Panik geraten. In den nächsten paar Stunden wird wohl kaum etwas geschehen. Stattdessen sollten Sie die Mitarbeiter informieren und das weitere Vorgehen im Detail besprechen.

BASIS

Der Macintosh ist ein freundliches, gutmütiges Vehikel, aber trotzdem nicht so einfach zu warten wie beispielsweise ein Dreirad. Hier einmal eine Bombe, dort eine Datei, die sich nicht mehr öffnen lässt. Und so weiter. Allerdings ist das alles noch lange kein Grund, schwarz zu sehen. Nehmen wir uns einmal den schlimmsten Sachverhalt vor, den man sich vorstellen kann:

Programme für die Hardware-Diagnose

Wenn der Macintosh tatsächlich krank ist – was zum Glück selten genug vorkommt – dann muss er zurück zum Händler, damit er repariert werden kann. Aus gutem Grund finden Sie also in diesem Buch weder Schaltpläne noch Anweisungen, wie man einen Lötkolben schwingt. Wenn Sie jedoch vor dem Demontieren der Anlage ein wenig mehr über einen möglichen Defekt wissen möchten, dann sollten Sie sich ein Programm wie *Peace of Mind* anschaffen, um die Hardware zu kontrollieren (im Abschnitt *Hardwarediagnose* weiter hinten beschrieben).

Wenn die Hardware defekt ist, werden Sie das frühzeitig erfahren. Wenn es aber an der Software liegt – und das ist meistens der Fall – dann kommt der erste Lehrsatz ins Spiel:

Erster Lehrsatz

«Ein System, bei dem keines der Geräte beschädigt ist, lässt sich garantiert wieder zum Laufen bringen!»

Schlimmstenfalls muss ein wenig Zeit und Arbeit investiert werden – die genaue Prozedur wird weiter hinten beschrieben, im Abschnitt *Mit Garantie zum Erfolg*. Mit anderen Worten, wenn Sie es nur richtig anpacken, dann gibt es keinen Fehler, den Sie nicht beheben könnten. Nun zum zweiten Lehrsatz:

Zweiter Lehrsatz

«Oft werden Sie nie erfahren, wer den Ärger verursacht hat!»

Klar, es ist viel schwieriger, den Grund für die misslichen Umstände zu *finden*, als sie *auszumerzen*. Denken Sie an einen geplatzten Autoreifen: Er wird nicht analysiert, sondern einfach gewechselt. Lehrsatz drei ist also zugleich auch der wichtigste des ganzen Buches:

«Es ist einfacher, einen Fehler zu beheben, als ihn zu finden.»   **Dritter Lehrsatz**

Manche Fehler werden Ihnen bekannt vorkommen, und Sie werden in der Lage sein, sie innert kürzester Zeit zu beheben. Aus anderen können Sie nicht schlau werden, weil in jedem Computersystem unendlich viel Potential steckt, einem unschuldigen Anwender den Tag zu vermiesen. Wenn Sie nach intensivem Nachdenken nicht dahinterkommen, woran es liegt, vergessen Sie das Ganze einfach. Reparieren Sie das System nach bestem Wissen und Gewissen und machen Sie sich anschliessend wieder daran, mit Ihrem Macintosh Geld zu verdienen.

Präventivmassnahmen

Egal, ob Sie nur für Ihre eigene oder für hundert Maschinen verantwortlich sind: Das Instandhalten eines Macintosh kann ein lockerer Job sein, wenn man ihn richtig angeht. Das Wichtigste daran ist, dass man erstens alle erforderlichen Programme bereit hält und sich zweitens regelmässig nach dem Wohlergehen der Maschine erkundigt, bevor es zu spät ist. Wenn Sie die folgenden Punkte beachten, werden Sie leichtes Spiel haben, weil kleine Fehler kaum eine Chance erhalten, sich durchzusetzen.

Ausserdem – und das ist der positive Aspekt – werden Sie nach jeder behobenen Störung wieder etwas mehr über Ihren Macintosh wissen.   **Die gute Seite**

Regelmässige Kontrolle der Harddisk

Kontrollieren Sie einmal pro Woche den Zustand Ihrer Harddisk mit dem Apple-eigenen Programm *Erste Hilfe*, das sich auf der Diskette *Dienstprogramme* befindet und mit jedem Macintosh ausgeliefert wird. Wenn Sie sich die *Norton Utilities* oder die *MacTools* angeschafft haben, um so besser. Mehr zu diesem Thema finden Sie im *Kapitel 6, Datenpflege*.

Virenkiller installieren

Fast noch lästiger als ein Virus ist das Wissen, *dass eventuell einer da sein könnte.* Lassen Sie sich nicht auf solche Ungewissheiten ein: Installieren Sie das Antivirenprogramm *Disinfectant,* das Sie auf der mitgelieferten *SmartDisk* finden, oder kaufen Sie einen seiner kommerziellen Brüder. Mehr dazu im *Kapitel 10, Viren.*

Software mit Umsicht einsetzen

Hüpfen und singen verboten!

Software ist nützlich, Software ist lustig. Jeder will möglichst viel davon. Je ausgefallener, desto besser. Doch bleiben Sie kritisch in dem, was Sie Ihrem Macintosh aufbürden. Verzichten Sie auf Gags. Das soll natürlich nicht heissen, dass Sie auf dem Macintosh nicht spielen dürfen. Unterlassen Sie aber Systemerweiterungen, die den Cursor zum Hüpfen oder den Papierkorb zum Singen bringen. Setzen Sie auf Ihrem Macintosh nur Systemerweiterungen ein, die tatsächlich nützlich sind und von deren Zuverlässigkeit Sie sich überzeugt haben. *(Siehe Kapitel 2, Systemerweiterungen.)* Kein Spass also? Oh doch … ein System, das zufrieden vor sich hin schnurrt, ist Spass pur!

Stellen Sie sich eine Werkzeugkiste zusammen

Halten Sie Ihre Startdisketten bereit

Halten Sie alle verfügbaren Werkzeuge und Diagnoseprogramme stets griffbereit. Erstellen Sie Startdisketten mit den wichtigsten Hilfsprogrammen, die es Ihnen erlauben, jederzeit das System zu untersuchen – auch dann, wenn die Harddisk gerade in den Ausstand getreten ist.

Wenn der Ernstfall da ist, wird die Diagnose und Fehlerbehebung bei einem System massiv vereinfacht, wenn Sie auf ein Wechselplattensystem wie Opticals oder SyQuest-Platten zurückgreifen können. In *Kapitel 1, Das Betriebssystem,* erfahren Sie, wie Sie sich eine universelle Startdiskette mit allem Drum & Dran zusammenstellen können.

Hardwarediagnose

Defekte Hardware ist insofern ein wenig knifflig, weil nicht jeder über die nötige Ausrüstung verfügt, um sie zu reparieren. Ausserdem müsste man dazu ausgebildeter Techniker sein. Gewisse Händler sind gerne bereit, im Falle eines System-problems der Hardware die Schuld in die Schuhe zu schieben, nur um sich eine Blamage vor Ort zu ersparen. Sie sollten Sie also besser selbst ein Bild von der gegenwärtigen Lage machen, bevor Sie zulassen, dass die Anlage abtransportiert wird.

BASIS

Das im Augenblick wohl gründlichste Hardware-Diagnose-programm ist *Peace of Mind* von DiagSoft. Ein weiteres Pro-dukt, *TattleTech*, finden Sie auf der mitgelieferten *SmartDisk*. *TattleTech* ist zwar ebenfalls geeignet, um ein System bis in den hintersten Winkel zu durchleuchten, aber die Gewichtung liegt eher auf der *Information* und weniger auf dem Erkennen eventueller Schäden. Trotzdem wird Ihnen *TattleTech* gute Dienste tun: Erstens wissen Sie genau, was sich innerhalb Ihres Systems gerade abspielt, und zweitens sollten Sie diese Software immer mit sich führen, wenn Sie im Begriff sind, einen gebrauchten Macintosh zu kaufen. Mehr dazu im Abschnitt *TattleTech*.

Diagnose-Software

SMART DISK

Peace of Mind (PoM)

Nebst einer hübschen Benutzeroberfläche, die das Auge er-freut, bietet *Peace of Mind (kurz PoM)* 14 verschiedene Tests, wovon einige automatisch ablaufen, während andere inter-aktiv sind, also bestimmte Eingaben des Benutzers erfordern und wieder andere eine Reihe von Benchmark-Tests durch-führen, damit man sieht, ob sich die Anschaffung des neuen Rechners auch gelohnt hat.

14 verschiedene Tests

Je nach Aufgabenstellung wird der eine oder andere Anwender eine bestimmte Testkategorie vorziehen. Wer im Begriff ist, eine Diskette zehntausend Mal kopieren zu lassen, kann mit *PoM* die Qualität und den Zustand des schwabbligen Massen-speichers kontrollieren – eine Aufgabe, bei der Werkzeuge wie die *Norton Utilities* oder die *MacTools* versagen. Wer hingegen ein PowerBook mit farbigem Aktivmatrix-Display sein eigen nennt, kann gezielt nach defekten roten, blauen oder grünen Pixeln suchen, was bei einem Bildschirm herkömmlicher Bauweise unsinnig sein dürfte.

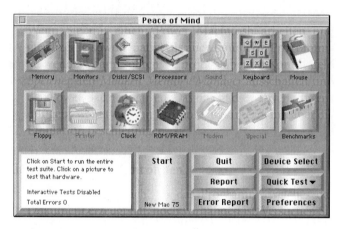

Interaktive Tests für Eingabegeräte

RAFFINIERT

Während die verschiedenen Tests für den Speicher, die interne Uhr oder die Harddisk automatisch ablaufen, verlangen andere gewisse Aktivitäten seitens des Benutzers. Wer gerade dabei ist, ein Occassionsgerät anzuschaffen, kann ein wenig an der Tastatur rütteln und mit der Maus herumkurven, während *PoM* mit kritischem Auge auf die verschiedenen Eingaben achtet und auf eventuelle Fehlfunktionen aufmerksam macht.

Nun sitzen ja nicht alle Anwender mit der Maus in der rechten und dem Lötkolben in der linken Hand vor dem Macintosh. Während technisch Uninteressierte bei einem erfolgreichen Test lediglich mit der Meldung «Passed» beruhigt werden, kann der Techniker gezielt Informationen abrufen, die ihm ein exaktes Bild der Hardware liefern. So besteht der Test für die Floppy genaugenommen aus sechs verschiedenen Prüfungen. Wer nur den Zustand einer Diskette inspizieren will, kann im *Poweruser mode* diesen Test immer wieder laufen lassen, ohne dass die anderen Tests ebenfalls durchgeführt werden.

. . . .

PoM kommt aber nicht nur zum Zug, wenn die Hardware kränkelt. Durch detaillierte Reports können Chips getestet und auf ihre Kompatibilität hin geprüft werden. Die verschiedenen installierten Karten werden genauso angegeben wie der Hersteller der Festplatte oder die verwendete Version von QuickDraw. Wer sein Geld also mit dem Support an Geräten anderer verdient, hat mit der Diagnose der Konfiguration ein leichtes Spiel.

Kompatibilität der Hardware

Neue Macs verlangen nach neuen Testmethoden. Die hier beschriebene Version hatte bei Drucklegung dieses Buches noch kein Gehör für die neuen PowerMacs, aber das Handbuch verspricht, innert kürzester Zeit nach dem Erscheinen eines neuen Modells die Software auf den neusten Stand zu bringen. Wenn man sich Apples Produktepolitik der letzten paar Jahre in Erinnerung ruft, muss das für den Hersteller wohl der blanke Horror sein. Ein anderes kleines Manko geht zu Lasten des Tastatur-Testes. Anscheinend gibt es für den Hersteller nur amerikanische Klaviaturen. Um alle Tasten zu testen, muss die Option *Apple Extended Keyboard UK* aktiviert werden – sonst stimmt das Tastaturlayout auf dem Bildschirm nämlich nicht mit dem echten überein.

Neue Tests für neue Modelle

Ansonsten kann man über *PoM* nur Gutes berichten. Die einfache Handhabung und die detaillierten Auswertungen stellen Neuling und Profi gleichermassen zufrieden. Das Handbuch beschreibt nicht nur die Software, sondern gibt oftmals auch hilfreiche Tips und Tricks zu etwas eigenwilligen Macintosh-Modellen wie dem Quadra 950.

TattleTech

SMART DISK

TattleTech finden Sie auf der mitgelieferten *SmartDisk*. Hervorstechendes Merkmal: Gründlicher geht es nicht mehr. Wenn Sie zusätzlich die Systemerweiterung *TattleINIT* installieren, sehen Sie sogar in die tiefsten Abgründe des Systems samt allen Erweiterungen hinab.

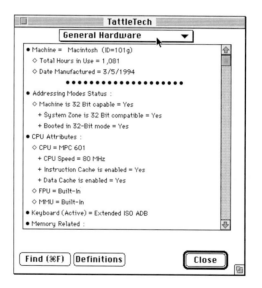

**Informations-
beschaffung**

Im Gegensatz zu *Peace of Mind* ist *TattleTech* nicht etwa dazu gemacht worden, Hardwarefehler zu entdecken, sondern richtet sich vor allem auf das Erkennen der technischen Eigenschaften aus. Lassen Sie sich nicht davon beirren, dass viele der Angaben nur für Programmierer oder Techniker von Nutzen sind. Auch als ganz normaler Anwender finden Sie eine Fülle von Informationen, die Ihnen etwas bringen.

TattleTech wird für Sie dann interessant, wenn Sie genau wissen möchten, wie ein System zusammengesetzt ist und welche Leistungsmerkmale es bietet. Wenn Sie zum Beispiel *TattleTech* einsetzen, bevor Sie einen gebrauchten Macintosh kaufen, dann wird der Verkäufer keine Chance haben, Ihnen etwas vorzumachen. Installieren Sie einfach das *TattleINIT,* starten Sie den Macintosh neu und öffnen Sie die Anwendung. Im Popup-Menü über dem Fenster können Sie nun die gewünschte Hardwarekategorie bestimmen, die unter die Lupe genommen werden soll.

Es macht wenig Sinn, alle Kontrollen an dieser Stelle zu besprechen – es sind einfach zu viele. Am besten drucken Sie als erstes die beigelegte Handbuchdatei aus und machen sich auf eine Entdeckungsreise.

Hilfe beim Kauf gebrauchter Geräte

Der traurige Macintosh
Manchmal hilft auch das beste Diagnose-Programm nicht weiter – nämlich dann, wenn der Macintosh nicht einmal Anstalten macht, seinen Dienst aufzunehmen. Wenn Sie beim Einschalten nur den schwarzen Bildschirm mit dem «Sad-Mac-Icon» zu sehen bekommen, dann könnte sowohl die Hardware als auch die Software schuld sein. Eine Liste mit einem Dutzend Sad-Mac-Codes und den zugehörigen Erklärung finden Sie auf Seite 341.

Mit Garantie zum Erfolg

Die völlige Willkür
Nehmen wir nun einmal an, dass die Hardware korrekt funktioniert. Trotzdem bringen Sie es auf keine wie auch immer geartete Weise fertig, das System zum Laufen zu bringen (der GAU, sozusagen). Die Bombe scheint völlig willkürlich zu fliegen, der Bildschirm friert in unregelmässigen Abständen ein, das System wird zusehends langsamer. In diesen Fällen werden Sie auf das folgende Verfahren zurückgreifen müssen, das mit jedem Schritt ein wenig radikaler wird, aber schlussendlich nur zum Erfolg führen kann.

Phase 1: Routine-Methoden

In der ersten Phase machen Sie das, was man eben so als erstes machen sollte, wenn ein System nicht richtig arbeiten will. Das klingt zwar ein wenig blöd, aber die folgenden Handgriffe ähneln tatsächlich einem kurzen Stoss an eine Türe, die schon seit Monaten klemmt. Man denkt nicht mehr darüber nach, man macht es einfach.

Echte Probleme zeigen Methode!
1. *Starten Sie den Macintosh neu.* Das Universalrezept schlechthin. Kein Macintosh ist gegen kleine Verwirrungen im Arbeitsspeicher oder andere Störungen gefeit. Nur weil sich ein Programm aufgehängt hat oder sich eine Datei nicht mehr kopieren lässt, muss das nicht heissen, dass ein ernsthaftes Problem aufgetaucht ist. Ein *wirkliches* Problem ist erst dann eines, wenn es eine gewisse Methode zeigt. Solange das nicht der Fall ist, kann ein Neustart manchmal Wunder wirken.

Neustart aller Beteiligten
2. *Starten Sie alle Geräte neu.* Der Neustart des Rechners allein hat also nichts genützt. Schalten Sie erst den Macintosh aus, dann alle angeschlossenen Geräte. Schlucken Sie zweimal. Schalten Sie nun zuerst alle externen Geräte und dann den Macintosh ein.

Kabel prüfen
3. *Überprüfen Sie alle Kabelverbindungen.*

. . . .

4. *Alle Systemerweiterungen deaktivieren.* Kein Problem. Starten Sie den Macintosh neu und halten Sie gleich nach dem Startgong die Shifttaste gedrückt, bis die folgende Meldung erscheint:

Alle Erweiterungen deaktivieren

Willkommen!
Systemerweiterungen deaktiviert.

Wenn der Fehler nun behoben ist, stimmt anscheinend etwas mit einer Ihrer Systemerweiterungen nicht. Mehr dazu erfahren Sie in *Kapitel 2, Systemerweiterungen.*

5. *Völlige Isolation.* Die Systemerweiterungen waren es also nicht. Um auszuschliessen, dass der Fehler mit einem der angeschlossenen Geräte in Zusammenhang steht, sollten Sie nun den Macintosh isolieren. Trennen Sie alle Geräte wie Scanner, externe Festplatten oder ähnliches vom Macintosh ab. Wenn das Problem immer noch besteht, wiederholen Sie mit abgehängten Geräten die Schritte 1 bis 3, bevor Sie weiterlesen.

Isolieren Sie die Zentraleinheit

6. *Löschen Sie das PRAM (Parameter-RAM).* Das PRAM ist ein kleiner Speicherbereich auf dem Macintosh, der sich merkt, welche Mausgeschwindigkeit Sie eingestellt haben, wieviele Farben der Monitor zeigen soll und ähnliches mehr. Das Löschen des PRAM wird auch *zappen* genannt. Und so funktioniert es:

PRAM zappen

Starten Sie den Macintosh neu. Unmittelbar *nach* dem Startgong halten Sie so lange die Tastenkombination «Befehl-Option-P-R» gedrückt, bis der Startgong ein zweites Mal ertönt. Jetzt ist das PRAM gezappt, und Sie können den Macintosh ganz normal starten lassen. Allerdings werden gewisse Einstellungen wie zum Beispiel die Maussteuerung auf die Standardwerte zurückgesetzt und müssen neu eingestellt werden.

HEISSER TIP!

Schreibtischdatei löschen

7. *Löschen Sie die Schreibtischdatei.* Wenn all diese Handgriffe nichts gebracht haben, dann greifen wir zum letzten Mittel, das sich ohne grossen Aufwand einsetzen lässt. Falls noch nicht geschehen, sollten Sie jetzt von der mitgelieferten *SmartDisk* die Systemerweiterung *Desktop Reset* installieren, den Macintosh neu starten und die Schreibtischdatei löschen. (Die Anleitung finden Sie auf Seite 136.)

Phase 2: Neuinstallationen

Jetzt geht es um die Wurst. Wenn alle diese Standardverfahren in Phase 1 nichts gebracht haben, müssen wir uns daran machen, die Software auf einer etwas tieferen Ebene zu kurieren.

Neue Software

8. *Installieren Sie die Software neu.* Wenn der Fehler immer wieder im selben Programm auftaucht, sollten Sie die Software neu installieren. Vielleicht ist sie durch einen Systemabsturz oder andere Einflüsse beschädigt worden.

Ein frisches System

9. *Installieren Sie ein neues Betriebssystem.* Vielleicht ist das Betriebssystem beschädigt. Wie man ein neues installiert, erfahren Sie in *Kapitel 1, Das Betriebssystem.*

Ein neuer SCSI-Treiber

10. *Installieren Sie einen neuen Festplattentreiber.* Mehr zu der Installation von Festplatten im allgemeinen und Treibern im speziellen finden Sie in *Kapitel 5, Festplatten einrichten.*

Tabula rasa!

11. *Formatieren Sie die Harddisk neu.* Es war also tatsächlich nichts zu machen. Jetzt hilft nur noch eins: Erstellen Sie von allen Daten Sicherheitskopien, formatieren Sie die Festplatte (beschrieben in Kapitel 5) und installieren Sie ein neues System. Richten Sie die ganze Anlage Schritt für Schritt so ein, wie Sie sie einmal hatten und kontrollieren Sie nach jeder Etappe, ob sich die bisherige Installation bewährt.

Spannungsschwankungen

Mit der vorher beschriebenen Anleitung sollten Sie es praktisch in jedem Fall schaffen, das System wieder aufzupäppeln.
Sollte wider Erwarten doch keine Besserung eintreten, dann
könnte es vielleicht an äusseren Einflüssen liegen. Wenn das
Stromnetz in Ihrem Haus zum Beispiel alt und unzuverlässig
ist, könnte es zu Spannungsschwankungen kommen, die zu
unerklärlichen Systemabstürzen führen. In praktisch jedem
Elektrogeschäft gibt es für relativ wenig Geld spezielle Steck-
dosenleisten, die Spannungsspitzen abfangen und so dazu
beitragen, dass das System zuverlässiger wird.

HEISSER TIP!

Ist es doch die Hardware?

Wenn das System jetzt immer noch nicht zufriedenstellend
läuft, dann kann es nur noch an der Hardware liegen.
Manchmal weist die Hauptplatine winzig kleine Fehler auf,
die auch von *PoM* nicht erkannt werden können. Mehr noch
– oftmals ist auch der Händler nicht in der Lage, den
schwachen Punkt zu finden und muss die ganze Hauptplatine
austauschen.

MERKET AUF

Und wohin jetzt?

In diesem Buch finden Sie praktisch alle Informationen, wie
Sie Ihren Macintosh wieder auf die Beine bringen können.
Trotzdem hat das Diagnostizieren eines Rechners auch sehr
viel mit Eingebung zu tun. Ein Arzt kann seine Patienten
zwar auf die «Hardware» untersuchen, aber es verlangt eine
grosse Portion Einfühlungsvermögen und Intuition, um die
richtige Diagnose zu stellen und die passenden Medika-
mente zu verschreiben.

Intuition ist (fast) alles

Je länger Sie mit dem Macintosh arbeiten, um so leichter
wird es Ihnen fallen, die richtigen Antworten zu den Problemen zu finden. Alles, was Sie wissen müssen, steht in diesem
Buch. Für die erste Zeit allerdings, in der Sie sich quasi warm
laufen, steht Ihnen *Anhang B* zur Verfügung, der häufig auf-
tretende Fragen samt den passenden Antworten enthält.

Erfahrung ist (auch fast) alles

So bringen Sie jedes technisch einwandfreie System zum Laufen

1. Starten Sie den Macintosh neu.

2. Starten Sie den Macintosh und alle anderen Geräte neu.

3. Überprüfen Sie die Kabelverbindungen.

4. Deaktiveren Sie alle Systemerweiterungen.

5. Hängen Sie alle angeschlossenen SCSI-Geräte ab.

6. Löschen Sie das Parameter-RAM (PRAM).

7. Löschen Sie die Schreibtischdatei mit *Desktop Reset*.

8. Installieren Sie die Software neu.

9. Installieren Sie ein neues Betriebssystem.

10. Installieren Sie einen neuen Treiber auf der Harddisk.

11. Formatieren Sie die ganze Festplatte.

Wie weit kann ein Computerhersteller gehen? Wie weit darf er die ausgetretenen Pfade verlassen, um sich neuen Horizonten zuzuwenden? Wie weit kann er Standards, die er selbst gesetzt hat, über Bord werfen und durch neue, bessere Technologien ersetzen?

Drei Fragen, eine Antwort: Er kann sich eine Menge erlauben – wenn er Apple heisst. Um zu verstehen, was Apple mit der Einführung des *Power Macintosh* geleistet hat, sollten wir uns zuerst der Achillesferse eines jeden Computer- respektive Softwareherstellers zuwenden: *Der Kompatibilität.*

Gebaut für die Ewigkeit?

Die Bedeutung der Kompatibilität

Nehmen wir etwa das Betriebssystem *MS-DOS (MicroSoft-Disk Operating System)* und seinen Aufsatz *Windows,* das auf ziemlich unbeholfene Art und Weise wie ein Macintosh mit Fenstern und Menüs zu arbeiten versucht. Jeder, der schon einmal mit beiden Systemen gearbeitet hat, weiss, dass das Macintosh-Betriebssystem in Sachen Komfort, Benutzerfreundlichkeit und Möglichkeiten *Windows* um Lichtjahre voraus ist. Woran liegt das? Ist Microsoft nicht in der Lage, etwas besseres zu programmieren? Haben sie zu wenig Leute? Sind die Jungs bei Apple so ungleich viel genialer?

MS-DOS ist seinem Standard verpflichtet

Das Problem von Microsoft steckt ein wenig tiefer, als auf den ersten Blick ersichtlich wird. In den frühen Tagen der Computergeschichte wurde *MS-DOS* sehr schnell zum wichtigsten aller Betriebssysteme. Für damalige Verhältnisse war es ganz witzig, auch wenn der Anwender seitenweise Befehle auswendig lernen und dann eintippen musste, bis er endlich eine Datei auf eine Diskette kopieren konnte. Item … in jenen Tagen setzte Microsoft einen Standard, der *DOS* zum führenden Betriebssystem in der PC-Welt machte und heute noch millionenfach verkauft wird. Später wurde es durch *Windows* erweitert, das zwar wie der Macintosh hübsche Icons auf dem Bildschirm zeigen kann, aber trotzdem nur dazu da ist, das längst überholte *DOS* optisch ein klein wenig an die Konkurrenz anzunähern.

. . . .

Um zum springenden Punkt zu kommen: *Windows* ist ganz einfach deshalb nicht so professionell wie das Macintosh-Betriebssystem, weil Microsoft sich an den Standard halten muss, den man einmal selbst gesetzt hat. Microsoft wäre sehr wohl in der Lage, ein Betriebssystem zu programmieren, das wahrscheinlich fast so gut ist wie das von Apple – nur werden dann über Nacht zigtausend Anwendungen wertlos, weil nichts mehr zueinander kompatibel ist. Microsoft kann also lediglich versuchen, das System zu aktualisieren und veraltete Elemente ganz langsam aus der Welt zu schaffen. Aber das braucht Zeit – viel Zeit!

Annäherungen an den Macintosh

Das bis jetzt Gesagte gilt erst recht für einen Prozessor-wechsel. Apple arbeitet mit Motorola-Prozessoren, die im Laufe der Zeit immer schneller und besser wurden. IBM und Anhängsel arbeiten mit denen von Intel, die sich ebenfalls stetig weiterentwickelt haben. Nie wäre aber ein Computer-hersteller auf die Idee gekommen, einfach den *Prozessortyp* zu wechseln, denn das hätte bedeutet, dass man das Betriebs-system und alle Softwarepakete komplett hätte umschreiben müssen. Kein Konsument hätte diesen Wechsel mitgemacht, sondern wäre sofort bei einer anderen Computermarke aufge-sprungen.

Ein einzigartiger Prozessorwechsel

Apple hat es trotzdem getan. Mit durchschlagendem Erfolg.

Der PowerPC

RISC- und CISC-Prozessoren

Der wichtigste Prozessor des auslaufenden Jahrtausends ist der *PowerPC*. Gemeinsam von IBM, Apple und Motorola entwickelt, bietet er eine ungleich höhere Leistung als andere Prozessoren, die heute üblicherweise verwendet werden. Der PowerPC ist ein sogenannter *RISC-Prozessor (Reduced Instruction Set Computing),* während heute im PC-Bereich meistens *CISC-Prozessoren (Complex Instruction Set Computing)* zum Einsatz kommen. Einfach gesagt sind RISC-Prozessoren deshalb schneller, weil sie zwar weniger Befehle kennen als ein CISC-Prozessor, aber diese dafür ungleich viel schneller abwickeln können.

Apples Flagschiff: Der PowerMac 8100

Schneller als der schnellste CISC-Chip

Die Redaktoren der verschiedensten Fachzeitschriften haben sich die Finger wund geschrieben über die fantastische Geschwindigkeit, die der neue PowerPC-Chip bietet. In der Tat, die Leistung kann überzeugen. Das billigste Power-Macintosh-Modell, der 6100/60, lässt alle anderen Brüder auf Basis des Motorola 68040 leistungsmässig weit hinter sich.

Der Power Macintosh

Der PowerPC – also der Chip – wird nicht nur von Apple, sondern vor allem auch von IBM und später von anderen Herstellern eingesetzt. Wenn Sie also in einer Zeitschrift die Bezeichnung *PowerPC* lesen, dann muss das nicht heissen, dass es in diesem Artikel um Apple geht. Alle Macintosh-Modelle, die mit einem PowerPC ausgerüstet sind, werden *Power Macintosh* genannt. Wann immer wir also in diesem Buch vom *PowerPC* sprechen, meinen wir den Prozessor. Hingegen weist der Begriff *Power Macintosh* stets auf einen Apple-Rechner hin. Wir wollen in diesem Buch nicht auf die Details der Technik eingehen, sondern nur auf die Punkte zu sprechen kommen, die einen Systemverantwortlichen betreffen könnten.

Die Terminologie

Da sich am Erscheinungsbild des Finders nicht das geringste geändert hat und bis jetzt noch keine neuen Funktionen hinzugekommen sind, müssen sich die Unterschiede also hinter den Kulissen abspielen.

Optisch bleibt alles beim alten

Power Macintosh 7100

Apples Geniestreich

RAFFINIERT

CISC- und RISC-Prozessoren sind überhaupt nicht miteinander kompatibel. Wie hat es Apple also fertiggebracht, dass über 80% der bestehenden Macintosh-Programme auf dem Power Macintosh einwandfrei laufen? Sehen wir uns dieses Meisterstück einmal ein wenig genauer an.

Der Mixed Mode Manager

Die Übernahme bestehender Software ist nur möglich, weil der Power Macintosh mit zwei Software-Elementen ausgestattet wurde, von denen sich eines *Mixed Mode Manager* oder kurz *MMM* nennt. Zu jeder Zeit prüft der MMM, ob der Befehl, der gerade an die Reihe kommt, für die 680x0-Prozessoren oder für den PowerPC geschrieben wurde. Wenn er für den PowerPC gedacht ist, wird er direkt an den Prozessor weitergeleitet und dort mit einem Tempo verarbeitet, das jedem Anwender die Freudentränen in die Augen treibt.

Wenn der MMM jedoch feststellt, dass sich der Befehl nicht mit dem PowerPC verträgt, dann wird er zum Emulator umgeleitet. Emulator?

Der Emulator

Emulation eines CISC-Chips

Das zweite unerlässliche Softwareelement ist der Emulator. Dieses Programm tut so, als ob es ein 68LC040er-Prozessor wäre, also der selbe Prozessor, der auch in diversen anderen Macintosh-Modellen zum Einsatz kommt und auf dem jede halbwegs vernünftige Macintosh-Software läuft. Mit anderen Worten, der Emulator macht den Power Macintosh glauben, dass er auch mit einem dieser altgedienten Prozessoren ausgestattet sei.

Der Nachteil dieses Verfahrens ist, dass die Emulation wesentlich langsamer arbeitet als ein echter 68LC040. Dank dem phänomenalen Tempo des PowerPC stimmt die Arbeitsgeschwindigkeit jedoch trotzdem. Unter dem Strich bringt eine herkömmliche Macintosh-Software, die im Emulator-Modus läuft, je nach Veranlagung das Tempo eines IIci bis IIfx. Das mag zwar nicht atemberaubend sein, aber für die allermeisten Anwender reicht die Leistung. Und wenn man sich die angepasste Software für den Power Macintosh anschafft, dann herrscht Freude.

Der Emulator benötigt die meiste Leistung

Der 68LC040er unterscheidet sich insofern von einem 68040er, als dass bei ihm der mathematische Koprozessor deaktiviert wurde. Alle Programme, die zwingend auf einen solchen Koprozessor angewiesen sind, verweigern auf einem Power Macintosh den Dienst. Andere Programme, wie zum Beispiel *Illustrator 5.0,* arbeiten mit Erweiterungen oder *Filtern,* die auf einem Koprozessor beharren. *Illustrator 5.0* läuft also prinzipiell auch auf einem Power Macintosh, aber bestimmte Funktionen werden automatisch ausser Betrieb gesetzt.

Kein Koprozessor

MERKET AUF

Es gibt noch weitere Einschränkungen, die vor allem dann auftauchen, wenn die Software dazu da ist, um Hardware anzusteuern. Obwohl sich praktisch alle Bildschirme, Festplatten und NuBus-Karten auf dem Power Macintosh verwenden lassen, werden Sie vielleicht mit einem Stück Hardware konfrontiert, dessen Software sich nicht mit dem Power Macintosh verträgt – egal, ob es sich dabei um eine Systemerweiterung oder um das ROM des Gerätes handelt. In diesem Fall bleibt einem nichts anderes übrig, als auf ein Upgrade zu warten.

Kompatibilität bei fremder Hardware

Formen der Anpassung

Software muss also angepasst werden, damit sie die volle Leistung eines Power Macintosh ausreizen kann. Insgesamt gibt es vier verschiedene Stufen der Kompatibilität: *Emulationen, native* und *Fat-Binary-Anwendungen* sowie *Hybriden.*

Emulationen

Emulationen. Eine Software, die überhaupt nicht an den Power Macintosh angepasst wurde, läuft vollständig in der Emulation und somit *relativ* langsam. Aber das hatten wir ja schon. Solche Programme funktionieren gleichermassen auf einem Macintosh mit 68LC040-Prozessor als auch auf einem Power Macintosh.

Native Software

Native Software. Native Software läuft ausschliesslich über den PowerPC-Chip und kann nicht auf 680x0-Rechnern verwendet werden. Wenn ein Programm angepasst wurde, sagt man von ihm, dass es «im Native-Modus läuft».

Native oder *nativ* können Sie aussprechen, wie es Ihnen gefällt: «Nativ» wäre lateinisch und bedeutet soviel wie *natürlich entstanden* oder – im medizinischen Sinn – *angeboren.* Wenn Sie es «ne-itiv» aussprechen, bedeutet es im amerikanischen *eingeboren* oder *einheimisch.*

Fat Binary

Fat Binary. Unter einer *Fat-Binary-Anwendung* versteht man ein Programm, das sowohl auf einem Power Macintosh im Native-Mode funktioniert als auch auf einem herkömmlichen Macintosh lauffähig ist, da es alle benötigten Codeteile enthält. Allerdings belegen solche Programme durch diese Doppelspurigkeit mehr Platz auf der Festplatte als spezialisierte Versionen. Nützlich, wenn man zum Beispiel ein Programm über das Netzwerk aufstarten möchte und dabei normale Macs als auch Power Macs zum Einsatz kommen.

Hybriden

Hybriden. Das Wort *Hybride* kommt aus dem griechischen und bedeutet soviel wie *Kreuzung* oder *Bastard.* Hybriden sind Programme, die nur teilweise für den Power Macintosh optimiert wurden. Das heisst, die rechenintensiven Teile sind in nativem Code geschrieben, während andere, weniger komplexe Funktionen nach wie vor über die Emulation laufen. Hybriden werden meistens dann programmiert, wenn sich der Hersteller zu wenig Zeit nehmen kann, um das ganze Programm in nativen Code zu übertragen.

Es ist nicht immer auf den ersten Blick ersichtlich, in welche Kategorie eine Software gehört. Für solche Fälle haben wir Ihnen auf der *SmartDisk* das Programm *NativeChecker* mitgeliefert. Sie brauchen nur ein Programm auf das Icon von *NativeChecker* zu ziehen, um den Prüfvorgang zu starten:

SMART DISK

Eine Sekunde später wird Ihnen das Resultat präsentiert. Bei einer nativen Anwendung sieht das so aus:

Wenn es sich hingegen um eine reine Emulation (links), eine Fat-Binary-Anwendung oder einen Hybriden handelt, dann sieht das so aus:

Leider ist *NativeChecker* noch nicht so weit, dass er auch den Inhalt von Kontrollfeldern und Systemerweiterungen unter die Lupe nehmen kann, obwohl das besonders interessant wäre:

Systemerweiterungen

Die Schlüsselstellung der Erweiterungen

Systemerweiterungen sind ein besonders heikles Thema auf dem Power Macintosh. Obwohl sie nicht weniger kompatibel sind als normale Anwendungen, unterscheiden sie sich in zwei Punkten doch ganz gehörig: Sie nehmen einerseits oft eine Schlüsselposition ein und sind andererseits immer aktiv.

Das heisst, eine Systemerweiterung, die über die Emulation läuft, kann das gesamte System mehr bremsen, als man es beim ersten Nachdenken vermuten würde. Ein krasses Beispiel ist der *Adobe TypeManager,* dieses eigentlich unverzichtbare Utility, das dafür sorgt, dass PostScript-Schriften in jeder Grösse auf dem Bildschirm gut aussehen.

Ersetzen nativer Codeteile

MERKET AUF

ATM geht so weit, dass er Grafikroutinen, die von Apple bereits an den Power Macintosh angepasst wurden, mit eigenen Routinen überschreibt, die über den Emulator laufen und entsprechend langsamer sind. Je nachdem, in welchem Programm man gerade arbeitet, wird der Bildschirmaufbau zur Geduldsprobe. Das fällt umso mehr auf, wenn das Programm selbst bereits nativ funktioniert, wie etwa *FreeHand 4.0.*

Conflict Catcher

Zum Zeitpunkt der Drucklegung dieses Buches gab es nur ein Hilfsprogramm, das in der Lage ist, zu prüfen, welche Erweiterungen die nativen Codeteile von Apple mit 680x0-Code überschreiben: *Conflict Catcher* von der Firma Cassady & Greene.

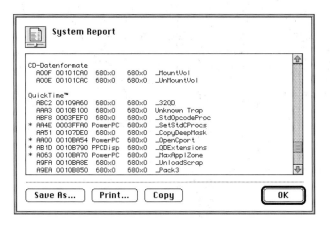

Wie kommt man zu nativer Software?

Einerseits, indem Sie beim jeweiligen Softwarehersteller ein Upgrade bestellen, sobald die native Version des Produktes verfügbar ist. Die meisten namhaften Softwarehersteller haben längst ihre Unterstützung für den Power Macintosh zugesagt, und wenn Sie dieses Buch in den Händen halten, dann sollte es eigentlich von nativen Versionen nur so wimmeln.

Andererseits gehen manche Softwarehersteller einen etwas speziellen Weg. *Morph* zum Beispiel ist ein Programm, mit dem Sie zwei Bilder oder QuickTime-Filme fliessend überblenden können; Effekte, die aus Filmen wie *Abyss* oder *Terminator 2* bestens bekannt sind. Solche Umwandlungen benötigen ziemlich viel Rechenleistung.

Updater

Gryphon Software, der Hersteller von *Morph,* hat ein Programm in Umlauf gebracht, das Sie sich über alle gut bestückten Shareware-Quellen beschaffen können. Dieser *Updater* modifiziert Ihr Originalprogramm so, dass es danach zwar nicht völlig nativ ist, aber immerhin in allen rechenintensiven Belangen auf den Power Macintosh angepasst wurde. Der Updater selbst ist kostenlos.

Morph™ 2.0.1 Updater

Einen ebenso löblichen Weg hat Adobe mit der Bildverarbeitungssoftware *Photoshop* beschritten. Ab Version 2.5.1 wurde die ganze Benutzeroberfläche von *Photoshop* völlig vom bildverarbeitenden Kern getrennt. Dieser Kern – auch *Engine* genannt – kann schnell und kostenlos gegen eine native Version ausgetauscht werden, indem Sie sich das Plug-In *PowerPC Accelerator* beschaffen. Es wird ebenfalls über die verschiedensten Shareware-Quellen angeboten.

Native Plug-In

RAFFINIERT

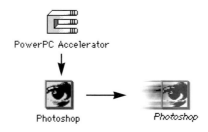

PowerPC Accelerator

Photoshop → *Photoshop*

Kostenlose Geschwindigkeit

Der Vorteil solcher Verfahren ist, dass Sie als Anwender erstens schnell und zweitens kostenlos zu einer beträchtlichen Verbesserung kommen. Doch da ist nebst so viel Licht auch ein wenig Schatten: Es läuft eben nicht das *ganze* Programm im Native-Mode. Im Fall von *Photoshop* sieht das nun so aus, dass dank der bildverarbeitenden Engine, die im Native-Mode funktioniert, alle Aktionen wie Rotieren, Vergrössern oder Montieren ungleich viel schneller ablaufen. Die Effektfilter aber laufen nach wie vor über die Emulation.

Doch einem geschenkten Gaul schaut man bekanntlich nicht ins Maul. Softwarehersteller, die so fix und unkompliziert reagieren, werden mit einer komplett nativen Version nicht lange auf sich warten lassen.

Das Apple-Betriebssystem

BASIS

Wir haben jetzt sehr viel über den Aufbau der verschiedenen Anwendungen gelesen und darüber, dass diverse Mischformen der Kompatibilität möglich sind. Es gibt allerdings einen Punkt, an dem der Power Macintosh tempomässig noch einmal kräftig zulegen könnte: Das Betriebssystem.

System 7 ist ein Hybride

Apple ist weit davon entfernt, ein wirklich natives Betriebssystem anzubieten. Die Anpassungen hätten einfach viel zu lange gedauert, und deshalb sind System 7 und System 7.5 Hybriden. Es verhält sich sogar so, dass nur der kleinste Teil des Betriebssystems im Native-Mode läuft, da vorerst lediglich die rechenintensiven Teile umgeschrieben wurden.

Konstante Optimierungen

Nun, System 7.5 enthält mehr nativen Code als System 7.1.2. Auch System 8 und System 9 werden besser auf den PowerPC optimiert. Allerdings glauben sogar die verantwortlichen Programmierer bei Apple, dass nie das gesamte System nativ werden wird, sondern dass bestimmte Elemente, die nur selten benötigt werden, auch weiterhin über den Emulator laufen.

Für Sie als Anwender zieht das keine Konsequenzen mit sich, aber wir wollten es der Vollständigkeit halber erwähnen.

· ·

Sind Hybriden schlecht?

Nein. Ja. Vielleicht. Kommt darauf an. Auf jeden Fall gibt es keine konkrete Antwort, und das hat durchaus seine Richtigkeit. Rufen wir uns noch einmal ins Gedächtnis, was auf einem PowerMac so alles passiert, wenn eine Software ihren Code an den Prozessor verschicken will.

BASIS

Überlegung Nummer 1: Der *Mixed Mode Manager* prüft die Software also darauf, ob sie für den Power Macintosh angepasst wurde oder ob sie über den Emulator betrieben werden muss. Diese Entscheidung wird zwar blitzschnell getroffen, aber eben doch nicht ganz ohne Zeitverlust. Wenn nun eine Software schlecht programmiert und nur teilweise auf den PowerPC angepasst wurde, dann muss der *MMM* unter Umständen so häufig eingreifen, dass die Software trotz ihrer nativen Elemente langsamer arbeitet, als wenn sie *komplett* über den Emulator laufen würde. Diese Art Software ist böse!

Zuviele Wechsel bremsen das System

Überlegung Nummer 2: Wie bereits erwähnt, ist das Betriebssystem ein Hybride. Nun kann es in bestimmten Situationen sogar soweit kommen, dass eine Software ein Hybride sein muss, damit sie *schneller* läuft! Jede gute Software greift so häufig wie möglich auf Bestandteile des Systems zurück, denn so braucht es weder den Anwender noch den Programmierer zu kümmern, wenn Apple daran Modifikationen vornimmt. Den Grossteil der Software schreibt allerdings immer noch der Programmierer. Wenn nun die Software in schneller Folge aus dem Nativ-Modus heraus auf das System zugreift und wieder in den nativen Code zurückspringt, dann haben wir die selbe Situation wie unter Überlegung Nummer 1. Folge: Der Programmierer erstellt zähneknirschend einen Hybriden, der jedoch kurioserweise schneller läuft als eine native Version der gleichen Software.

Zugeständnisse an das System

Überlegung Nummer 3: Manchmal ist eine Software deshalb ein Hybride oder sogar überhaupt nicht angepasst, weil eine native Version absolut keinen Sinn machen würde. Nehmen wir zum Beispiel das Kontrollfeld *Eingabe.* Auch wenn es nativ funktionieren würde, könnten Sie als Anwender keinen Unterschied zu einer nativen Version wahrnehmen, da das

Wenn «nativ» keinen Sinn macht...

«Programm» viel zu banal ist, als dass die Geschwindigkeit des PowerPC zum Tragen käme.

Absicherung gegen 680x0-Modelle

Überlegung Nummer 4: Ein gutes Programm sieht die Fehler des Anwenders voraus. Nehmen wir an, Sie würden auf Ihrem Power Macintosh eine 100%ig native Version einer Software installieren. Dieses Programm würde keine einzige Zeile 680x0-Code enthalten und natürlich mit optimalem Tempo laufen. Auch *Native Checker* würde Ihnen bestätigen, dass die Software ausschliesslich nativ funktioniert. So weit, so gut. Wenn Sie jedoch dieses Programm auf einen Macintosh mit einem 680x0er-Prozessor kopieren und aufstarten würden, wäre ein Absturz ohne Vorwarnung die direkte Folge. Was nun? Ein guter Programmierer wird also eine Dialogbox einbauen, die dem Anwender mitteilt, dass dieses Programm nur auf einem PowerMac lauffähig ist. Dieses Vorgehen wiederum bedingt 680x0-Code … und schon haben wir einen Hybriden. Lange Rede, kurzer Sinn: Auch wenn Ihnen *Native Checker* anzeigt, dass das geprüfte Programm ein Hybride ist, kann es trotzdem auf einem Power Macintosh 100%ig nativ laufen. Es wird sogar sehr unwahrscheinlich sein, dass Sie aus den erwähnten Gründen überhaupt jemals eine Anwendung zu Gesicht bekommen werden, die von *Native Checker* als «PowerPC native only» ausgewiesen wird. Leider ist es nicht möglich, genau zu bestimmen, zu wieviel Prozent eine Anwendung nativ funktioniert.

VORSICHT FALLE

Schon wieder Speicher

Das war bereits das Wichtigste, was es zum Thema *Power Macintosh* zu sagen gibt. Bevor wir dieses Kapitel abschliessen, wollen wir noch kurz ein paar Worte über den Arbeitsspeicher verlieren.

Wenn Sie auf einem Power Macintosh das Kontrollfeld *Speicher* öffnen, dann werden Sie dort eine Option sehen, die bei den früheren Macintosh-Modellen nicht vorhanden war: Der *Modern Memory Manager.*

Apple hat sich in Hinblick auf das verbesserte Multitasking unter System 8 und System 9 schon mal daran gemacht, das Speichermanagement ein wenig zu modernisieren. Es gäbe keinen Grund, diese Neuheit zum jetzigen Zeitpunkt überhaupt zu erwähnen, aber es kursieren Gerüchte, dass sich gewisse Programme nicht mit dem *Modern Memory Manager* vertragen (auch wenn mir persönlich kein einziges Beispiel bekannt ist).

Der Modern Memory Manager

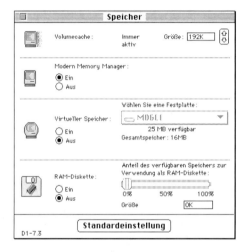

Lassen Sie diese Option einfach eingeschaltet. Wenn es nun vorkommt, dass beim Betrieb von emulierten und nativen Programmen die Emulation sehr langsam wird, dann sollten Sie den *Modern Memory Manager* vielleicht doch einmal ausschalten und den Power Macintosh neu starten. Allerdings werden anschliessend alle nativen Aktionen etwa zehn Prozent langsamer ablaufen.

Mögliche Verlangsamungen

Der Virtuelle Speicher auf dem Power Macintosh

Die zweite Neuerung sehen Sie, wenn Sie das Icon eines nativen Programms im Finder anklicken und im Menü *Ablage* den Befehl *Information* aufrufen:

Weniger Tempoverluste

Nebst der Speicherzuteilung sehen Sie den Hinweis, dass sich der Speicherbedarf um soundsoviel Kilobyte reduzieren lässt, wenn Sie den *Virtuellen Speicher* einschalten. Wer schon einmal mit dem Virtuellen Speicher auf einem herkömmlichen Macintosh gearbeitet hat, wird dankend davon Abstand nehmen, da dort die Tempoverluste enorm sind. Auf dem Power Macintosh hingegen funktioniert der Virtuelle Speicher anders als auf herkömmlichen Maschinen und ist in den meisten Fällen angenehm leicht zu ertragen. Ab und zu werden die Wechsel zwischen zwei Programmen zwar etwas langsamer, aber die eigentlichen Funktionen in den Anwendungen laufen im gewohnten Tempo ab. Und das kommt so:

BASIS

Normalerweise wird beim Virtuellen Speicher auf der Harddisk zusätzlicher Arbeitsspeicher simuliert. Wenn nun das Programm auf die ausgelagerten Teile zugreifen möchte, dann muss es die Daten jedesmal von der Harddisk laden, was zu den erwähnten Geschwindigkeitsverlusten führt.

Aber nativen Programmen ist es verboten, irgendwelche Teile auf die Harddisk auszulagern.

Jetzt kommt der Trick bei der ganzen Sache: Teile des Programms werden nicht in den Virtuellen Speicher auf der Harddisk ausgelagert, *sondern ersatzlos gestrichen!* Werden diese Teile später wieder benötigt, holt sie sich der Power Macintosh also nicht aus dem Virtuellen Speicher, sondern aus dem Programm, das auf der Hardisk abgespeichert ist. Ergo handelt es sich bei dieser Einrichtung nicht direkt um Virtuellen Speicher, sondern eher um einen Trick, wie der verfügbare Arbeitsspeicher genutzt wird.

Code wird ersatzlos gestrichen

RAFFINIERT

Im Gegensatz zu den Nicht-Power-Macs reicht es, wenn Sie die Grösse des Virtuellen Speichers lediglich um ein Megabyte höher setzen, als Sie tatsächlich an echtem Arbeitsspeicher in Form von Speicherchips verfügbar haben.

Ein Megabyte mehr reicht bereits

Die einzigen Tempoverluste, die sich bemerkbar machen, tauchen beim Wechsel von einem Programm ins nächste auf.

Wenn Ihnen allerdings auch das zu lästig wird, dann gibt es eine noch praktischere Lösung: *RAM Doubler* von Connectix! *(Siehe auch Seite 73.)* Natürlich werden Sie Ihre eigenen Vorstellungen davon mitbringen, wieviel Arbeitsspeicher Sie benötigen. Für die allermeisten Anwender dürfte allerdings eine Konfiguration mit 16 Megabyte echtem, also physischem RAM und installiertem *RAM Doubler* perfekt sein. Der Virtuelle Speicher muss zwar ausgeschaltet werden, doch mit dieser Konfiguration kann man bequem vier bis fünf Programme gleichzeitig offen halten, ohne dass ein wahrnehmbarer Tempoverlust eintreten würde! Da *RAM Doubler 1.5.1* mit seinem eigenen Virtuellen Speicher arbeitet und dabei den Besonderheiten der Speicherverwaltung des PowerMac Rechnung trägt, ist diese Lösung sogar noch einiges besser als die Empfehlung von Apple, den Virtuellen Speicher einzuschalten.

Schon wieder RAM Doubler

HEISSER TIP!

Vorzüge des Power Macintosh

❖ Die meisten der bestehenden Programme sind voll lauffähig.

❖ Native Anwendungen, die geschickt umgesetzt werden, laufen auf dem kleinen Power Macintosh 6100 etwa zwei bis vier Mal schneller als auf dem Flaggschiff bei den 680x0er-Prozessoren, dem Quadra 840AV.

❖ Der PowerPC-Chip ist Apples Fahrkarte ins nächste Jahrtausend.

❖ Optisch und funktionell hat sich nichts geändert, so dass niemand umlernen muss.

❖ *SoftWindows* von Insignia erlaubt es, auf dem Power Macintosh eine Windows-Emulation zu betreiben. Damit wird zwar nur ein Intel 80286 simuliert, aber die Geschwindigkeit entspricht der eines langsamen 80486ers!

Besondere Eingeschaften und Stolpersteine

❖ Native Programme und Fat-Binary-Anwendungen benötigen mehr Speicher – sowohl auf der Harddisk als auch im Arbeitsspeicher.

❖ Bestimmte Systemerweiterungen können die Leistung des Power Macintosh herabsetzen, weil native Systemteile durch alten Code ersetzt werden. (Der dann wieder über den Emulator läuft.)

❖ Wenn Sie ein Megabyte mehr Virtuellen Speicher zuteilen, als Sie an RAM-SIMMs installiert haben, dann reduziert sich der Speicherbedarf nativer Programme beträchtlich. Trotzdem sind die Geschwindigkeitsverluste minim.

Wichtige Hilfsprogramme

❖ Mit dem beiliegenden Programm *NativeChecker* können Sie überprüfen, wie weit eine Anwendung an den Power Macintosh angepasst wurde.

❖ Das Utility *Conflict Catcher* von Cassady & Greene kann Systemerweiterungen daraufhin kontrollieren, ob sie beim Aufstarten nativen durch alten Code ersetzen.

❖ *RAM Doubler 1.5.1* oder höher arbeitet auf dem Power Macintosh absolut hitverdächtig!

Grundlagen

BASIS

Schriften – auch *Fonts* genannt – sind jedes Anwenders Liebling. Wir Macintosh-Benutzer wurden seit jeher mit viel Freiheiten verwöhnt, während andere Computersysteme mit einigen wenigen, qualitativ minderwertigen Schriften auskommen mussten. Unterdessen haben auch die anderen Systeme kräftig zugelegt, aber noch immer ist der Macintosh der einfachste Computer, was den Umgang mit den Tausenden verschiedener Lettern betrifft.

In diesem Kapitel wollen wir uns jedoch nicht mit typografischen oder gestalterischen Aspekten befassen, sondern damit, was es alles zu beachten gilt, damit ein reibungsloser Einsatz der Typen möglich ist. Denn sogar diese kleinen, unscheinbaren Softwarepakete können ganz schön querschlagen. Wenn man jedoch einmal weiss, worauf man achten muss, werden die Probleme ziemlich harmlos.

Die verschiedenen Schrift-Formate

Auf dem Macintosh gibt es drei grundlegende Schriftsysteme: *Bitmaps, TrueTypes* und *PostScript-Fonts* (auch *Printerfonts* genannt). Jede dieser Schriftarten lässt sich sofort an ihrem Icon erkennen:

Minion 10	Minion	MinionReg
Bitmap	**TrueType**	**Printerfont**
Grösse 10 Punkt	**Frei skalierbar**	**Frei skalierbar**

Abwandlungen bestehender Formate

Dazu kommen noch zwei spezielle Unterarten, die *Multiple Master Typefaces* und die *TrueType GX-Fonts*. Erstere lehnen sich an das Format der normalen PostScript-Fonts an und benötigen keine Sonderbehandlung. Letztere werden ausführlicher ab Seite 281 behandelt.

· ·

Bitmap-Schriften

Bitmap-Schriften, oft auch einfach *Bitmaps* genannt, repräsentieren das Urformat aller Fonts auf dem Macintosh. 1984,
als es noch keine Laserdrucker gab, waren sie ausschliesslich
für die Darstellung auf dem Bildschirm entworfen worden.
Aus diesem Grund sind Bitmaps von der Detailtreue her dem
Macintosh-Bildschirm angepasst, der mit der nicht gerade
hohen Auflösung von *72 dpi* oder *dots per inch* arbeitet. Mit
anderen Worten, auf einer Breite von einem Inch (2.54 cm)
werden 72 Pixel aufgewendet, um eine Schrift zu formen.

Das Urformat

Wenn man eine Bitmapschrift zum Drucker schickt, wird sie
immer mit 72 dpi gedruckt – egal, wie hoch die Auflösung
des jeweiligen Ausgabegerätes ist. Früher, als 72 dpi die
Standardauflösung für die Apple-Matrixdrucker war, spielte
das keine Rolle. Selbst wenn die Bitmaps höher aufgelöst
worden wären, hätte der Drucker keine bessere Darstellung
zustande gebracht.

**Bitmaps werden mit
72 dpi gedruckt**

Bitmap-Fonts spielen auch heute noch auf dem Macintosh
eine grosse Rolle, weil sie eine bessere *Bildschirmdarstellung*
liefern können als alle anderen Formate. Im Normalfall
werden Bitmaps in den wichtigsten Grössen 10, 12, 14, 18 und
24 Punkt geliefert und in die allseits bekannten Köfferchen
verpackt. Wenn Sie den Koffer mit einem Doppelklick

Standard-Grössen

· ·

Lucida

öffnen, dann sehen Sie, welche Schriftgrössen und -arten verfügbar sind. Ein weiterer Doppelklick auf eine solche Datei zeigt ein Muster in der jeweiligen Grösse:

Konturierte Grössen

In diesen Grössen ist die Darstellung auf dem Bildschirm tadellos – aus diesem Grund werden sie in den Schriftmenüs der verschiedenen Programme konturiert angezeigt. Die anderen Grössen, etwa 20 oder 36 Punkt, muss der Macintosh auf Grund der vorhanden Bitmaps umrechnen – allerdings wird dann die Darstellung miserabel, sowohl auf dem Bildschirm als auch auf dem Papier.

Fenice Bold

Schriftgrad 24 Punkt, nur 10 Punkt Bitmap installiert

Fenice Bold

Schriftgrad 24 Punkt, 24 Punkt Bitmap installiert

PostScript-Schriften

BASIS

Als 1986 die ersten PostScript-Laserdrucker auf den Markt kamen, wurde schnell ersichtlich, dass Bitmaps der damaligen Druckerauflösung von 300 dpi nicht mehr gerecht werden konnten. Das Sensationelle an PostScript war, dass Grafiken und Schriften nicht länger in Form von *Pixeln* zum Drucker

· ·

geschickt wurden, sondern als *mathematisch definierte Linien und Kurven.* (Mehr zu PostScript finden Sie nächsten Kapitel.) Aufgrund dieser mathematischen Beschreibung konnte der Drucker dann seine optimale Auflösung selbst berechnen. Nicht zu unrecht heisst es, PostScript sei eine *auflösungsunabhängige* Sprache.

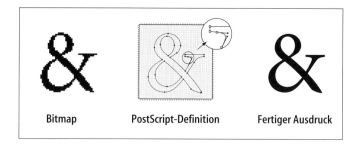

| Bitmap | PostScript-Definition | Fertiger Ausdruck |

Das heisst, dass auf dem Bildschirm eine Schrift nach wie vor durch den Bitmap-Font repräsentiert wird. Sobald die Datei allerdings zum Drucker geschickt wird, werden die groben Pixel durch perfekt geglättete Kurven ersetzt. Die Schriftdateien, die alle mathematischen Beschreibungen der Zeichen enthalten, werden auch *Printerfonts, Outline-Fonts* oder *PostScript-Fonts* genannt.

Bitmaps werden beim Druck ersetzt

| Monitor | PostScript-Drucker |

In der Abbildung auf der nächsten Seite sehen Sie die komplette *Lucida*-Familie von Adobe. Das Köfferchen enthält die vier verschiedenen Modifikationen oder Schnitte, nämlich normal, kursiv, fett und fett-kursiv. Zu jedem dieser Schnitte gehört ein Printerfont, der die mathematischen Daten für den Druck liefert.

Schriftfamilien

· ·

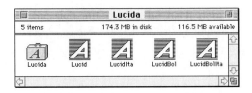

Bitmap-Fonts für den Aufruf im Programm

Damit aber die PostScript-Schriften auf dem Bildschirm überhaupt aufgerufen werden konnten, benötigte man die Bitmap-Fonts. Und die sind bei Zwischengrössen immer noch so hässlich wie eh und je…

Adobe TypeManager

RAFFINIERT

Adobe unternahm etwas gegen die unleserlichen Klötzchenmuster auf dem Bildschirm, die nur noch von Zynikern als «Schriften» bezeichnet wurden. Dabei war die Lösung so genial, dass die ganze Macintosh-Welt aus dem Häuschen geriet: Das Kontrollfeld *Adobe TypeManager (ATM)* berechnet aufgrund der mathematisch definierten PostScript-Schrift augenblicklich die perfekte Bildschirmdarstellung – in jeder Grösse. Wer bis jetzt auf dem Macintosh nur Briefe in Standardgrössen getippt hat, kann sich die Sympathic, die *ATM* entgegengebracht wurde, nur schwer vorstellen. Für die grafische Branche bedeutete es, dass sich endlich jeder am Bildschirm in etwa vorstellen konnte, wie das gedruckte

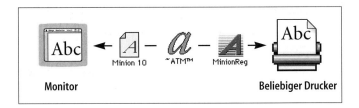

Monitor   Beliebiger Drucker

ATM unter System 7.5

Ergebnis aussehen würde. Heute ist *ATM* auf fast allen Geräten zu Hause und wird mit System 7.1 auf Wunsch gratis abgegeben. Unter System 7.5 ist er ein fester Bestandteil, der nicht mehr erst bestellt werden muss, damit man in den Genuss perfekt geformter Typen auf dem Bildschirm kommt.

Darstellung

Bildschirmdarstellung einer Bodoni, 30 Punkt, ohne ATM

Darstellung

Dieselbe Darstellung mit ATM

Als kleiner Nebeneffekt perfektioniert *ATM* auch die Darstellung von Schriften auf nicht PostScript-fähigen Druckern, etwa den Tintenstrahlern *HP DeskWriter* oder dem *Apple StyleWriter*. Doch darauf kommen wir im nächsten Kapitel zurück.

RAFFINIERT

TrueTypes

Mit der Einführung von System 7 stellte Apple auch ein neues Schriftformat vor, die *TrueTypes*. Sie sollten mit der leidigen Trennung zwischen den Printer- und den Bitmap-Fonts Schluss machen und ohne Hilfe von *ATM* in jeder Grösse brillieren – sowohl auf dem Monitor als auch auf jedem beliebigen Drucker, PostScript oder nicht. Eine einzige Datei enthält alle Daten eines Schriftschnittes.

Eine einzige Datei für alle Bedürfnisse

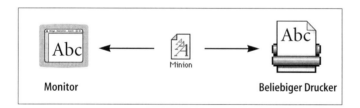

Monitor   Minion   Beliebiger Drucker

Allerdings sind PostScript-Fonts im grafischen Gewerbe längst ein Standard und mit den Gegenstücken im TrueType-Format niemals 100%ig identisch, allein schon deshalb, weil TrueTypes im allgemeinen aus mehr Punkten zusammengesetzt werden. Wer regelmässig mit *Illustrator* oder *FreeHand* arbeitet, weiss, dass jeder überflüssige Punkt in einer Kurve

PostScript ist Standard

MERKET AUF

eine potentielle Qualitätsverschlechterung darstellt. Ausserdem kann es sein, dass die Buchstabenabstände nicht exakt übereinstimmen und somit der Umbruch ins Wanken kommt, wenn ein Dokument, das mit einem PostScript-Font erstellt worden ist, auf einem Rechner geöffnet wird, der mit TrueTypes arbeitet. Umgekehrt gilt das übrigens genauso.

HEISSER TIP!

Wie dem auch sei – TrueTypes sind eine ausgezeichnete Idee, wenn sie im Büro oder zu Hause eingesetzt werden. Die unkomplizierte Handhabung sowie die tadellose Qualität bei Darstellung und Ausdruck sprechen dafür. Sobald der Macintosh im grafischen Gewerbe eingesetzt wird, sollte man allerdings davon Abstand nehmen.

VORSICHT FALLE

Grundsätzlich ist es möglich, dass ein und die selbe Schrift auf dem Macintosh gleichzeitig im TrueType- als auch im PostScript-Format installiert werden kann. Das Betriebssystem wird jedoch in jedem Fall den TrueType-Font bevorzugen, sprich das PostScript-Gegenstück ignorieren. Wer ohne TrueTypes auskommen will, muss also die Schriften, die in diesem Format installiert sind, löschen.

Bitmaps zum zweiten

Wozu die vielen Bitmap-Fonts? Obwohl TrueTypes im Gegensatz zu PostScript-Fonts keine Bitmaps benötigen, damit man sie in einem Programm aufrufen kann, werden normalerweise nicht wenige Bitmap-Dateien mitgeliefert. Bei PostScript-Fonts wiederum würde eine einzige installierte Schriftgrösse reichen, damit sich die Schrift verwenden lässt. Warum also werden massenhaft Bitmaps mitgeliefert, wenn bekanntlich jede Schriftgrösse mit *ATM* oder einer TrueType-Datei berechnet werden kann?

Einschränkungen bei berechneten Grössen Der Grund liegt in der relativ geringen Auflösung des Macintosh-Bildschirms von 72 dpi. Sowohl TrueTypes als auch durch *ATM* berechnete PostScript-Schriften sehen in Grössen ab 24 Punkt und höher tadellos aus. Natürlich können auch kleine Schriftgrössen errechnet werden, aber die Darstellung bleibt speziell bei den meistverwendeten Grössen von 9, 10 und 12 Punkt mangelhaft, weil der Bildschirm mit dem errechneten Raster nicht mithalten kann.

Die mitgelieferten Bitmap-Schriften sind *handoptimiert*, wurden also in mühseliger Kleinarbeit für eine lesbarere Darstellung umgezeichnet. Es geht auch ohne diese Bitmap-Fonts, aber die Darstellung auf dem Bildschirm leidet unübersehbar. Aus diesem Grund sollten Sie auch die Bitmaps bis zu einer Grösse von 24 Punkt installieren.

Handoptimierte Bitmap-Fonts

Multiple Master Typefaces

Adobe bietet mehrere Schriftfamilien im *Multiple-Master-Format* an. Das Besondere an diesen Schriften ist ihr Aufbau – durch die Definition von mehreren Design-Achsen lässt sich eine Schrift nahezu stufenlos verändern, aber nur soweit, wie es der Schriftkünstler erlaubt. Die Schrift *Minion* zum Beispiel kann in fast beliebig vielen Zwischenstufen fett ausgezeichnet oder in der Breite verändert werden, ohne dass daran typografisch gesehen irgend etwas falsch wäre.

Design-Achsen garantieren Vielfalt

The Quick Brown Fox Jumps Over The Lazy Dog.
The Quick Brown Fox Jumps Over The Lazy Dog.
The Quick Brown Fox Jumps Over The Lazy Dog.
The Quick Brown Fox Jumps Over The Lazy Dog.
The Quick Brown Fox Jumps Over The Lazy Dog.
The Quick Brown Fox Jumps Over The Lazy Dog.
The Quick Brown Fox Jumps Over The Lazy Dog.
The Quick Brown Fox Jumps Over The Lazy Dog.

Acht Muster aus der «Minion kursiv» – ein Multiple Master Font

Diese Modifikationen dürfen nicht mit denen verwechselt werden, die man in einem Layoutprogramm anwenden kann. Wird eine herkömmliche Schrift in der Breite um 20% gestreckt, leidet die Ästhetik. Wird ein Multiple Master Font um den selben Wert gedehnt, sieht er immer noch perfekt aus.

MERKET AUF

TrueType GX

Ein Schriftformat, das in nächster Zeit unter System 7.5 zu hitzigen Diskussionen Anlass geben wird, ist *TrueType GX*. Dabei handelt es sich um eine modifizierte Fassung der bekannten TrueTypes, die schon mit System 7.0 eingeführt wurden. TrueType-GX-Fonts werden wie herkömmliche TrueTypes behandelt, bieten aber sehr viel mehr Möglichkeiten. Eine kurze Beschreibung der Vorzüge finden Sie in

Das Ende der PostScript-Fonts? *Kapitel 1, Das Betriebssystem.* TrueType-GX-Fonts hätten die Qualitäten, die es braucht, um die Vormachtstellung der PostScript-Fonts im grafischen Gewerbe zu brechen! Allerdings sind die Änderungen so elementar, dass wir für die Erklärungen einen eigenen Absatz abfassen mussten. Mehr zu diesem Thema also ab Seite 281.

Schriften installieren

Wo werden nun die Schriften gespeichert, damit alles reibungslos funktioniert? Die Antwort variiert, je nachdem, welches Betriebssystem Sie verwenden.

System 7.0 *System 7.0.* Wenn unter System 7.0 Schriften auf das Icon des Systemordners gelegt werden, installiert der Finder Bitmaps und TrueTypes automatisch in der *Systemdatei,* während die Printerfonts im Ordner *Systemerweiterungen* abgelegt werden.

Achtung! Da einige Programme diesen Ordner unter System 7.0 jedoch nicht erkennen, sollten die Printerfonts offen in den Systemordner gelegt werden!

System 7.1 *System 7.1.* System 7.1 offeriert innerhalb des Systemordners den Unterordner *Zeichensätze,* der jede Art von Schrift aufnehmen kann. Bitmaps, TrueTypes und PostScript-Schriften müssen lediglich in diesen Ordner gelegt werden, damit das System sie erkennt. Die Systemdatei selbst bleibt unangetastet.

Nun ist es leider so, dass Schriften, die im Ordner *Zeichensätze* abgelegt werden, nicht mit weiteren Unterordnern gegliedert werden dürfen, da sie sonst vom System übersehen werden. Wenn Sie also fünzig Schriftfamilien mit etwa je vier Schnitten installieren möchten, dann lagern Sie am Schluss – die Köfferchen mit den Bitmaps mitgerechnet – in einem einzigen Ordner 250 Objekte. Die Übersicht hat sich dann längst aus dem Staub gemacht.

Suitcase II

Die oben beschriebenen Installationen sind in Ordnung, solange nur mit einer kleinen Anzahl von Schriften gearbeitet wird. Der Publishing-Bereich mit seiner Vielfalt an Fonts verunmöglicht jedoch eine effiziente Handhabung mit dem Ordner *Zeichensätze* und verlangt nach einer anderen Lösung. In unseren Breitengraden hat sich besonders *Suitcase II* von Fifth Generation Systems hervorgetan. Einerseits wird es damit möglich, Schriften nach Belieben zu laden und zu entfernen, ohne dass der Systemordner bemüht wird. Andererseits müssen Fonts überhaupt nicht mehr im Systemordner untergebracht werden, damit sie von *ATM* oder einer Software erkannt werden. Es reicht, wenn sich Bitmaps und

Einfachere Verwaltung vieler Schriften

RAFFINIERT

PostScript-Schriften im selben Ordner *irgendwo* auf der Festplatte befinden. So wird es möglich, Hunderte Schriften effizient zu verwalten, ohne dass der Systemordner sinnlos verstopft wird. Keine Option, sondern ein Muss für jeden, der mit DTP zu tun hat.

Type Reunion

**Zusammenfassen von
Schriften zu Familien**

Type Reunion

Ein anderes Hilfsprogramm, das im DTP-Bereich bei Profis einen festen Platz eingenommen hat, ist *Type Reunion* von Adobe. Diese kleine Systemerweiterung wird zu einem wahren Segen, wenn eine Schriftfamilie aus vier, acht oder sogar noch mehr Schnitten besteht. Ohne *Type Reunion* (links) werden alle Schnitte in scheinbar endloser Folge untereinander aufgelistet.

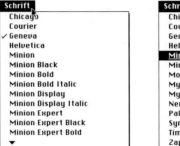

Ist hingegen dieses kleine, feine, unverzichtbare Utility installiert, werden die verlorenen Fonts wieder zu ganzen Familien zusammengefasst, die sich bequem über hierarchische Menüpunkte aufrufen lassen.

**WYSIWYG Menus
und MenuFonts**

Type Reunion wird mit allen Adobe-Fonts mitgeliefert, kann aber auch einzeln erworben werden. Ausserdem bieten die *Now Utilities* mit *WYSIWYG Menus* und das Paket *Click-Change* mit *MenuFonts* Alternativen, die zum Teil doch wesentlich leistungsfähiger, aber leider nicht immer mit allen Programmen – beispielsweise *PageMaker* oder *Word* – kompatibel sind.

WYSIWYG Menus   ~MenuFonts™ 4.04

PostScript unter QuickDraw GX

Mit der Einführung von System 7.5 und *QuickDraw GX* hat
sich einiges verändert. Bestehende PostScript-Schriften lassen
sich zwar weiterhin verwenden, aber sie müssen erst in das
neue Format konvertiert werden. Hört sich einfach an, ist
aber in der Praxis nicht eben ein Kinderspiel.

Adobe und Apple haben sich seit System 7.5 soweit geeignet,
dass sich die TrueTypes fast völlig an die PostScript-Fonts
anpassen und umgekehrt. Ausserdem ist der *Adobe Type-
Manager 3.7* im Lieferumfang enthalten. Leider ist das nicht
genug, wie wir noch sehen werden. Was passiert also, wenn
Sie *QuickDraw GX* installieren und anschliessend den Macintosh neustarten?

❖ Wenn sich im Ordner «Zeichensätze» im Systemordner
   keine PostScript-Fonts befinden, passiert gar nichts.

❖ Fonts, die Sie trotzdem geladen haben, zum Beispiel unter
   Verwendung von *Suitcase,* lassen sich zwar auf dem Bild-
   schirm noch betrachten, aber der mitgelieferte *Type-
   Manager 3.7* kann die Darstellung nicht optimieren.

❖ Wenn sich im Ordner «Zeichensätze» im Systemordner
   PostScript-Schriften samt Printerfonts befinden, werden
   alle installierten Schriften zu ihren Familien zusammengefasst. Da die PostScript-Fonts jetzt quasi wertlos sind,
   werden sie ausserhalb des Ordners «Zeichensätze» in
   einem neuen Ordner namens «•Typ 1 Zeichensatzarchiv•»
   abgelegt. Sie bekommen damit die Möglichkeit, von diesen
   Schriften Sicherheitskopien zu erstellen – unter *Quick-
   Draw GX* erfüllen sie allerdings keine Funktion mehr.

Also müssen die bestehenden Schriften an *QuickDraw GX*
angepasst werden, damit sie weiterverwendet werden können.
Aus diesem Grund liegt dem Paket – nebst *ATM 3.7* – das
Programm *Typ 1 Konverter* bei.

Typ 1 Konverter

Konvertierung von PostScript-Fonts für QuickDraw GX

Die Handhabung des Konverters ist soweit eigentlich ganz einfach. Starten Sie den Konverter auf und wählen Sie den Koffer aus, der den Bildschirmfont der PostScript-Schrift repräsentiert. Geben Sie nun den Zielort für den neuen GX-Font ein und starten Sie den Konvertiervorgang. Wenn Sie mehrere Fonts auf einmal konvertieren möchten, können Sie auch den Ordner mit Ihrer Schriftsammlung anwählen.

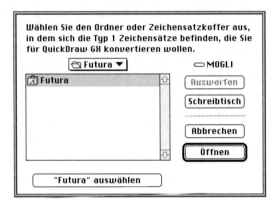

Und hier noch zwei Warnungen: Erstens, wenn Sie einen Bitmap-Font anklicken, muss sich der Outline-Font im selben Ordner befinden. Wenn nicht, kann die Schrift nicht konvertiert werden. Zweitens, lassen Sie sich während der Konvertierung nicht zu einem Neustart hinreissen, weil Sie meinen, dass der Rechner abgestürzt ist. Die Konvertierung benötigt ziemlich viel Zeit, während der die Harddisk keinen Muckser von sich gibt und der Balken, der die Konvertierung anzeigt, scheinbar stillzustehen scheint. Warten Sie sicherheitshalber etwa eine Viertelstunde, bevor Sie Ihren Rechner neustarten. Wenn sich nach dieser Zeit nichts getan hat, könnte es sich tatsächlich um einen Absturz handeln.

Nach der Konvertierung können Sie die Schriften wie gewohnt mit *Suitcase* verwalten oder im Ordner «Zeichensätze» installieren. Die Printer-Fonts benötigen Sie nicht mehr. Allerdings kommt jetzt der kompliziertere Teil der ganzen Sache…

Vom Umgang mit konvertierten PostScript-Fonts

Wenn Sie einen PostScript-Font konvertiert haben, dann werden wie bereits erwähnt die Printer-Fonts nicht mehr benötigt. Wenn Sie den neuen Schriftkoffer öffnen, werden Sie sehen, dass in eben diesem Koffer die Bitmaps durch TrueTypes ergänzt wurden. Alles klar also? Nicht ganz. Es lässt sich nicht verheimlichen, dass Apple an dieser Stelle versagt hat.

Von PostScript nach TrueType?

Die Schriften tragen wohl das TrueType-Icon, aber es handelt sich nach wie vor um PostScript-Fonts – allerdings lassen sich die beiden Typen optisch nicht auseinanderhalten. Mehr noch: Im Gegensatz zu echten TrueTypes sind diese Mischlinge immer noch auf den *TypeManager 3.7* angewiesen, damit sie ordnungsgemäss funktionieren können. Wenn es nun zu Druckproblemen kommt, wird die Erkennung der einzelnen Typen scheinbar unmöglich und Sie werden Ihre liebe Not haben, herauszufinden, welcher Schrift welches Format anhaftet. Hätte Apple richtig getan, so würden jetzt konvertierte PostScript-Schriften ihr eigenes Icon tragen.

MERKET AUF

Sie können die Identität mit absoluter Gewissheit feststellen, wenn Sie im Besitz des Programms *ResEdit* sind. *ResEdit* steht für «RESource EDITor», kommt von Apple und darf frei herumkopiert werden – Sie können ihn über praktisch alle Sharewarequellen oder bei Ihrem Apple-Händler beziehen. (Da das Programm zu gross ist, mussten wir leider auf seine Beigabe verzichten.)

Entlarven von falschen TrueTypes

ResEdit ist mächtig genug, um Ihren Datenbeständen irreparable Schäden zuzufügen, aber solange Sie die entsprechenden Dateien nur *betrachten* und nicht *ändern,* kann nichts passieren. Wir wollen an dieser Stelle nicht weiter auf *ResEdit* eingehen. Wenn Sie sich dafür interessieren, was sich mit diesem Werkzeug sonst noch alles anstellen lässt, dann sollten Sie sich das SmartBook «1000 Tips & Tricks für den Macintosh» zu Gemüte führen, dem *ResEdit* beiliegt. Dort werden in einem eigenen Kapitel die besten Kniffe preisgegeben, wie Sie mit diesem Werkzeug einiges mehr aus Ihrem System holen können.

MERKET AUF

Zurück zu den Schriften. Die Sache ist eigentlich ganz einfach:

1. *Bewegen Sie die Zeichensatzdatei aus dem Köfferchen.*
2. *Öffnen Sie diese Zeichensatzdatei in* ResEdit.
3. *Öffnen Sie mit einem Doppelklick den Ressource-Typ* sfnt.
4. *Öffnen Sie die einzige Ressource mit einem Doppelklick.*

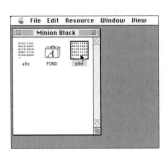

Nur die ersten vier Zeichen zählen

Was Sie sehen, ist ein Kauderwelsch aus Code, das nicht für Normalsterbliche gemacht wurde. Interessant sind für uns lediglich die ersten vier Zeichen: Ein konvertierter PostScript-Font trägt die Bermerkung *typ1*. Clever, nicht? Jetzt können Sie *ResEdit* wieder beenden.

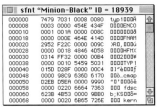

Konvertierter PostScript-Font

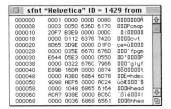

Echter TrueType-Font

Und hier das Ganze ein wenig grösser:

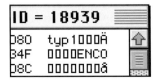

Ärger mit Fonts?

Fonts können miteinander in Konflikt geraten oder beschädigt werden, aber zum Glück ist es kaum möglich, dass sie für ernsthafte Schwierigkeiten sorgen – erst recht nicht dann, wenn Sie wissen, worauf man achten sollte.

Mögliche Problemherde

Eigentlich gibt es nur drei mögliche Fehlerquellen: Eine unzulässige Installation, eine defekte Schrift oder ein Fontkonflikt.

Falsch installierte Fonts

Wenn sich eine Schrift in einem Programm nicht aufrufen lässt, dann könnte einer der folgenden Gründe dafür verantwortlich sein:

❖ Die Schrift wurde nicht im Ordner *Zeichensätze* abgelegt und es wurde kein Hilfsprogramm wie *Suitcase* verwendet.

❖ Die Schrift wurde neu im Ordner *Zeichensätze* abgelegt. Damit sie aber von offenen Programmen erkannt werden kann, muss die jeweilige Anwendung zuerst beendet und dann wieder aufgestartet werden.

❖ Die Schrift wurde zwar im Ordner *Zeichensätze* abgelegt, aber durch weitere Unterordner katalogisiert.

Weitere Möglichkeiten, etwa wenn der Ausdruck nicht dem entspricht, was Sie sich vorgestellt haben, finden Sie in *Kapitel 14, Drucken*, und im *Anhang B, Fragen & Antworten*.

Defekte Printerfonts

Es kann sowohl Printerfonts als auch Bitmaps erwischen. Genau wie jede andere Datei können Schriften beschädigt werden. Vielleicht hat sich der Macintosh beim Kopieren zu wenig Mühe gegeben, vielleicht ist ein mangelhafter Sektor aufgetaucht, auf den die Schrift geschrieben wurde, vielleicht … und so weiter.

BASIS

Wenn ein Macintosh beim Ausdruck regelmässig bombt, dann hat das in seltenen Fällen damit zu tun, dass der Printerfont defekt ist. Wenn Sie mit *Illustrator* oder *FreeHand* arbeiten, dann können Sie das leicht nachprüfen. Öffnen Sie eines der beiden Programme, schreiben Sie ein paar Worte in der verdächtigten Schrift und versuchen Sie anschliessend, den Text in editierbare Kurven umzuwandeln. Wenn das nicht klappt, kann der Macintosh entweder den Printerfont nicht finden, oder er ist tatsächlich beschädigt (der Printerfont, nicht der Macintosh). Einfache Abhilfe: Ersetzen Sie die Schrift auf der Festplatte durch eine frische Kopie von der Originaldiskette. Anschliessend sollten Sie den Macintosh zur Sicherheit neu starten.

Ohne *FreeHand* oder *Illustrator* können Sie leider nur rätseln oder den Font einfach auswechseln, ohne vorher irgendwelche Tests durchzuführen.

Defekte Bitmap-Fonts

In frühen Tagen ist es vorgekommen, dass Adobe eine ganze Reihe an Bitmaps in Umlauf gebracht hatte, die interne Strukturschäden aufwiesen. Doch im Gegensatz zu anderen Programmpaketen hat sich Adobe nie die Mühe genommen, den registrierten Anwendern ein Upgrade für die Bildschirmschriften anzubieten.

Anzeichen für Defekte

Es ist nicht ganz leicht, einen defekten Bitmap-Font zu entdecken. Hier ein paar mögliche Anzeichen:

❖ Der Macintosh bombt, wenn Sie eine Schrift anwählen.

❖ Die Schrift erscheint völlig zerrissen auf dem Bildschirm.

❖ Die Schrift erscheint überhaupt nicht in den Menüs, obwohl sie korrekt installiert worden ist.

❖ Der Aufbau der Textstellen, die in dieser Schrift geschrieben wurden, dauert scheinbar unendlich lange.

Font Harmony

Wenn Sie im Besitz von *Suitcase* sind, dann können Sie das mitgelieferte Programm *Font Harmony* dazu verwenden, um defekte Bitmaps aufzuspüren und eventuell zu reparieren.

Fontkonflikte

Als der Macintosh die Bühne der Computerwelt betrat, ersann
Apple eine Lösung, die den kleinen Zauberwürfel eine Unmenge an Fonts verwalten liess. Jede Schrift musste eine von
256 Identifikationsnummern tragen, anhand derer sie einwandfrei erkannt werden konnte. Allerdings wurden die
ersten 128 Nummern gleich einmal von Apple für eigene
Zwecke reserviert. Also blieben für alle anderen Hersteller
noch ganze 128 Nummern. Wer hätte damals auch ahnen
können, dass eines Tages Tausende von Schriften in Umlauf
sein würden?

BASIS

Die Beschränkung führte bald einmal dazu, dass verschiedene Schriften die gleiche ID-Nummer trugen. Wurden zwei
solche Schriften gleichzeitig installiert, kam es zum Konflikt.
Heute sind Font-Konflikte sehr selten geworden, da mit der
Einführung der *NFNT-Bitmaps (New Font Numbering Table)*
insgesamt 16 000 verschiedene Nummern zur Verfügung
stehen. Wenn Ihre Schriftensammlung allerdings schon ein
wenig betagter ist, dann können Font-Konflikte für Sie
durchaus ein Thema sein. Folgende Ereignisse weisen auf
einen Font-Konflikt hin:

NFNT-Bitmaps

**Hinweise auf
einen Font-Konflikt**

❖ Im Schriftmenü sind zwei Schriften gleichzeitig aktiviert.

❖ Eine Schrift wird vom Programm als vermisst erklärt,
   obwohl sie installiert ist.

❖ Wenn Sie die Schrift auf dem Bildschirm anwählen,
   erscheint eine andere.

❖ Die Schrift sieht auf dem Bildschirm so aus:

Adobe Type On Call

Verschlüsselte PostScript-Fonts

Die gründlichste Lösung aller Probleme mit defekten Bitmaps oder Font-Konflikten heisst *Type On Call* und kommt von Adobe. Dabei handelt es sich um eine CD, die sämtliche Schriften der Adobe-Bibliothek enthält – und das sind eine ganze Menge. Die Printerfonts sind allerdings verschlüsselt. Wenn Sie eine der Schriften kaufen möchten, brauchen Sie nur bei Ihrem Adobe-Vertreter anzurufen, Ihre Kreditkartennummer anzugeben und erhalten nach wenigen Stunden einen Code, mit dem Sie die Schrift quasi auslösen können. Wirklich praktisch.

Das Beste an der preiswerten CD ist aber, dass sie sämtliche Bitmaps für alle Adobe-Fonts enthält. Da die ganze Bibliothek neu numeriert worden ist, lösen die Bitmaps untereinander keine Konflikte aus. Und da diese Schrifttypen laut Adobe frei kopiert werden dürfen, können Sie so Ihre Schriftbibliothek schnell und unkompliziert auf den neusten Stand bringen.

HEISSER TIP!

Die wichtigsten Informationen rund um die verschiedenen Schriftsysteme

❖ Bitmaps werden normalerweise nur für die Bildschirmdarstellung verwendet und sind immer mit 72 dpi (dots per inch) aufgelöst.

❖ PostScript- oder Printerfonts werden für den einwandfreien Ausdruck auf PostScript-Druckern benötigt.

❖ Wenn der *Adobe TypeManager (ATM)* installiert ist, wird aufgrund der mathematischen Beschreibung in diesen Fonts auch die optimale Bildschirmdarstellung berechnet.

❖ TrueTypes bieten in einer Datei alle Daten, die sowohl auf dem Bildschirm als auch auf jedem Drucker zu einer optimalen Darstellung der Schrift führen.

❖ Handoptimierte Bitmap-Fonts bieten bei kleinen Schriftgrössen eine bessere Darstellung als die elektronisch errechneten Grössen von TrueTypes und *ATM*.

❖ Bei PostScript-Fonts muss mindestens eine Grösse auch als Bitmap installiert werden, damit die Schrift in einem Programm aufgerufen werden kann.

Hier werden die verschiedenen Schriften installiert

❖ Unter System 7.0 werden die Bitmaps und TrueTypes in der Systemdatei abgelegt, während die PostScript-Fonts im Ordner *Systemerweiterungen* gespeichert werden.

❖ Wenn die PostScript-Fonts unter System 7.0 im Ordner *Systemerweiterungen* abgelegt werden, kann es sein, dass die Schriften von einigen Programmen nicht erkannt werden. In diesem Fall sollten sie in den offenen Systemordner bewegt werden.

❖ Unter System 7.1 und höher werden alle Schriftformate im Ordner *Zeichensätze* abgelegt.

Die wichtigsten Utilities für die Handhabung von Schriften

❖ *Suitcase* erlaubt das Ablegen der Schriften *irgendwo* auf der Harddisk.

❖ *Type Reunion, WYSIWYG Menus* und *MenuFonts* fassen die einzelnen Schnitte in den Schriftmenüs zu Familien zusammen.

❖ Die CD *Adobe Type On Call* liefert Ihnen unter anderem alle neuen Versionen der Bitmaps aus der gesamten Adobe-Schriftbibliothek.

QuickDraw-Drucker

Fast alle Macintosh-Anwender besitzen auch einen Drucker, da ein Computer ohne Möglichkeit, das Erarbeitete zu Papier zu bringen, faktisch beinahe wertlos wird.

Mehr «Black Box» als Drucker
Probleme mit dem Drucker sind insofern lästig, weil die meisten modernen Ausgabegeräte ein geschlossenes System bilden und bestenfalls via einige blinkende Lämpchen mit dem Anwender kommunizieren. Während ein Macintosh abstürzen, eine Bombe oder ein Dialogfeld zeigen kann, läuft alles, was im Drucker geschieht, verborgen ab. Ein wenig mehr Information zu den verschiedenen Drucker-Architekturen kann aber bereits dazu führen, dass sich Probleme innert Minutenfrist lösen lassen.

QuickDraw

BASIS

Auf den Punkt gebracht ist *QuickDraw* ein kleines, aber sehr schnelles und mächtiges Grafikprogramm, das in jeden Macintosh eingebaut ist. Seine wichtigste Aufgabe besteht darin, sich um einen schnellen Bildschirmaufbau zu bemühen, was gerade beim Macintosh mit seinen vielen grafischen Bedienungselementen eine nicht zu unterschätzende Aufgabe ist. QuickDraw kann aber wie PostScript auch eine *Druckersprache* sein, die in erster Linie auf Tintenstrahl-, Nadel- und einigen preiswerten Laserdruckern zum Einsatz kommt. (Viel mehr zu PostScript später.)

QuickDraw für Monitor und Drucker
Jeder Macintosh baut den Bildschirm durch QuickDraw auf. Wenn nun ein Text oder eine Grafik zu einem Drucker geschickt wird, der kein PostScript versteht, übernimmt QuickDraw auch den Ausdruck.

TrueTypes und ATM
Schriften. Schriften werden auf einem QuickDraw-Drucker immer in der bestmöglichen Qualität ausgegeben, wenn TrueTypes oder PostScript-Fonts mit Adobes *TypeManager* ausgedruckt werden.

Halbtonbilder. Halbtonbilder wie etwa Fotografien können ebenfalls auf QuickDraw-Druckern ausgegeben werden, wenn sie im PICT-Format abgespeichert wurden.

Fotografien

Illustrationen. Das Ausdrucken von Illustrationen ist der Hauptgrund, weshalb QuickDraw-Drucker den PostScript-Vertretern unterlegen sind. QuickDraw-Drucker akzeptieren nur PICT-Grafiken, wie sie von *MacDraw, Canvas* und anderen Programmen erstellt werden. Werden in einem Dokument PostScript-Grafiken verwendet – zum Beispiel aus *Illustrator* oder *FreeHand* – erscheint auf dem Papier nur die Bildschirmdarstellung – und die wird den wenigsten Ansprüchen gerecht. Hier das Beispiel einer PostScript-Grafik, wie sie von einem QuickDraw- (links) respektive PostScript-Drucker ausgegeben wird:

PICT und PostScript-Illustrationen

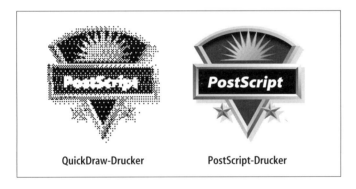

QuickDraw-Drucker   PostScript-Drucker

Allerdings sind *Illustrator* und *FreeHand* Profiprogramme, die zu Hause nicht allzu häufig eingesetzt werden. Auch in den Büros werden nach wie vor viele QuickDraw-Drucker verwendet. Beide Anwendergruppen können sich also nach preiswerten QuickDraw-Druckern umsehen, die für ihr Preis-/Leistungsverhältnis zum Teil Überdurchschnittliches leisten.

Viel Drucker für wenig Geld

Sehen wir uns einmal genauer an, was die beiden populärsten Systeme, die Matrix- und die Tintenstrahldrucker, zu bieten haben.

BASIS

Matrixdrucker

Am Anfang war der Matrixdrucker. Er erhielt diesen Namen, weil er mit einem Druckkopf aus dicht aneinander montierten Nadeln arbeitet, die quasi eine Matrix bilden. Je nachdem, welches Zeichen zu Papier gebracht werden soll, hämmern die einen oder anderen Nadeln auf das Farbband ein und produzieren damit eine Qualität, die heute bestenfalls noch mit «schauderhaft» umschrieben werden kann. Mit der Zeit wurden immer bessere Drucker mit noch mehr Nadeln entworfen, ohne dass ein solches Gerät jemals an die Qualitäten eines guten Tintenstrahldruckers oder an einen preiswerten Laserdrucker herangekommen wäre.

Der ImageWriter

Matrixdrucker waren früher für viele Anwender die einzigen Drucker, die sie sich leisten konnten. Eines der populärsten Modelle in der Apple-Welt war der *ImageWriter*, der von Apple höchstselbst produziert wurde.

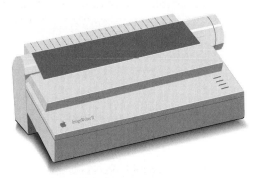

Keine Chance gegen Tintenstrahldrucker

Mit dem Preiszerfall der Tintenstrahldrucker wurde jedoch der grösste Teil der Matrixdrucker vom Markt verdrängt, denn Tintenstrahler hören sich im Gegensatz dazu nicht wie eine Kreissäge an, sind zuverlässiger und bieten auf jeden Fall eine ungleich bessere Qualität.

HEISSER TIP!

Trotzdem gibt auch heute noch zwei gute Gründe, die den Einsatz eines Matrixdruckers rechtfertigen. Erstens sind sie die einzigen Drucker, in die man Endlosformulare einspannen kann, und zweitens sind nur Matrixdrucker in der Lage, mehrere Blätter einer chemischen Durchschreibe-Garnitur in einem Durchgang zu bedrucken. Kein anderes Druckverfahren kann Durchschläge produzieren (von Schreibmaschinen einmal abgesehen).

Tintenstrahldrucker

Tintenstrahldrucker waren mit ihren zahlreichen Vorzügen der ärgste Feind des Matrixdruckers. («Waren» soll heissen, dass sich diese Druckertypen längst gegen die Matrixdrucker durchgesetzt haben, ausser bei den oben beschriebenen zwei Einsatzgebieten. Es gibt also praktisch keine Marktanteile mehr abzuluchsen.)

Dazu kommt, dass Tintenstrahldrucker so preiswert sind, dass man sie liebend gern zu Hause oder als bequemen Einzelplatz-Drucker im Büro einsetzt. Eines der beliebtesten Modelle, der *Apple StyleWriter II,* arbeitet mit einer Auflösung von 360 dpi und bietet damit bei Schriften eine bessere Qualität als so mancher Laserdrucker. Trotzdem belastet er das Budget nur mit bescheidenen 700 Talern.

StyleWriter II: Perfekt für Büro und Heim

Die meisten Tintenstrahler können keine PostScript-Grafiken verarbeiten. Wer mit diesem Umstand leben kann, wird allerdings mit einer Reihe von Vorzügen belohnt, die eine Entscheidung zugunsten eines solchen Systems leicht macht. Ausserdem sind die Drucker praktisch wartungsfrei, da beim Wechsel der Tintenpatrone gleichzeitig der gesamte Druckkopf ersetzt wird.

Tintenstrahler sind wartungsfrei

Farbige Tintenstrahldrucker

Für wenig Geld mehr kann man sich heute ausserdem auch farbige Tintenstrahldrucker kaufen. Die Qualität ist zwar oft nicht gerade berauschend, aber die farbigen Tintenspritzen sind zum Beispiel ideal für Büros, in denen schnell und unkompliziert farbige Verkaufsunterlagen und Hellraumprojektionsfolien erstellt werden sollen.

Nachteile der Tintenstrahldrucker

Allerdings gibt es bei diesen Druckern auch ein paar wenige Nachteile, die für den einen oder anderen Interessenten den Ausschlag geben könnten, sich doch lieber nach einem preiswerten Laserdrucker umzusehen:

Gewelltes Papier und verschmierte Tinte

Da wäre einerseits die Tinte, und die ist ja bekanntlich flüssig. Wenn auf einem Tintenstrahldrucker also grosse Flächen eng bedruckt werden, halten Sie am Schluss ein nasses Blatt Papier in Händen, das sich erstens wellt und zweitens sehr vorsichtig angefasst werden muss, damit die Tinte nicht verschmiert. Das passiert übrigens auch, wenn das Papier später feucht wird.

Eine Minute pro Seite

Andererseits werden Tintenstrahldrucker sowohl vom Tempo (etwa eine Minute pro Seite) als auch von den Kosten her unrentabel, wenn öfters grössere Auflagen gedruckt werden müssen. Unter «grösseren Auflagen» versteht man bei einem Tintenstrahler alles, was über zehn Exemplare hinausgeht.

Tintenstrahler im Netzwerk

Echte und gefälschte Netzwerkfähigkeit

Wie bei den anderen Systemen gibt es auch bei den Tintenstrahldruckern Netzwerk- und Einzelplatzmodelle. Wenn das für Sie ein Thema ist, sollten Sie bei der Anschaffung genau darauf achten, *wie* die Netzwerkfähigkeit zustande kommt. Die *DeskWriter* von HP (Hewlett-Packard) sind zum Beispiel voll netzwerkfähig, da sich an ihnen ein LocalTalk- oder PhoneNet-Connector anschliessen lässt. Jeder Rechner im Netz kann also direkt darauf zugreifen.

Der *StyleWriter II* von Apple ist nur über Umwege netzwerkfähig. Da der Drucker selbst nicht mit einem AppleTalk-Anschluss bestückt ist, der die Einbindung erlauben würde, muss eine Software für die Netzwerkfähigkeit sorgen. Und das geht so:

Der *StyleWriter* wird an einen beliebigen Macintosh im Netzwerk über das serielle Kabel angeschlossen. (Es existiert also keine direkte Verbindung zum Netzwerk.) Der Macintosh hingegen *muss* im Netzwerk verfügbar sein. Über eine spezielle Software, *GrayShare* genannt, kann nun jeder Rechner seine Druckdaten an den Macintosh weitergeben, an dem der *StyleWriter* angeschlossen ist. Das bringt auf der einen Seite den Vorteil, dass sich der Zugriff über ein Passwort regulieren lässt, aber andererseits muss der Macintosh am Drucker immer eingeschaltet sein. Das schlimmste aber ist, dass die Leistung dieses Rechners massiv herabgesetzt wird, wenn ein Netzwerk-Teilnehmer drucken möchte. Meistens ist es nur eine Frage der Zeit, bis dem unglücklichen Anwender, an dessen Rechner der Drucker angeschlossen ist, die Nerven ausgehen.

Wenn Sie also sehr grossen Wert auf Netzwerkfähigkeit legen, dann sollten Sie vom *StyleWriter* Abstand nehmen und sich den Modellen zuwenden, die *tatsächlich* netzwerkfähig sind und sich nicht über einen daran angeschlossenen Macintosh, sondern über eine ganz normale Netzwerkverbindung betreiben lassen.

Über GrayShare zum Netzwerk

Massive Leistungsabnahme

HEISSER TIP!

Laserdrucker

BASIS

Waren Laserdrucker Mitte der 80er Jahre noch Luxusgüter in der Preislage eines anständigen Kleinwagens, so sind heute Modelle auf dem Markt, die bereits für dreistellige Summen erworben werden können.

Laserdrucker bieten die verschiedensten Vorteile: Sie sind sehr leise, schnell, wartungsarm, auch für grössere Auflagen geeignet und liefern brillante Schwarzflächen, ohne dass das Papier wie bei den Tintenstrahldruckern fast ersäuft wird. Ausserdem sind PostScript-fähige Laserdrucker die einzige Wahl für Grafiker und Desktop Publisher.

Ab 300 bis zu über 1000 dpi

Jeder Laserdrucker verfügt über eine Auflösung von minde-stens 300 dpi, wobei die 600-dpi-Modelle immer mehr im Kommen sind. Wer öfters direkt ab Laserdrucker gestochen scharfe Druckvorlagen erstellen möchte, findet heute zudem ein reichhaltiges Angebot an Geräten mit 1 000 dpi oder einer noch höheren Auflösung.

Verschiedene Kaufkriterien

Wenn Sie kurz vor der Anschaffung eines Laserdruckers stehen (oder zumindest ein wenig damit liebäugeln), dann finden Sie in diesem Abschnitt eine Auflistung der wichtigsten Kriterien, die Ihnen einen Kaufentscheid leichter machen werden.

Auflösung. Wie bereits erwähnt, arbeiten alle Laserdrucker mit einer Auflösung von 300 dpi oder mehr. Für die tägliche Korrespondenz reichen 300 dpi bis in alle Ewigkeit, aber wer im grafischen Gewerbe seine Brötchen verdient, sollte sich eventuell nach einem 600-dpi-Modell umsehen. Diese Drukker bieten nicht nur eine gestochen scharfe Schrift, sondern auch mehr Feinheiten und Abstufungen in den Bildern. Praktisch alle Drucker mit 600 dpi oder mehr verfügen über PostScript oder zumindest eine Abwandlung davon.

Wieviel Auflösung sollte es sein?

Schriftgrösse 18 Punkt
Schriftgrösse 14 Punkt
Schriftgrösse 12 Punkt
Schriftgrösse 10 Punkt
Schriftgrösse 9 Punkt
Schriftgrösse 7 Punkt

Auflösung 300 dpi

Schriftgrösse 18 Punkt
Schriftgrösse 14 Punkt
Schriftgrösse 12 Punkt
Schriftgrösse 10 Punkt
Schriftgrösse 9 Punkt
Schriftgrösse 7 Punkt

Auflösung 600 dpi

Netzwerkfähigkeit. Nicht alle Laserdrucker sind netzwerkfähig. Einige Modelle im untersten Preissegment werden direkt an die SCSI-Schnittstelle des Macintosh angeschlossen (siehe Kapitel 4) und können demzufolge nicht von anderen Anwendern genutzt werden. Dieses Verfahren wird vom Hersteller meistens dann angewendet, wenn es darum geht, den Verkaufspreis der Drucker so tief wie möglich zu halten.

Netzwerk- und Einzelplatzdrucker

MERKET AUF

Das wiederum führt oft dazu, dass solche Drucker weder über PostScript noch eine andere, eigene «Intelligenz» verfügen. Im Gegenteil – häufig ist es so, dass der Seitenaufbau nicht im Drucker erfolgt, sondern vom Macintosh übernommen werden muss. Eher kleine Modelle wie der Macintosh SE oder Classic können bei dieser Aufgabe ziemlich ins Schwitzen kommen.

HEISSER TIP!

Wenn Sie sich in Prospekten nach einem netzwerkfähigen Laserdrucker umsehen, dann sollten Sie darauf achten, dass in den technischen Spezifikationen *AppleTalk* oder *LocalTalk* angepriesen wird. Beides bedeutet, dass sich die Netzwerkfähigkeit (auch) auf die Apple-Welt bezieht.

Tricks für eine bessere Optik

Druckbild-Optimierungen. Einige Drucker von Apple, HP und anderen Herstellern arbeiten mit softwäremässigen Erweiterungen, die durch verschiedene Tricks eine höhere Auflösung vorgaukeln. Die 300-dpi-Ausdrucke sehen so zwar besser aus als diejenigen von herkömmlichen 300-dpi-Druckern, reichen aber nicht an die Qualitäten echter 600-dpi-Laser heran. Wenn Sie bei der Anschaffung zwischen einem 300-dpi- und einem 600-dpi-Drucker schwanken, dann könnten diese Drucker eine günstige Alternative sein, die Sie zufrieden stellen wird.

Welche Auflagen möchten Sie drucken?

Anzahl Seiten pro Minute. Auch diese Werte können stark variieren. Die Anzahl Seiten, die der Drucker pro Minute ausgeben kann, hängt einzig und allein vom eingebauten Druckwerk ab. Die Zahl bezieht sich übrigens auf identische Ausdrucke, also ohne die Zeit, die der Drucker oder Macintosh braucht, um den Inhalt einer individuellen Seite aufzubauen.

Die günstigsten Drucker liefern vier Seiten in der Minute. Acht Seiten sind gesundes Mittelmass, während zehn Seiten und mehr den Druckern der Oberklasse vorbehalten bleiben. Wenn Sie im Büro also häufig Memos und andere Schreiben an ein Dutzend Personen verteilen müssen, könnte das eines der wichtigsten Kriterien sein.

· ·

PostScript. PostScript ist eine *seitenbeschreibende Sprache* und repräsentiert den Standard im grafischen Gewerbe. Dank TrueTypes und *ATM (Kapitel 13, Schriften)* sind gestochen scharfe Texte auf *jedem* Laserdrucker möglich. Wenn Sie hingegen auf Ihrem Macintosh PostScript-Programme wie *FreeHand* oder *Illustrator* einsetzen, dann führt kein Weg an einem PostScript-Drucker vorbei.

PostScript oder QuickDraw?

Anschluss für eine Festplatte. Wenn in einem Programm eine PostScript-Schrift verwendet wird, die der Laserdrucker nicht kennt, dann müssen diese Daten über das Netzwerk zum Drucker geschickt werden. Das geschieht unter Umständen bei einem Dokument mehrmals und führt erstens dazu, dass der Ausdruck länger dauert und zweitens das Netzwerk stärker belastet wird.

Eine Harddisk für Schriften

Grafiker, die über eine Unmenge von Schriften verfügen, werden deshalb einen PostScript-Drucker bevorzugen, der einen SCSI-Anschluss für eine Festplatte bietet. Auf ihr werden alle Printerfonts gespeichert – das entlastet erstens das Netzwerk und führt zweitens zu dramatisch kürzeren Druckzeiten.

HEISSER TIP!

Ethernet. Die beliebtesten Netzwerkkabel in der Macintosh-Welt sind entweder abgeschirmte Koaxialkabel *(LocalTalk)* oder vieradriges Telefonkabel *(PhoneNet)* – einfach deshalb, weil diese Verbindungen am günstigsten sind. Wenn jedoch grosse Datenmengen anfallen, die über das Netzwerk transferiert werden müssen, dann ist *Ethernet* die gängigste Lösung. Unter dem Strich kann eine Ethernet-Verbindung in der gleichen Zeit etwa zwei- bis dreimal so viele Daten durch die Kabel schleusen wie ein einfaches PhoneNet- oder LokalTalk-Netzwerk.

Eingebauter Ethernet-Anschluss

Falls Sie in einer Ethernet-Umgebung arbeiten, dann werden Sie wahrscheinlich nach einem Drucker Ausschau halten, der ebenfalls eine Ethernet-Schnittstelle aufweist. Denn wenn dem nicht so ist, dann muss der Drucker über einen speziellen Adapter in das Ethernet-Netz eingebunden werden – und das kostet meistens mehr Geld als der Aufpreis des Druckers mit der eingebauten Ethernet-Schnittstelle.

HEISSER TIP!

· ·

301

Unterschiedliche Rechnersysteme

Verschiedene Computersysteme. Wenn Sie in ein reines Macintosh-Netzwerk eingebunden sind, dann werden Sie jeden beliebigen Drucker einsetzen können, der für den Macintosh vorgesehen wurde. Wenn das Netzwerk aber auch Windows- oder Unix-Rechner mit einschliesst, dann sollten Sie einen Drucker wählen, der nicht nur mehrere Rechnersysteme unterstützt, sondern zwischen den hereinströmenden Datenmengen unterscheiden kann und *automatisch* auf das richtige Protokoll umschaltet.

MERKET AUF

Achtung! Einige Drucker können zwar von verschiedenen Systemen angesprochen werden, müssen aber vor jedem Zugriff auf das richtige Protokoll umgestellt und neu gestartet werden!

PostScript

Keine andere Seitenbeschreibungssprache hat heute im grafischen Gewerbe eine so wichtige Bedeutung wie *PostScript*. Entwickelt von Adobe, erlaubt diese «Programmiersprache für Drucker» die bestmögliche Druckqualität auf allen PostScript-fähigen Ausgabegeräten, egal, welche Auflösung sie besitzen.

BASIS

PostScript arbeitet *auflösungsunabhängig*. Das heisst, wenn Sie eine Illustration in einem Grafikprogramm wie *Illustrator* oder *FreeHand* gezeichnet haben, können Sie sie auf den verschiedensten PostScript-Druckern ausgeben, immer mit der absoluten Gewähr, dass der Drucker sein Bestes gibt.

PostScript erzwingt keine Auflösung

Diese Vielseitigkeit kommt deshalb zustande, weil PostScript keine Daten speichert, was die Auflösung anbelangt. Wenn Sie zum Beispiel mit einem Scanner ein Bild mit 300 dpi einscannen und auf einem 300-dpi-Drucker ausgeben, dann wird die Auflösung des Druckers voll ausgenutzt. Wenn Sie dasselbe Bild aber auf einem 600-dpi-Drucker ausgeben, bleibt die Auflösung des Bildes bei 300 dpi. Die Vorlage ist auf diese Qualität fixiert.

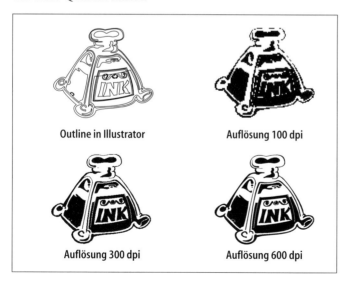

Outline in Illustrator Auflösung 100 dpi

Auflösung 300 dpi Auflösung 600 dpi

Pure Mathematik für den Seitenaufbau

Wenn Sie hingegen eine Illustration in einem PostScript-Grafikprogramm erstellen, wird überhaupt keine Auflösung definiert – die ganze Zeichnung besteht nur aus mathematischen Koordinaten. Wenn die Datei später zu einem 300-dpi-Drucker geschickt wird, dann rechnet PostScript die Auflösung auf 300 dpi hoch. Ist der Drucker aber ein Belichter mit einer Auflösung von 2 540 dpi, dann wird die Grafik mit eben dieser Auflösung hochgerechnet. Und so weiter. (Siehe Abbildungen vorherige Seite.)

RAFFINIERT

Diese Unabhängigkeit von der Auflösung ist es, die PostScript so wichtig für das grafische Gewerbe macht. Ein Grafiker kann sein Seitenlayout auf einem PostScript-Drucker mit 300 dpi ausgeben und weiss genau, dass der fertig belichtete Film – von der Auflösung abgesehen – mit dem Probedruck grundsätzlich identisch ist.

PostScript-Klone

Einige Druckerhersteller wollen sich mit den Lizenzabgaben an Adobe nicht abfinden und bieten sogenannte *PostScript-Klone* an – Fälschungen, von denen versprochen wird, dass sie mit dem Original 100%ig kompatibel sind. Drucker, die mit einem PostScript-Plagiat ausgerüstet sind, bewegen sich preislich meistens im unteren Rahmen.

Gut fürs Büro, …

Für Büroanwender heisst das, dass diese Drucker eine willkommene Alternative zu den echten PostScript-Druckern sein können, da für wenig Geld ein voll grafikfähiger Drucker erstanden werden kann.

…aber schlecht für den Grafiker

Wer jedoch im grafischen Gewerbe arbeitet, sollte sich unbedingt einen Original-PostScript-Drucker anschaffen – nur das Original garantiert, dass man bei den Probedrucken mit den gleichen Bedingungen konfrontiert wird wie der Dienstleister am Belichter.

Was passiert beim Ausdruck?

Wenn Sie nun eine Datei zu einem PostScript-Drucker schicken, dann passiert in groben Zügen etwa folgendes:

1. Der Bildschirminhalt, der durch QuickDraw aufgebaut wurde, wird in PostScript-Code umgerechnet. Dazu verwendet der Macintosh den *LaserWriter-Treiber,* der sich im Systemordner im Ordner *Systemerweiterungen* befindet.

2. Die fertigen PostScript-Daten der verschiedenen Elemente einer Seite werden in den Drucker geladen.

3. Falls Schriften verwendet wurden, die nicht im Drucker eingebaut oder auf der eventuell angeschlossenen Festplatte installiert sind, werden sie ebenfalls in den Drucker geladen.

4. Die Daten werden vom Drucker in Bitmaps umgerechnet, die der Auflösung des Druckers entsprechen.

5. Alle berechneten Elemente werden in Form von Bitmaps in einem speziellen Speicherbereich des Druckers abgelegt. Aufgrund dieser Bitmaps baut der Laserstrahl das Bild der Seite auf der Trommel des Druckwerkes auf.

6. Die fertige Seite wird ausgedruckt.

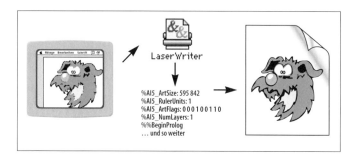

PostScript-Illustrationen enthalten also keine Angaben über die Auflösung. Im Drucker werden allerdings die mathematischen Beschreibungen der Objekte in Bitmaps verwandelt, die sichtbar werden, sobald man ein Elemente stark genug vergrössert. Der Kreis schliesst sich...

Lösungen bei PostScript-Problemen

BASIS

QuickDraw-Drucker sind im Gegensatz zu den PostScript-Ausgabegeräten die reinsten Unschuldsengel. Da sowohl für den Bildschirmaufbau als auch für den Ausdruck die selbe Sprache verwendet wird, kommt es selten zu Problemen. Ausserdem sind QuickDraw-Grafiken meistens eher einfach aufgebaut und dementsprechend pflegeleicht.

PostScript ist hochkomplex

Ganz anders die PostScript-Drucker. Die verwendeten Bilder, Illustrationen und Schriften können hochkomplex und vielschichtig sein, und auch PostScript-Drucker sind nicht gerade banale Konstruktionen. So kommt es immer wieder zu Post-Script-Problemen, bei denen sich der Anwender in die Denkweise des Druckers versetzen muss. Wenn man einige wichtige Techniken und Arbeitsweisen zu diesem Thema intus hat, ist die ganze Sache allerdings halb so wild.

LaserWriter 8 ist zuverlässiger

Früher waren PostScript-Fehler viel häufiger als heute. Seit der von Adobe und Apple gemeinsam entwickelte Druckertreiber *LaserWriter 8* verfügbar ist, sind die Fehler wesentlich weniger geworden. Mehr zu *LaserWriter 8* im Abschnitt *Die besten Drucker-Tips.*

PostScript Level 1 und Level 2

Eine andere Entschärfung erfolgte durch die wesentlich raffinierteren PostScript-Level-2-Drucker. Fast alle Laserdrucker, die heute verkauft werden, arbeiten mit PostScript Level 2. Ältere Modelle hingegen sind mit PostScript Level 1 ausgerüstet. Es würde jedoch zu weit führen, sie hier im Detail zu besprechen..

PostScript-Probleme sind oft Speicherprobleme

Einer der häufigsten Gründe, warum es zu undefinierbaren PostScript-Fehlern kommt, ist *Speichermangel.* Je mehr Sie darüber wissen, wie der Speicher in einem Drucker verwaltet wird, desto schneller und leichter werden Sie PostScript-Fehler aus der Welt schaffen.

Ein PostScript-Drucker, der im Prinzip nichts anderes als eine etwas andere Form eines Computers repräsentiert, arbeitet genau wie der Macintosh mit Arbeitsspeicher. Wieviel das im Fall Ihres Druckers ist, steht im Handbuch. Grundsätzlich lässt sich jedoch sagen, dass Drucker mit einer höheren Auflösung auch mehr Arbeitsspeicher besitzen, da beispielsweise die definitive Datenmenge für den Ausdruck bei einem 600-dpi-Drucker vier Mal grösser ist als bei einem 300-dpi-Modell.

Je grösser die Auflösung, desto grösser der Speicher

Im Drucker wird der verfügbare Speicher in drei verschiedene Bereiche aufgeteilt: Einer speichert die verwendeten Schriften, einer wird vom Prozessor benötigt, um die hereinströmenden Daten umzusetzen, und einer enthält die umgerechneten Bitmaps, die dann für den Ausdruck verwendet werden.

Die drei Speicherbereiche

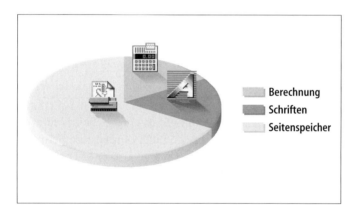

Was lässt sich also gegen die Speicherknappheit unternehmen? Und wie können Sie als Anwender die Speicherzuteilung der einzelnen Bereiche regulieren?

Lösungen aus der Anwendung heraus

Manchmal liegt es an der Anwendung

Nicht nur der PostScript-Drucker benötigt Speicher, sondern auch die Anwendung, aus der Sie das Dokument drucken möchten. Eventuell wurde hier der Speicherplatz zu knapp kalkuliert. Wenn Sie die Anwendung beenden, ihr im Finder mehr Speicher zuteilen und das Dokument anschliessend noch einmal drucken, kann es sein, dass sich der PostScript-Fehler in Luft auflöst. Ein deutlicher Hinweis auf dieses Problem ist die Meldung «*Das Dokument ist in Ordnung, konnte aber nicht gedruckt werden*».

HEISSER TIP!

Eine andere Abhilfe könnte darin bestehen, dass Sie die Datei nicht am Stück, sondern Seite für Seite drucken. Wenn das ein paar Seiten lang gut geht und dann plötzlich wieder ein PostScript-Fehler auftaucht, sollten Sie versuchen, die betroffene Seite noch einmal auszudrucken – nachdem Sie den Drucker neu gestartet haben.

Speicher regulieren

Jeder Schnitt zählt als eine eigene Schrift

Im Desktop Publishing lautet eine eiserne Gestaltungsregel, dass man in einer Datei nie zu viele verschiedene Schriften verwenden sollte, aber manchmal kann man sich nicht daran halten. Ausserdem gilt jeder Schnitt einer Schriftfamilie als eigenständige Schrift. In diesem Buch wurden zum Beispiel – auch wenn es nicht danach aussieht – zwölf verschiedene Fonts eingesetzt! (Die *Triplex* auf dem Titelblatt nicht mitgerechnet.)

```
LaserWriter 8 Papierformat          D1-8.1.1   ( OK )
┌─────────────────────────────────────────────────────┐
│ LaserWriter 8 Optionen             D1-8.1.1  ( OK    )│
│ ┌──────────┐                                          │
│ │          │   Visuelle Effekte:        (Abbrechen)  │
│ │          │   ☐ Horizontal spiegeln                 │
│ │    🐕    │   ☐ Vertikal spiegeln                   │
│ │          │   ☐ Invertieren            ( Hilfe  )   │
│ │          │                                          │
│ └──────────┘   Druckeroptionen:                       │
│                ☐ Zeichensätze ersetzen                │
│                ☐ Text glätten                         │
│                ☐ Grafik glätten                       │
│                ☐ Optimaler Bitmap-Druck (4% Verkleinerung)│
│              ☐ Größere Druckfläche (weniger Zeichensätze)│
│              ☐ Beliebig viele Zeichensätze in einem Dokument│
└─────────────────────────────────────────────────────┘
```

· ·

Bei der Speicherzuteilung im Drucker gibt es zwei Faktoren, die Sie als Anwender selbst regulieren können: Die maximal bedruckbare Fläche des Papiers und die Art und Weise, wie die Schriften gehandhabt werden. Beide Einstellungen finden Sie, wenn Sie im Dialogfeld für das *Papierformat* auf die Taste *Optionen* klicken. (Siehe Abbildung vorherige Seite.)

Grössere Druckfläche (weniger Zeichensätze). Mit Hilfe dieser Option lässt sich die maximale Fläche, die ein PostScript-Laser bedrucken kann, erhöhen. Allerdings benötigt diese Funktion im Laserdrucker mehr Speicher. Er wird dem Bereich entzogen, der für die Verwaltung der Schriften zuständig ist. Wenn Sie also diese Option eingeschaltet haben und gleichzeitig eine ganze Menge Schriften verwendet haben, dann kann es zu PostScript-Fehlern kommen.

Abhilfe: Reduzieren Sie die Anzahl Schriften oder schalten Sie diese Option aus. Für Probedrucke können Sie auch die Ausdruckgrösse auf 90% reduzieren, so dass Sie trotzdem das ganze Layout im Ausdruck betrachten können – auch wenn es leicht verkleinert ist.

Beliebig viele Zeichensätze in einem Dokument. Falls der PostScript-Fehler daher rührt, dass Sie in Ihrem Dokument zu viele Zeichensätze verwendet haben, können Sie diese Option einschalten. Sie führt dazu, dass ein geladener Zeichensatz unmittelbar nach seiner Verwendung wieder aus dem Speicher des Druckers gelöscht wird. In bestimmten Fällen kann diese Funktion wirklich praktisch sein, besonders bei Druckern mit wenig Arbeitsspeicher. Allerdings führt sie dazu, dass der Ausdruck wesentlich länger dauert.

Unregelmässigkeiten in der Datei

Es scheint wie Magie, aber manchmal hilft es, wenn Sie eine Bilddatei aus einem Layoutprogramm löschen und neu plazieren. Falls das nicht funktioniert, sollten Sie die Bilddatei in ihrem Ursprungsprogramm öffnen, unter einer anderen Bezeichnung neu absichern und dann erneut im Layoutprogramm plazieren.

Grössere Druckfläche

HEISSER TIP!

Längere Druckzeiten als direkte Folge

HEISSER TIP!

· ·

Alle Elemente in eine neue Datei kopieren	Andererseits könnte es auch sein, dass mit der Layoutdatei irgend etwas nicht stimmt. Vielleicht verschwindet der PostScript-Fehler, wenn Sie alle Elemente des Layouts kopieren, in eine neue Datei einsetzen und dann noch einmal drucken.
Eine Datei Stück für Stück drucken	Sollte auch das nichts nützen, dann kann es sehr hilfreich sein, wenn Sie die Layoutdatei zerpflücken. Löschen Sie zuerst die komplexeste Grafik und versuchen Sie erneut, die Datei zu drucken. Vielleicht müssen Sie auch noch ein zweites oder drittes Bild löschen, damit die Seite ausgegeben werden kann. Wenn es plötzlich funktioniert, ist eines der Bilder zu kompliziert für den Speicher des Druckers gewesen. Versuchen Sie, die Illustration zu vereinfachen.

Vereinfachen von Illustrationen und Bildern

TIFF- und EPS-Bilder einfacher machen	Im grafischen Gewerbe gibt es nur zwei Bildformate, die den professionellen Ansprüchen genügen: *TIFF (Tagged Image File Format)* und *EPS (Encapsulated PostScript)*. Ersteres wird für Scannerbilder und Fotografien verwendet, letzeres für Illustrationen aus Programmen wie *FreeHand* oder *Illustrator*.
Auflösung der TIFF-Datei reduzieren	*TIFF-Bilder.* Wenn eine TIFF-Datei Schwierigkeiten macht (was zum Glück nicht allzu oft vorkommt), dann sollten Sie die Datei öffnen und unter einer anderen Bezeichnung sichern. Wenn das nichts hilft, dann sollten Sie prüfen, ob die Auflösung vielleicht sinnlos hoch ist, und sie nach Möglichkeit reduzieren.
EPS-Datei neu abspeichern	*EPS-Dateien.* Sehr viel öfter kommt es vor, dass EPS-Dateien an den PostScript-Fehlern schuld sind. Auch hier sollten Sie die Bilddatei erst unter einem anderen Namen sichern und neu plazieren. Wenn das nichts hilft, müssen Sie die Datei vereinfachen.
Lange Kurven können Ärger machen	Wie bereits erwähnt, kommen PostScript-Fehler oft durch Speichermangel im Drucker zustande. Einer der Gründe, warum sich der Drucker verausgaben kann, ist die Komplexität der Illustration. Je länger die verschiedenen Kurven sind und aus je mehr Punkten sie zusammengesetzt werden, um so wahrscheinlicher wird ein PostScript-Fehler.

Aus diesem Grund sollten lange Kurven mit vielen Anker-
punkten in kürzere Segmente aufgeteilt werden. Ein typisches
Beispiel ist etwa unser *SmartBooks*-Logo:

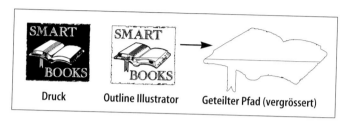

Druck   **Outline Illustrator**   **Geteilter Pfad (vergrössert)**

Links sehen Sie das Logo, wie es im Druck erscheint, in der
Mitte dasselbe als Outline in *Illustrator*. Damit der Effekt des
zerkratzten Bleistempels zustande kam, musste jede Kontur
mit einer Unmenge Punkten aufgebaut werden. Die äusserste
Kontur des Buches war dann definitiv zu kompliziert: Sie
wurde in zwei Teile geschnitten, damit kein PostScript-Fehler
auftritt (rechts vergrössert dargestellt).

**Splitten einer Kurve in
zwei oder mehr Teile**

Illustrator. In Adobes *Illustrator* werden die Kurven nur geteilt,
wenn Sie es ausdrücklich wünschen. In Version 5.5 zum Beispiel muss im Menü *Ablage* der Befehl *Dokumentformat*
aufgerufen und dann die Option *Lange Pfade teilen* aktiviert
werden.

**Pfade in Adobe
Illustrator teilen**

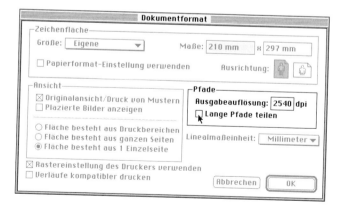

VORSICHT FALLE

Da dann allerdings ein Objekt in zwei oder mehr Segmente zerschnitten wird, sollten Sie die Datei unbedingt unter einem anderen Namen sichern, bevor Sie die Teilung vornehmen. Falls Sie die Illustration nämlich später noch einmal überarbeiten möchten, kann das sehr lästig sein, wenn sie vorher zerstückelt worden ist. Das weiss auch *Illustrator:*

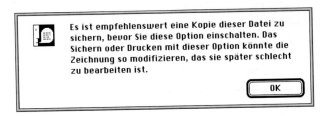

> Es ist empfehlenswert eine Kopie dieser Datei zu sichern, bevor Sie diese Option einschalten. Das Sichern oder Drucken mit dieser Option könnte die Zeichnung so modifizieren, das sie später schlecht zu bearbeiten ist.
>
> OK

RAFFINIERT

FreeHand. Konkurrent *FreeHand* arbeitet in dieser Beziehung einiges eleganter, da die Illustration in diesem Programm immer intakt bleibt. Erst beim eigentlichen Druck teilt das Programm zu lange Pfade im Arbeitsspeicher in die geforderte Anzahl Segmente auf.

Zu viele Schriften geladen

Dauerhaft geladene Schriften im Drucker

Mit Apples *LaserWriter Dienstprogramm* und anderen, ähnlich gelagerten Vertretern lassen sich Schriften in den Arbeitsspeicher des Druckers laden, wo sie so lange bleiben, bis der Drucker ausgeschaltet wird. Das kann unter Umständen sehr nützlich sein und führt zu wesentlich kürzeren Druckzeiten. Wenn Sie jedoch zu viele Schriften in den Drucker laden oder die Layouts ziemlich komplexer Natur sind, kann diese Speicherbelastung zu PostScript-Fehlern führen. In diesem Fall müssen Sie den Drucker neu starten.

Ein Tip für XPress-3.1-Anwender

HEISSER TIP!

QuarkXPress 3.1 macht es Ihnen sehr einfach, das querschlagende Element beim Ausdruck zu finden: Halten Sie einfach die Shifttaste gedrückt, während Sie im *Drucken*-Dialog auf *OK* klicken. Nun zeigt Ihnen *XPress* nicht nur, *dass* gedruckt wird, sondern auch, *welches Element* gerade an die Reihe

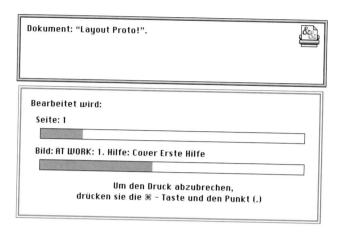

kommt. Wenn ein PostScript-Fehler auftritt, wissen Sie sofort, wer daran schuld war. (Bei neueren XPress-Versionen wird diese Dialogbox automatisch eingeblendet.)

Herabsetzen der Auflösung

Wenn Sie mit einem 600-dpi-Drucker und *LaserWriter 8* arbeiten (mehr dazu später), können Sie komplexere Illustrationen drucken, wenn Sie das Dokument nur mit 300 dpi ausgeben. Klicken Sie dazu im *Drucken*-Dialog auf das Feld *Optionen.* Anschliessend können Sie die Auflösung auf 300 dpi reduzieren.

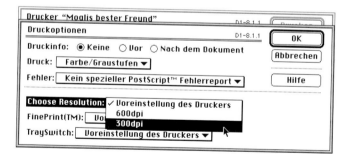

Aufrüsten des Drucker-Speichers

SMART DISK

Mehr Speicher für Ihren Drucker

Wenn all diese Techniken nicht zum Ziel führen, oder immer und immer wieder PostScript-Fehler auftreten, dann sollten Sie den Speicher Ihres Druckers aufrüsten. Wie weit Sie den Speicher bei Apple-Druckern ausbauen können, verrät Ihnen das mitgelieferte Programm *GURU*. *(Kapitel 3, Der Arbeitsspeicher.)* Bei anderen Modellen wird Sie der Händler gerne beraten.

Probleme beim Belichterservice

Eine wertvolle Hilfe für Publisher

Das ist der Schrecken eines jeden Publishers: Die Drucksache für den wichtigen Kunden wird gerade noch in letzter Sekunde fertig. Der Kurier rast zum Belichterservice und dort wiederum hetzen die Mitarbeiter, damit die Filme rechtzeitig in der Druckerei landen. Und dann passiert es: Ein PostScript-Fehler taucht auf! Natürlich haben die Leute im Belichterservice keine Ahnung, woran das liegen kann, denn schliesslich haben sie das Dokument ja nicht erstellt. Zu blöd auch … bei Ihnen im Atelier war der Ausdruck tadellos!

Es gibt zwei Möglichkeiten, wie Sie solche Katastrophen in Zukunft umgehen können. Die eine sähe so aus, dass Sie sich einen eigenen Belichter kaufen. Aber das wird wohl für die wenigsten grafischen Ateliers finanziell tragbar sein.

CheckPost

Die andere, wesentlich preiswertere Variante wäre, dass Sie sich *CheckPost* von der Firma Nine Bits anschaffen. Die Idee dahinter ist folgende: Bevor Sie die Daten zum Belichterservice schicken, erstellen Sie davon PostScript-Files, die alle Daten für den Belichter enthalten. (Das dauert nur wenige Minuten.)

Anschliessend öffnen Sie die PostScript-Dateien in *CheckPost*, das als erstes nachsieht, ob alle verwendeten Schriften und Illustrationen ordnungsgemäss in den Dateien enthalten sind.

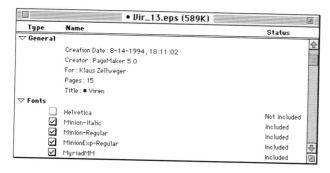

Als nächstes wird die PostScript-Datei zum Ihrem Laser-drucker geschickt, während *CheckPost* gleichzeitig einen Belichter Ihrer Wahl simuliert. Mit anderen Worten, Sie treffen in Ihrem Atelier die gleichen Bedingungen an wie der Belichterservice!

RAFFINIERT

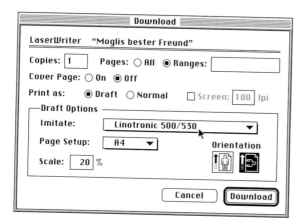

Wenn ein PostScript-Fehler auftritt, können Sie sich daran machen, die Ursachen zu suchen. Wenn es zu keinen Zwischenfällen kommt, dann wird sich die Datei mit grösster Wahrscheinlichkeit auch beim Belichterservice ausgeben lassen. Nun gut; *PostCheck* ist keine 100%ige Versicherung ... aber immerhin eine 99%ige.

EPS- oder TIFF-Dateien werden miserabel ausgedruckt

Wenn die Verbindung zum Original abreisst

Wenn Sie ein Layout mit integrierten EPS-Illustrationen oder TIFF-Dateien ausdrucken und eben diese Bilder in einer entsetzlich schlechten Qualität ausgegeben werden, dann ist wahrscheinlich die Verbindung zwischen der Original- und der Layoutdatei abgerissen. (Etwa, weil ein Ordner oder die Originaldatei umbenannt respektive nach der Plazierung an einem anderen Ort abgelegt wurden.)

Einfachste Abhilfe: Plazieren Sie die entsprechende Datei neu.

LaserWriter 8

Wie bereits erwähnt, sind PostScript-Fehler in der letzten Zeit immer seltener geworden. Das mag einerseits an den neuen PostScript-Level-2-Druckern liegen, aber bestimmt hat auch der neue *LaserWriter-8*-Druckertreiber einiges dazu beigetragen. Umfassende Neuerungen sorgen dafür, dass dieser Druckertreiber zu einem echten Werkzeug wird!

LaserWriter 8 ist wesentlich flexibler als seine Vorgänger, was er in erster Linie den *PDF (Printer Description Files)* verdankt. Die selben Dateien werden von einigen Programmen auch als *PPD* bezeichnet *(PostScript Printer Description)*. Diese reinen Textdateien enthalten druckerspezifische Angaben über die Auflösung, den eingebauten Arbeitsspeicher, welche Papierkassetten verfügbar sind und weitere solche Informationen mehr. Die Vorteile sind nicht von der Hand zu weisen: Der Hersteller muss lediglich für seine Drucker eine PPD- oder PDF-Datei schreiben, damit *LaserWriter 8* das letzte aus dem Gerät holen kann. Diese Dateien werden übrigens im Systemordner im Ordner *Systemerweiterungen* untergebracht und dort wiederum im Ordner *Druckerbeschreibungen* zusammengefasst.

Beschreibungen für jeden Drucker

Ablegen der Druckerdateien

Konfigurierung von LaserWriter 8

Die PPD-Dateien sollten natürlich im Optimalfall mit Ihrem Drucker geliefert werden. Falls der Hersteller geschlafen hat oder Ihr Drucker älter als *LaserWriter 8* ist, können Sie sich die PPD-Datei entweder beim Händler besorgen oder den Treiber eigenhändig konfigurieren.

Rufen Sie dazu im Apple-Menü die *Auswahl* auf, klicken Sie auf den gewünschten Drucker (der eingeschaltet sein muss) und anschliessend auf *Einstellung*. Nun werden die verschiedene Tasten für die Konfiguration sichtbar. (Siehe Abbildung nächste Seite.)

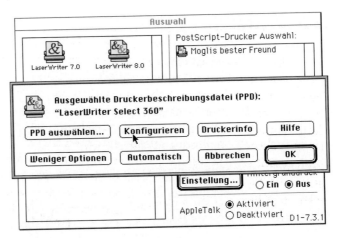

❖ Klicken Sie auf *Automatisch*, damit sich *LaserWriter 8* selbständig auf den ausgewählten Drucker konfiguriert.

❖ Klicken Sie auf *PPD auswählen*, wenn bereits eine solche Datei für Ihren Drucker vorliegt.

❖ Klicken Sie auf *Optionen*, wenn Sie Ihren Drucker eigenhändig konfigurieren möchten.

Vorteile fremder Druckerdateien

RAFFINIERT

Wieso aber müssen Sie PPD-Dateien mühsam zusammensuchen, wenn sich *LaserWriter 8* automatisch konfigurieren kann? Nun, vielleicht verdienen Sie Ihre Brötchen mit der Erstellung von Drucksachen. In diesem Fall könnten Sie bei Bedarf die PPD-Datei eines Belichters verwenden, um dem Belichterservice reine PostScript-Dateien zu schicken, die bereits an die Möglichkeiten einer Linotronic oder eines anderen Belichters angepasst wurde, ohne dass Sie selbst ein solches Gerät besitzen.

Prüfen der Versionsnummer

Bei Drucklegung dieses Buches war *LaserWriter 8.1.1* die neuste Version des Treibers. Wenn Sie überprüfen möchten, mit welcher Version Sie arbeiten, können Sie in einem beliebigen Programm die Dialogbox für das *Papierformat* aufrufen und dann die Versionsnummer des aktiven Treibers in der rechten oberen Ecke der Dialogbox ablesen.

Noch mehr Arbeitserleichterungen

Eine der besten Neuerungen ist die Möglichkeit, zwei oder vier Seiten auf ein einziges Blatt Papier zu drucken. Das freut nicht nur die Umwelt, sondern verkleinert auch die Papierstapel auf Ihrem Schreibtisch. Machen Sie ein paar Tests; Sie werden überrascht sein, wie gut sich die kleineren Texte immer noch lesen lassen, erst recht dann, wenn der Drucker über eine Auflösung von 600 dpi oder mehr verfügt. Mit der Zeit werden Sie ein Dokument über den Daumen gepeilt beurteilen können, um festzustellen, ob eine, zwei oder vier Seiten pro Blatt ausgedruckt werden können, damit die Texte immer noch ohne Mikroskop entziffert werden können.

Drucken mehrerer Seiten auf einem Blatt

Sie können diese Option auch dazu verwenden, um doppelseitige Layouts auf ihre Wirkung hin zu prüfen, indem Sie beide Seiten auf einem Blatt ausdrucken. Ausserdem lassen sich bei der Planung einer Broschüre schnell Übersichten ausdrucken und an die Pinnwand heften, damit sich alle Beteiligten über den Stand der Dinge informieren können.

Doppelseitige Layouts

HEISSER TIP!

Prüfen der maximalen Druckfläche

Eine andere nette Einrichtung, die man bei den alten Treibern vergeblich gesucht hat, ist die Möglichkeit, sich die maximale Seitenausnutzung anzeigen zu lassen, also den Bereich, der mit Toner bedruckt werden kann. Klicken Sie einfach im Dialog für das *Papierformat* auf den Hund (besser bekannt unter den Namen «Moof!», «Clarus» und «Dogcow»), um genaue Informationen über das aktuelle Papierformat und die kleinstmöglichen Ränder zu erhalten. (Siehe nächste Seite.)

Genaue Anzeige der Papierränder

HEISSER TIP!

LaserWriter 7 spart Platz auf der Harddisk

Ein Tip für die Besitzer von Farbdruckern

Hier noch ein Tip für stolze Besitzer eines Farbdruckers: *LaserWriter 8* speichert einen Druckjob temporär auf die Harddisk. Deshalb liefern viele Hersteller den Farbdrucker mit *LaserWriter 7* aus, da er während der Ausgabe weniger Speicher auf der Harddisk benötigt. Natürlich können Sie *LaserWriter 8* verwenden, aber wenn Ihre Harddisk ständig zu bersten droht, dann sollten Sie zusätzlich *LaserWriter 7* installieren. So können Sie bei Bedarf schnell zur alten Version wechseln, wenn eine Datei tatsächlich zu speicherintensiv ist. Beide Treiber-Versionen lassen sich in einem Netzwerk übrigens problemlos mischen.

HEISSER TIP!

Selbstgemachte Papierformate

Wenn Sie einige Modifikationen an Ihrem Druckertreiber vornehmen möchten, dann bietet sich das Freeware-Programm *Printer Defaults* von John Rawnsley an, ein kleines Utility, mit dem Sie bestimmte Einstellungen des Treibers ändern können. (Sie finden *Printer Defaults* auf der beiliegenden *SmartDisk*.) So lassen sich zum Beispiel die Ränder bei den Miniaturseiten abschalten oder die Anzahl der maximalen Kopien beim Ausdruck reduzieren (für den Fall, dass Sie der Administrator sind). Sie können bei ausgeschaltetem Drucker verschiedene Einstellungen ändern oder PostScript-Dateien ohne aktiviertes AppleTalk erstellen, für den Fall, das Sie gar keinen PostScript-Drucker besitzen.

SMART DISK

. . . .

Ein paar Drucker-Tips zum Abschluss

Im folgenden finden Sie einige Tips für den Umgang mit allen Druckertypen. Sie werden Ihnen helfen, Zeit zu sparen. (Oder Geld, was auch nicht zu verachten ist.)

Die LocalTalk-Falle

Wenn Sie sich für zuhause einen netzwerkfähigen Drucker kaufen, den nur Sie alleine benutzen, dann lassen Sie sich vom Händler auf keinen Fall *LocalTalk*- oder *PhoneNet*-Verbindungen andrehen. Solange Sie nämlich der einzige sind, der mit diesem Ausgabegerät arbeitet, reicht auch ein einfaches serielles Kabel!

HEISSER TIP!

Ein besseres Schwarz

Wenn Sie das Gefühl haben, dass der Ausdruck nicht so satt und schwarz ist, wie er sein könnte, dann sollten Sie etwa fünf Seiten ausdrucken, die komplett mit einer schwarzen Fläche gefüllt sind. Das hilft meistens.

Vorsicht bei Recycling-Toner!

Der Umweltschutzgedanke ist zwar sehr löblich, aber das Recycling verbrauchter Tonerkassetten ist nicht ganz unkritisch. Ursprünglich wurden die Kassetten für den einmaligen Einsatz konstruiert, damit Laserdrucker möglichst wartungsfrei bleiben. Trotzdem können Sie eine Kassette bis zu fünf Mal wiederverwenden, bevor sie endgültig entsorgt werden sollte.

Achten Sie also beim Recycling darauf, dass die jeweilige Firma garantiert, dass Sie genau die Kassette zurück erhalten, die Sie eingeschickt haben. Sonst könnte es passieren, dass Ihre fast neue Tonerkassette durch eine ersetzt wird, die schon ein Dutzend Mal wiederverwertet wurde. (Tip im Tip: Bringen Sie mit einem harten Gegenstand irgendwo auf der Kassette ein Zeichen an, bevor Sie den Toner nachfüllen lassen.)

Behalten Sie Ihre Kassetten im Auge!

. . . .

Mehr Toner

Bis zur bitteren Neige

Wenn Sie mit einem Laserdrucker arbeiten und feststellen, dass der Toner zur Neige geht, dann lassen sich unter Umständen immer noch Dutzende einwandfreier Ausdrucke erstellen. Nehmen Sie die Tonerkassette aus dem Drucker und bewegen Sie sie sorgfältig hin und her, so dass sich der restliche Toner gleichmässig verteilen kann. Nicht zu fest schütteln, sonst passiert ein Missgeschick!

Das Missgeschick ist passiert

Verschütteten Toner entfernen

Zu fest geschüttelt? Wenn Sie Toner auf Ihre Kleidung oder auf den Boden verstreut haben, sollten Sie auf keinen Fall versuchen, ihn mit Wasser oder einem Reinigungsmittel zu entfernen – das macht die Sache nur schlimmer. Verwenden Sie stattdessen einen Staubsauger.

Druckkopf beim StyleWriter reinigen

Der StyleWriter reinigt sich selbst

Wenn Sie bei Ihrem Apple *StyleWriter* im Ausdruck plötzlich Streifen erkennen können oder sonst etwas darauf hinweist, dass der Druckkopf verschmutzt ist, können Sie den Drucker anweisen, den Kopf zu reinigen. Klicken Sie in der *Drucken*-Dialogbox auf *Optionen* und anschliessend ... siehe Bild:

```
┌──────────────────────────────────────────────────────────┐
│ StyleWriter II                          D1-1.2   ┌────────┐│
│                                                  │   OK   ││
│  Kopien: [1]  Seiten: ⦿ Alle ○ Uon: [ ] Bis:[ ] └────────┘│
│                                                  ┌────────┐│
│  Qualität:    ○ Hoch  ⦿ Standard  ○ Entwurf     │Abbrechen││
│  Papierzufuhr: ⦿ Papiermagazin     ○ Manuell     └────────┘│
│  Druck:   [ Graustufen      ▼]                   ┌────────┐│
│  Bestätigung: [ Keine       ▼]                   │  Hilfe ││
│                                                  └────────┘│
│                                                  ┌────────┐│
│                                                  │Optionen││
│                                                  └────────┘│
└──────────────────────────────────────────────────────────┘

┌──────────────────────────────────────────────────────────┐
│ StyleWriter II                          D1-1.2   ┌────────┐│
│                                                  │   OK   ││
│  ⊠ Tintenpatrone vor dem Drucken säubern        └────────┘│
│                                                  ┌────────┐│
│  Papierzufuhr: ⦿ Papiermagazin     ○ Manuell     │Abbrechen││
│                                                  └────────┘│
│  Druck:   [ Graustufen      ▼]                   ┌────────┐│
│  Bestätigung: [ Keine       ▼]                   │  Hilfe ││
│                                                  └────────┘│
│                                                  ┌────────┐│
│                                                  │Optionen││
│                                                  └────────┘│
└──────────────────────────────────────────────────────────┘
```

Achtung! Es ist möglich, dass Sie mit einem alten *StyleWriter* den Druckertreiber des *StyleWriter II* verwenden können. Allerdings dürfen Sie dann auf keinen Fall die Option für die automatische Reinigung des Druckkopfes verwenden, da sonst der Drucker tatsächlich *mechanisch beschädigt* werden könnte!

Mehr Möglichkeiten für PostScript-Drucker

Wenn Sie mit dem *LaserWriter Dienstprogramm* von Apple ausgestattet sind, können Sie je nach Möglichkeiten Ihres Druckers folgende Einstellungen anpassen:

❖ Schriften auf die Harddisk des Druckers laden.

❖ Schriften permanent in den Speicher des Druckers laden.

❖ Testseite beim Start des Druckers aktivieren/deaktivieren.

❖ Verschiedene Voreinstellungen für den Druck festlegen.

Das kostenlose *LaserWriter Dienstprogramm* finden Sie entweder auf den Disketten, die mit Ihrem Drucker geliefert wurden, bei Ihrem Händler oder auf den Systemdisketten von System 7.5.

Die wichtigsten Eigenschaften der verschiedenen Druckertypen

❖ Matrixdrucker sind heute durch Tintenstrahldrucker abgelöst worden – mit Ausnahme der Gebiete, in denen Durchschläge und Endlosformulare gefragt sind.

❖ Tintenstrahldrucker werden heute vorzugsweise in Büros und zuhause eingesetzt. Sie sind preiswert, leise und bieten eine saubere Qualität.

❖ Ausser zur Ausgabe von PostScript-Illustrationen sind Tintenstrahldrucker eine echte Alternative zu den Laserdruckern mit PostScript.

❖ Wenn PostScript-Schriften unter *ATM* oder TrueTypes verwendet werden, liefern QuickDraw-Drucker auf dem Papier gestochen scharfe Schriften.

❖ Tintenstrahldrucker sind für grössere Auflagen nicht zu empfehlen.

❖ Auch günstige Laserdrucker bieten eine hohe Auflösung, satte Schwarzflächen und sind für grössere Auflagen geeignet.

❖ Original-PostScript-Drucker sind im grafischen Gewerbe ein *Muss!*

Das wichtigste zu PostScript

❖ PostScript ist im grafischen Gewerbe *der* Standard.

❖ PostScript-Illustrationen sind nicht an eine bestimmte Auflösung gebunden, sondern werden vom jeweiligen PostScript-Drucker auf die maximale Auflösung hochgerechnet.

❖ PostScript-Klone sind gut fürs Büro oder zuhause, aber nicht für grafisch orientierte Betriebe.

❖ Verwenden Sie den Druckertreiber *LaserWriter 8*. Er ist nicht nur flexibler und ganz allgemein besser, sondern auch zuverlässiger.

❖ Wenn Sie möglichst alle Fehlerquellen ausschliessen möchten, sollten Sie sich *CheckPost* von Nine Bits anschaffen, bevor Sie Ihre Dateien zu einem Belichterservice schicken.

So beheben Sie PostScript-Fehler

❖ Verwenden Sie den Druckertreiber *LaserWriter 8*.

❖ Starten Sie den Drucker neu.

❖ Starten Sie den Macintosh neu.

❖ Teilen Sie der Anwendung mehr Speicher zu.

❖ Regulieren Sie den Speicher selbst über die Dialogbox *Papierformat*.

❖ Sichern Sie die Layoutdatei unter einem neuen Namen ab.

❖ Kopieren Sie alle Elemente in eine neue Layoutdatei.

❖ Drucken Sie die Datei Seite für Seite, eventuell jedesmal gefolgt von einem Neustart.

❖ Vereinfachen Sie die importierten PostScript-Illustrationen.

❖ Reduzieren Sie die Auflösung bei TIFF-Bildern.

❖ Verwenden Sie weniger Schriften.

❖ Setzen Sie bei einem 600-dpi-Drucker die Auflösung auf 300 dpi herab.

❖ Rüsten Sie den Arbeitsspeicher Ihres Druckers auf.

Entscheidungskriterien für den Kauf von Tintenstrahldruckern

❖ Wie hoch muss die Auflösung sein?

❖ Farbig oder schwarzweiss?

❖ Netzwerkfähig oder Einzelplatzdrucker?

❖ Tempo (Anzahl Seiten pro Minute)?

Entscheidungskriterien für den Kauf von Laserdruckern

❖ Wie hoch muss die Auflösung sein? 300 dpi? 600 dpi? Oder eventuell ein 300-dpi-Drucker mit einer Software, welche die 300-dpi-Auflösung optimiert?

❖ Netzwerkfähig oder Einzelplatzdrucker?

❖ Wieviele Seiten müssen pro Minute gedruckt werden können? 4, 8 oder sogar 10 und mehr?

❖ Muss der Drucker PostScript-fähig sein oder reicht auch ein QuickDraw-Drucker? Reicht es im Büro, wenn ein PostScript-Klon verwendet wird?

❖ Muss der Drucker einen Anschluss für eine Festplatte bieten?

❖ Wird der Drucker in ein Ethernet-Netzwerk eingebunden?

❖ Greifen verschiedene Computersyteme auf den Drucker zu, oder handelt es sich um ein reines Apple-Netzwerk?

❖ Muss der Drucker mehrere Papierschächte verarbeiten können, oder reicht eine einzelne Papierkassette?

❖ Oder anders gefragt: Wieviel Blatt Papier muss der Drucker fassen können?

Elementare Techniken

Oft helfen bei Problemen mit dem Macintosh einige wenige Handgriffe, die in verschiedenen Situationen zum Einsatz kommen. Viele Prozeduren in *Anhang B* weisen immer wieder auf diese Basistechniken hin. Hier eine Zusammenfassung der wichtigsten Informationen, Tastenkombinationen und Verfahren, die jeder interessierte Macintosh-Anwender kennen sollte.

Alle Systemerweiterungen deaktivieren

Eine Standardprozedur, wie sie im Buche steht (nicht nur in diesem). Wenn Sie beim Aufstarten des Macintosh eventuellen Konflikten mit Systemerweiterungen aus dem Weg gehen möchten, dann ist das ganz einfach:

1. Starten Sie den Macintosh neu.

2. Halten Sie unmittelbar nach dem Startgong so lange die Shifttaste gedrückt, bis Sie folgende Meldung sehen:

3. Das war's auch schon!

Schreibtischdatei neu anlegen

SMART DISK

Wenn Sie plötzlich eine Datei mit einem Doppelklick nicht mehr öffnen können oder Objekte ihr Icon verlieren, dann könnte die unsichtbare Schreibtischdatei des Macintosh ein wenig durcheinander geraten sein. Es gibt zwei Möglichkeiten, die Sache wieder ins Lot zu bringen: Entweder Sie aktualisieren die Schreibtischdatei, oder Sie löschen sie mit Hilfe des mitgelieferten *Desktop Reset*.

1. Starten Sie den Macintosh neu.

2. Halten Sie nach dem Startgong so lange die Befehls- und die Optionstaste gedrückt, bis Sie folgende Meldung sehen:

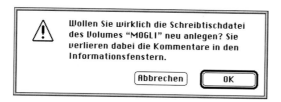

3. Klicken Sie auf *OK*.

Die Schreibtischdatei wird nun neu angelegt.

Wenn Sie die Erweiterung *Desktop Reset* installiert haben, dann sieht die Meldung so aus:

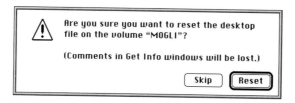

Desktop Reset ist insofern gründlicher, weil die Schreibtischdatei nicht nur aktualisiert, sondern komplett gelöscht und neu aufgebaut wird.

Startdiskette auswerfen

Manchmal kann es vorkommen, dass Sie den Macintosh von einer Startdiskette wie zum Beispiel *Dienstprogramme* aufstarten. Wenn der Macintosh nun bombt und Sie ihn erneut starten, bleibt die Diskette im Laufwerk stecken. Der Macintosh wird also noch einmal versuchen, das System von eben dieser Diskette zu starten.

Abhilfe: Halten Sie unmittelbar nach dem Startgong die Maustaste gedrückt. Nun wird die eingelegte Startdiskette ausgeworfen.

Interne Harddisk unterdrücken

Manchmal kommen Sie in Situationen, in denen Sie die interne Harddisk für den Macintosh unkenntlich machen möchten – etwa dann, wenn der Rechner von einer Wechselplatte aufstarten soll.

Wenn Sie etwa *eine bis zwei Sekunden nach dem Startgong* die Tastenkombination *Befehl-Option-Shift-Löschtaste* drücken, ignoriert der Macintosh die interne Festplatte und macht sich auf die Suche nach einem anderen Massenspeicher, der einen intakten Systemordner enthält. (Diese Technik ist auch als «finale Geierkralle» bekannt.)

Löschen des Parameter-RAM (PRAM)

Das *Parameter-RAM* oder kurz *PRAM* ist ein kleiner Speicherbereich, der zum Beispiel Informationen über die von Ihnen eingestellte Mausgeschwindigkeit, die Uhrzeit, die Anzahl Farben auf dem Monitor und anderes enthält. Ab und zu kann es nun vorkommen, dass dieser Speicherhappen ein wenig durcheinandergerät und zu Problemen führt. Das PRAM ist eigentlich eine ziemlich undurchsichtige Angelegenheit, und so gehört seine Löschung zu den Standardprozeduren, die man bei der Behebung mysteriöser Fehler anwendet.

1. Starten Sie den Macintosh neu.

2. Warten Sie nach dem Startgong eine bis zwei Sekunden.

3. Drücken Sie die Tastenkombination *Befehl-Option-P-R* bis Sie den Startgong ein *zweites Mal* hören.

Wenn der Macintosh nicht neu startet, ist das PRAM nicht gelöscht. Warten Sie, bis der Macintosh den Finder geladen hat, starten Sie den Macintosh neu und versuchen Sie es noch einmal.

Notausstieg bei Abstürzen

Oft kommt es vor, dass ein System nicht die Bombe wirft, sondern einfach das offene Programm blockiert. Wenn Sie trotzdem noch den Mauszeiger bewegen können, dann gibt es eine Chance, aus dem betroffenen Programm auszusteigen, damit Sie offene Dateien in anderen Programmen sichern können.

Drücken die Tastenkombination *Befehl-Option-Escape*. Mit ein wenig Glück erscheint folgender Dialog:

Klicken Sie auf *Sofort beenden*. Unter Umständen wechselt der Macintosh in den Finder, von wo aus Sie die anderen offenen Programme regulär beenden können. Achtung: Nach dieser Prozedur sollten Sie den Macintosh unbedingt neustarten, da sonst der nächste Absturz nicht lange auf sich warten lassen würde.

Was passiert beim Aufstarten des Macintosh?

Es ist nicht so wichtig, dass Sie im Detail wissen, was beim Aufstarten passiert. Vielleicht interessiert es Sie aber, welche Prozesse in Gang gesetzt werden, sobald der Macintosh mit Strom versorgt wird. Hier eine kurze Übersicht:

1. Der Macintosh wird eingeschaltet.

2. Das Netzteil beginnt, die Hauptplatine und alle eingebauten Geräte wie Festplatten und CD-ROM-Laufwerk mit Strom zu versorgen.

3. Bestimmte Bauteile wie das *ROM*, das *RAM*, der Hauptprozessor und andere werden auf ihre Funktionstüchtigkeit hin geprüft.

4. Das ROM beginnt, alle verfügbaren Massenspeicher nach einem lauffähigen Betriebssystem abzusuchen. Konkret wären das in dieser Reihenfolge:

    a. Das interne Diskettenlaufwerk.

    b. Falls vorhanden, das zweite interne Diskettenlaufwerk.

    c. Das externe Diskettenlaufwerk, falls eines angeschlossen ist.

    d. Die Disk, die im Kontrollfeld *Startlaufwerk* als Startdiskette auserkoren wurde.

    e. Die externe Harddisk, die mit dem seriellen Anschluss verbunden ist (ein Überbleibsel aus der Ur-Mac-Ära).

    f. Die interne Harddisk respektive ein anderes SCSI-Gerät, das mit der Nummer 0 (null) ausgestattet ist.

    g. Alle anderen Geräte in SCSI-Reihenfolge von 6 bis 1.

Falls er nichts findet, wartet der Macintosh rund 15 Sekunden und fängt dann von vorne an, indem er erneut das interne Diskettenlaufwerk prüft.

5. Der Treiber der Festplatte wird geladen.

6. Das Betriebssystem wird geladen – der Macintosh lächelt.

7. Aus dem Systemordner werden folgende Komponenten geladen:

    a. System.

    b. Der passende System Enabler (unter System 7.1).

    c. Systemerweiterungen.

    d. Kontrollfelder.

    e. Erweiterungen innerhalb des offenen Systemkoffers.

    f. Der Finder.

8. Der Schreibtisch erscheint. Der Macintosh ist einsatzbereit.

Die Holzhammer-Methode

«*Die Büroklammer*», so sagt man, «*ist der beste Freund des Macintosh-Anwenders!*» Da steckt einiges an Wahrheit drin, denn dieses einfache Stück Draht ist das wirkungsvollste Instrument, um eine steckengebliebene Diskette aus dem Laufwerk zu holen.

❖ Biegen Sie sich die Büroklammer so zurecht, dass Sie einen Griff und ein längeres, gerades Stück Draht erhalten.

❖ Stecken Sie den Draht in das kleine Loch, das sich neben dem Diskettenlaufwerk befindet. Achten Sie bitte darauf, dass die Büroklammer möglichst gerade eingeführt wird.

❖ Sobald Sie auf Widerstand stossen, sollten Sie sich überzeugen, dass die Büroklammer wirklich gerade eingeführt wurde. Und jetzt drücken…!

Die klassischen Probleme

In diesem Anhang haben wir zu verschiedenen Themen einige Fragen zusammengetragen, die man immer wieder hört. Die Antworten sind zum Teil bewusst sehr kurz gehalten, wenn die Lösungen und weiterführenden Informationen an einer anderen Stelle im Buch aufgeführt sind. (Das betrifft auch die Standardtechniken, die in *Anhang A* beschrieben wurden.)

Denken Sie jedoch immer daran, dass keine Aufzählung der möglichen Ursachen vollständig sein kann. Im Zweifelsfall sollten Sie sich auf Ihre Intuition verlassen und andere Wege beschreiten, falls die Empfehlungen oder Ratschläge nicht zum gewünschten Ergebnis führen. Denn gerade bei der Fehlerbehebung zählt Ihr gesunder Menschenverstand viel mehr als die längste Liste, die wir hier abfassen könnten.

Das Know-how zu ziemlich jedem Problem finden Sie in den Kapiteln im Hauptteil dieses Buches. Betrachten Sie diesen Anhang also bitte als das, was er ist: Eine kleine, nützliche, aber nichtsdestotrotz unverbindliche Hilfestellung – denn die Idee, die hinter diesem Buch steht, ist die, dass Sie sich in jedem Fall selbst helfen können.

Wir wünschen Ihnen viel Erfolg!

Abstürze im allgemeinen

Was kann ich gegen regelmässige Abstürze tun?

☐ Starten Sie den Macintosh neu.

☐ Überprüfen Sie Ihre Systemerweiterungen.

☐ Wenn der Absturz immer im selben Programm auftritt, sollten Sie die Software auswechseln.

☐ Löschen Sie das Parameter-RAM (PRAM).

☐ Überprüfen Sie die Festplatte mit *Erste Hilfe* oder einem ähnlichen Programm.

☐ Installieren Sie ein frisches Betriebssystem.

☐ Schlagen Sie auf Seite 246 nach *(mit Garantie zum Erfolg)*.

Was kann ich während eines Absturzes tun?

☐ Wenn der Macintosh die Bombe wirft und die Taste *Retten* aktiv ist, versuchen Sie es, indem Sie auf diese Taste klicken.

☐ Versuchen Sie, das Programm mit *Befehl-Option-Escape* gewaltsam zu beenden, damit Sie die anderen offenen Dateien in gleichzeitig laufenden Programmen sichern können. Anschliessend sollten Sie den Macintosh unbedingt neustarten.

Probleme beim Aufstarten

Beim Einschalten passiert gar nichts

Die Wahrscheinlichkeit ist gross, dass die Stromversorgung zum Erliegen gekommen ist. Wenn die Kabel ordnungsgemäss angebracht sind, und die Steckdose unter Strom steht, dann könnte eventuell das Netzteil des Macintosh defekt sein.

☐ Hängt der Macintosh an der Steckdose?

☐ Sind die Kabel in Ordnung?

☐ Sind die Kabel richtig eingesteckt?

☐ Ist die Steckdose in Ordnung?

☐ Falls Ihr Macintosh über die Tastatur eingeschaltet wird: Ist das Tastaturkabel richtig angeschlossen?

☐ Falls Sie ein PowerBook besitzen: Ist der Akku in Ordnung?

Der Bildschirm bleibt beim Einschalten grau

Wenn mit «grau» gemeint ist, dass nebst der grauen Fläche *überhaupt nichts* sichtbar ist (nicht einmal der Mauszeiger), dann hängt der Macintosh irgendwo.

☐ Kontrollieren Sie, ob jedes SCSI-Gerät eine eigene Nummer trägt.

☐ Überprüfen Sie die SCSI-Verbindungen.

☐ Ein ausgeschaltetes SCSI-Gerät ist vielleicht so konstruiert, dass es in Betrieb sein muss, wenn der Macintosh läuft. Schalten Sie alle SCSI-Geräte ein, bevor Sie den Macintosh einschalten.

☐ Im schlimmsten Fall hängen Sie alle SCSI-Geräte ab, und bauen die SCSI-Kette neu auf.

Der Macintosh läuft, aber der Monitor bleibt schwarz

Mit grosser Wahrscheinlichkeit liegt es an der Kabelverbindung.

☐ Wurde der Monitor eingeschaltet?

☐ Wird der Monitor mit Strom versorgt?

☐ Sind die Stromkabel in Ordnung?

☐ Ist die Steckdose in Ordnung?

☐ Ist das Monitorkabel korrekt mit dem Rechner verbunden?

☐ Falls der Monitor über den Macintosh gespeist wird: Ist das Kabelende am Rechner richtig eingesteckt?

Der Macintosh zeigt nur ein blinkendes Fragezeichen

Nach dem Startgong suchte das ROM vergeblich einen Systemordner, mit dem der Macintosh hätte aufgestartet werden können.

☐ Überprüfen Sie die Terminierung der angeschlossenen SCSI-Geräte.

☐ Sind die SCSI-Kabel in Ordnung?

☐ Stimmen die SCSI-Adressen?

☐ Schalten Sie den Macintosh aus, und trennen Sie alle SCSI-Geräte vom Rechner.

☐ Zappen Sie das Parameter-RAM (PRAM).

☐ Starten Sie den Macintosh mit der Diskette *Dienstprogramme* und prüfen Sie die Festplatte mit *Erste Hilfe*. Eventuell sind die Startblöcke der Festplatte beschädigt.

☐ Installieren Sie ein frisches System.

Der Macintosh zeigt nur ein blinkendes Kreuz

Ihr Macintosh hat zwar ein System gefunden, von dem aus er booten könnte. Doch entweder ist es beschädigt, oder eine wichtige Datei (Finder, System, Enabler unter System 7.1) fehlt.

☐ Starten Sie den Macintosh mit der Diskette *Dienstprogramme* auf.

☐ Prüfen Sie die Festplatte mit dem Programm *Erste Hilfe.*

Falls das nichts nützt:

☐ Installieren Sie ein frisches System.

Der Macintosh lächelt und lächelt und lächelt

Wenn nach dem Einschalten ein lächelnder Macintosh erscheint, stockt, wieder lächelt und so weiter, dann hat der Rechner anscheinend ein lauffähiges System gefunden. Allerdings ist er nicht in der Lage, es zu laden.

☐ Das Betriebssystem könnte beschädigt sein.

☐ Die Systemdatei und/oder der Finder fehlen. In diesem Fall müssen Sie das Betriebssystem neu installieren.

☐ Es könnte ein SCSI-Problem sein.

☐ Der Treiber der Festplatte könnte beschädigt worden sein. Installieren Sie ihn neu.

Das «Sad-Mac-Icon» erscheint

Der traurige Macintosh bedeutet etwa so viel wie «irgend etwas ist kaputt». Das kann sich sowohl auf die Hard- als auch auf die Software beziehen. Viel mehr lässt sich im Moment noch nicht sagen, doch keine Panik – sehen wir uns das in Ruhe an:

Die beiden Sad-Mac-Codes auf der nächsten Seite deuten auf eine Unregelmässigkeit in der Systemsoftware hin. Das heisst, dass die Hardware in Ordnung ist, aber das Betriebssystem neu installiert werden muss.

0000000F	0000000F
00000065	00000064
Der Finder kann nicht geladen werden	Das System kann nicht geladen werden

☐ Starten Sie den Macintosh mit der Diskette *Dienstpro-gramme* auf. Wenn die Festplatte auf dem Schreibtisch erscheint, können Sie sie nun mit dem Programm *Erste Hilfe* kontrollieren.

☐ Installieren Sie einen neuen Treiber.

☐ Löschen Sie das Parameter-RAM (PRAM).

☐ Formatieren Sie gegebenenfalls die Harddisk neu.

☐ Es könnte auch einmal mehr an der SCSI-Kette liegen. Schalten Sie den Macintosh aus und überprüfen Sie alle SCSI-Geräte und die Verbindungen.

Was bedeuten diese Sad-Mac-Codes?

Solange in der oberen Reihe der Code *0000000F* lautet, ist es ein Softwareproblem. Wenn sich das ändert, dann liegt es wahrscheinlich an der Hardware. Hier zehn Beispiele:

00000001	Das Problem liegt beim ROM-Chip.
00000002	Falls Ihr Macintosh zwei SIMM-Bänke hat, liegt das Problem bei Bank B (siehe Seite 83).
00000003	Hier stimmt ebenfalls mit Bank B etwas nicht.
00000004	Das Problem liegt bei der SIMM-Bank A.
00000006	Das Problem liegt beim ADB-Port, also an der Verbindung mit der Maus respektive Tastatur.
00000008	Ebenfalls ein ADB-Problem.
0000000A	Das Problem liegt bei einer NuBus-Karte.
0000000B	Das Problem liegt beim SCSI-Chip.
0000000C	Das Problem liegt beim Diskettenlaufwerk.
0000000D	Das Problem liegt beim Drucker- oder Modem-Port.

Wenn etwas mit dem ROM-Chip nicht stimmt, dann sind Ihnen die Hände gebunden. Wenn Sie allerdings feststellen, dass es am ADB-Port liegt, sollten Sie die Verbindungen zur Maus und zur Tastatur überprüfen. Wenn es an einer NuBus-Karte liegt, dann wäre es sinnvoll, alle Karten zu entfernen und wieder einzustecken, jeweils gefolgt von einem Neustart.

Der Macintosh spielt beim Einschalten eine seltsame Melodie
Nach dem Einschalten ertönt statt des üblichen Startgongs eine Art «Melodie» (beim Power Macintosh klingt es so, als ob man gerade Zeuge eines Autounfalls geworden wäre). Hier die Gründe:

☐ Ein RAM-SIMM ist nicht korrekt installiert worden oder defekt.

☐ Eine NuBus-Karte ist nicht korrekt eingesteckt worden oder defekt.

☐ Irgend ein anderes Hardwareteil ist defekt oder nicht richtig installiert worden.

Der Macintosh stürzt beim Aufstarten ab
Eher eines der klassischen Probleme. Es gibt nicht allzu viele Ursachen für einen Macintosh, auf diese Weise seinen Dienst zu verweigern.

☐ Starten Sie den Rechner bei gedrückter Shifttaste auf, damit alle Systemerweiterungen deaktiviert werden.

☐ Starten Sie den Macintosh mit der Diskette *Dienstprogramme,* und prüfen Sie die Festplatte mit dem Programm *Erste Hilfe.* Eventuell sind die Startblöcke beschädigt.

☐ Überprüfen Sie allfällige SCSI-Geräte, die am Macintosh angeschlossen sind. Stimmt die Terminierung? Sind die Kabel in Ordnung? Stimmen die SCSI-Adressen? Am besten montieren Sie alle SCSI-Geräte kurzfristig ab.

☐ Löschen Sie das Parameter-RAM (PRAM).

☐ Der Treiber der Festplatte ist beschädigt und muss neu installiert werden.

☐ Installieren Sie ein frisches System.

☐ Wenn alles nichts hilft: Formatieren Sie die Festplatte neu.

Der Finder kann nicht geladen werden

☐ Schalten Sie alle Systemerweiterungen aus.

☐ Löschen Sie das PRAM.

☐ Trennen Sie alle SCSI-Geräte vom Rechner.

☐ Wenn diese Techniken versagen, ist der Finder entweder beschädigt, oder er fehlt ganz. Das System muss neu installiert werden.

Der Macintosh stürzt kurz vor dem Finder ab

Die Schreibtischdatei oder der Finder sind beschädigt.

☐ Installieren Sie ein neues System.

☐ Trennen Sie alle SCSI-Geräte vom Rechner und legen Sie dann die Schreibtischdatei neu an.

☐ Deaktivieren Sie alle Systemerweiterungen.

☐ Zappen Sie das Parameter-RAM (PRAM).

☐ Starten Sie den Macintosh mit der Diskette *Dienstprogramme,* und prüfen Sie die Festplatte mit dem Programm *Erste Hilfe.*

☐ Installieren Sie einen neuen Treiber auf der Festplatte.

Beobachten Sie genau, *wann* der Schreibtisch einfriert: Wenn es passiert, kurz bevor das Startlaufwerk oder ein anderes Laufwerk (eine eingeschobene Wechselplatte/Optical) auf dem Schreibtisch erscheint, könnten es auch Probleme mit dem Treiber des entsprechenden Laufwerkes sein!

Das Aufstarten dauert sehr lange

Das hängt sehr wahrscheinlich mit der Schreibtischdatei zusammen. Wenn der Macintosh nicht ordnungsgemäss über den Befehl *Ausschalten* im Menü *Spezial* ausgeschaltet wird, kann es sein, dass die Schreibtischdatei ein wenig durcheinander geschüttelt wird, was dem System beim nächsten Start Probleme bereiten wird.

Wenn sich das Problem beim nächsten Neustart nicht von selbst erledigt hat, sollten Sie die Schreibtischdatei neu anlegen.

Dauernd öffnen sich irgendwelche Objekte

Wenn sich kurz nach dem Laden des Finders ständig irgendwelche Ordner, Dateien oder Programme öffnen, sollten Sie einmal einen Blick in den Ordner *Startobjekte* im Systemordner werfen.

Probleme mit Disketten

«Ich habe *irgendein* Problem mit einer Diskette»

Werfen Sie das Ding in den Müll.

Das Formatieren einer Floppy dauert sehr lange

Wenn das Formatieren einer Diskette scheinbar ewig dauert, sollten Sie sie gleich nach dem Formatieren entsorgen. Sie weist einige schlechte Stellen auf, die der Macintosh nun zu umgehen versucht. Sehr wahrscheinlich wird diese Diskette bald einmal Ärger machen.

Dateien lassen sich nicht lesen

Wenn sich eine Datei auf einer Diskette nicht lesen lässt, sollten Sie folgende Schritte unternehmen:

☐ Versuchen Sie es noch einmal.

☐ Starten Sie den Macintosh neu.

☐ Legen Sie die Schreibtischdatei der Diskette neu an, indem Sie die Befehls- und die Optionstaste gedrückt halten, während Sie die Diskette einschieben.

☐ Versuchen Sie, die Diskette als Ganzes zu kopieren, indem Sie ihr Icon in ein offenes Fenster der Harddisk ziehen.

☐ Retten Sie die Datei. (Siehe Kapitel 8.)

☐ So getan, werfen Sie die Diskette weg.

Dateien lassen sich nicht schreiben

☐ Ist die Diskette schreibgeschützt?

☐ Werfen Sie die Diskette weg.

Startdiskette auswerfen

Es kann manchmal vorkommen, dass Sie den Macintosh mit einer Startdiskette aufstarten, und dass eben diese Diskette die Bombe wirft. Wenn Sie nun den Macintosh neu starten, bleibt die Startdiskette im Laufwerk, und das Spiel geht von vorne los. Drücken Sie gleich nach dem Neustart die Maustaste, so wird die Diskette ausgeworfen.

Die Diskette klemmt im Laufwerk

Basteln Sie sich einen «besten Freund des Anwenders»: Biegen Sie eine starke Büroklammer so auseinander, dass Sie einen Draht samt Handgriff erhalten. Schieben Sie die Büroklammer im rechten Winkel zum Gehäuse in das Loch neben dem Laufwerk, bis Sie spüren, dass sie auf Widerstand stösst. Drücken Sie nun bestimmt, aber feinfühlig die Büroklammer noch etwas weiter hinein. Ein Mechanismus stösst nun die Diskette aus.

Auf einer «leeren» Diskette fehlt Platz

Wenn auf einer leeren Diskette immer noch ein paar Dutzend Kilobyte belegt sind, dann könnte einer der folgenden Schritte helfen:

- ☐ Entleeren Sie den Papierkorb.
- ☐ Legen Sie die Schreibtischdatei neu an.
- ☐ Formatieren Sie die Diskette neu.

Wenn das Formatieren sehr lange dauert und anschliessend immer noch diverse Kilobyte belegt sind, dann weist die Diskette viele schlechte Sektoren auf. Werfen Sie sie weg.

Eine Diskette lässt sich nicht auswerfen

- ☐ Klemmt die Diskette? Nehmen Sie in diesem Fall wie oben beschrieben eine Büroklammer zu Hilfe.
- ☐ Eine Datei auf der Diskette ist noch offen.
- ☐ Es ist zwar keine Datei mehr offen, aber ein noch offenes Programm hat als letztes eine Datei von dieser Diskette gelesen. Beenden Sie dieses Programm.
- ☐ Starten Sie den Macintosh neu.

Die Diskette kann nicht gelesen werden…!

Wenn Sie eine Diskette einlegen und eine Meldung erscheint, im Stil von *«Der Macintosh kann diese Diskette nicht lesen. Wollen Sie sie initialisieren?»*, dann kann das verschiedene Gründe haben.

☐ Sie arbeiten mit einem 800-KB-Laufwerk, wie es im Macintosh II und noch älteren Modellen zu finden ist. Die Diskette jedoch fasst 1.4 Megabyte.

☐ Es könnte eine DOS-Diskette sein. Sie können das überprüfen, indem Sie entweder das Kontrollfeld *PC Exchange* installieren (im Lieferumfang von System 7.5 enthalten) oder das Programm *Dateien konvertieren* (bei allen Systemen enthalten) aufstarten, bevor Sie die Diskette einlegen.

☐ Die Diskette wurde noch nie benutzt und muss deshalb zuerst formatiert werden.

☐ Die Diskette ist defekt. Klicken Sie auf *Auswerfen* und retten Sie von den Daten, was Sie können. (Siehe auch Kapitel 8.)

Probleme mit Harddisks

Dateien lassen sich nicht auf die Festplatte schreiben

Im Prinzip könnte ein schlechter Block auf der Harddisk schuld daran sein. Dieser Fall ist aber relativ unwahrscheinlich, da erstens solche Blocks bereits beim Formatieren ausgemustert werden und zweitens nur selten neue schadhafte hinzukommen. Ausserdem werden die geschriebenen Daten während des Kopierens nur bei Disketten überprüft, aber nicht bei Festplatten. Daher könnte es eher sein:

☐ Zwei SCSI-Geräte tragen die selbe ID-Nummer.

☐ Es handelt sich um ein SCSI-Terminierungsproblem.

☐ Die Festplatte ist beschädigt. Starten Sie den Macintosh mit der Diskette *Dienstprogramme* und reparieren Sie die Platte mit dem Programm *Erste Hilfe*.

☐ Installieren Sie ein frisches Betriebssystem.

☐ Wenn alles nichts hilft, müssen Sie die Festplatte neu formatieren.

Die Festplatte erscheint nicht auf dem Schreibtisch

☐ Ist die Festplatte eingeschaltet?

☐ Sind die Kabel in Ordnung?

☐ Hat die Platte ihre eigene SCSI-Nummer?

☐ Stimmt die Terminierung?

☐ Wurde die Festplatte in einem Programm wie dem *Hammer Harddisk ToolKit* so eingerichtet, dass sie automatisch im Finder gemountet wird?

☐ Können Sie die Festplatte mit *SCSIProbe* auf den Schreibtisch holen? Wenn ja, sollten Sie anschliessend einen neuen Treiber installieren.

☐ Kontrollieren Sie die Harddisk mit dem Programm *Erste Hilfe*.

Dateien lassen sich nicht lesen

☐ Versuchen Sie es noch einmal.

☐ Starten Sie den Macintosh neu.

☐ Stimmt die Terminierung bei den SCSI-Geräten?

☐ Erstellen Sie von so vielen Daten wie möglich Sicherheits-kopien und formatieren Sie die Festplatte neu.

Ich kann nicht von der RAM-Disk starten

Wenn Sie eine RAM-Disk eingerichtet haben und sich darauf ein lauffähiger Systemordner befindet, dann müssen Sie dem Macintosh nun klar machen, dass Sie beim nächsten Neustart von dieser RAM-Disk booten möchten:

☐ Wählen Sie im Kontrollfeld *Startlaufwerk* die RAM-Disk.

☐ Wenn das nicht reicht, unterdrücken Sie beim Neustart die interne Harddisk mit *Befehl-Option-Shift-Löschtaste.*

Die Wechselplatte kann nicht ausgeworfen werden

Die *FileSharing*-Funktion könnte aktiviert worden sein, nachdem die Wechselplatte auf den Schreibtisch geholt wurde. Deaktivieren Sie *FileSharing,* werfen Sie die Platte aus und schalten Sie *FileSharing* wieder ein. Weitere Ansätze:

☐ Eine Datei auf der Wechselplatte ist noch offen oder in Gebrauch.

☐ Es ist zwar keine Datei mehr offen, aber ein noch offenes Programm hat als letztes eine Datei von dieser Wechsel-platte gelesen. Beenden Sie das Programm.

☐ Starten Sie den Macintosh neu.

Das Icon einer Festplatte erscheint doppelt

☐ Ein SCSI-Konflikt liegt vor. Testen Sie die SCSI-Adressen mit *SCSIProbe.* Jedes Gerät benötigt seine eigene Adresse. Prüfen Sie auch externe Geräte und Verbindungen.

Treiber-Probleme mit Wechselplatten

Wenn Sie in einem Computer-Dienstleistungsunternehmen arbeiten und täglich mit Wechselplatten von verschiedenen Kunden zu tun haben, dann kann es manchmal zu seltsamen Situationen kommen. Platten, die vorher einwandfrei funktionierten, verweigern plötzlich den Dienst. Andere Platten wechseln plötzlich ihr Icon oder verhalten sich sonstwie seltsam.

Ursache sind die unterschiedlichen Treiber, die von verschiedenen Formatierprogrammen auf die Platten geschrieben wurden. Wenn Sie nach dem Einschalten der Anlage die erste Wechselplatte einlegen, dann wird der Treiber dieser Platte in den Arbeitsspeicher geladen. Alle weiteren Platten arbeiten nun ebenfalls mit diesem Treiber, was manchmal zu Inkompatibilitäten führen kann. Wenn Sie also eine Wechselplatte nicht lesen können, sollten Sie den Macintosh und das Wechselplattenlaufwerk neu starten und es noch einmal versuchen.

Dateiprobleme

Eine Datei lässt sich nicht löschen

- [ ] Die Datei ist geschützt.

- [ ] Die Datei befindet sich auf einer schreibgeschützten Disk.

- [ ] Die Datei ist in Gebrauch.

- [ ] Die Datei wurde nicht korrekt geschlossen. Starten Sie den Macintosh neu.

- [ ] Die Datei ist beschädigt.

- [ ] Die Datei gehört zu einer Disk, die Sie mit der *File-Sharing*-Funktion auf den Schreibtisch geholt haben, und die Zugriffsrechte erlauben Ihnen nicht, Dateien darauf zu löschen.

- [ ] Die Festplatte ist beschädigt. Starten Sie den Macintosh mit der Diskette *Dienstprogramme* und reparieren Sie die Platte mit dem Programm *Erste Hilfe*.

Eine Datei lässt sich nicht mehr öffnen

Wenn Sie eine Datei doppelklicken und der Macintosh die Meldung bringt, dass sich die Datei nicht öffnen lässt, weil das zugehörige Programm fehlt, dann könnte es an einem der folgenden Umstände liegen:

- [ ] Die Schreibtischdatei ist defekt und muss neu angelegt werden.

- [ ] Das Originalprogramm fehlt.

- [ ] Die Datei wurde mit einer älteren Programmversion erstellt und die neue Version weiss nicht, dass diese Datei zu ihr gehört. In diesem Fall müssen Sie erst das neue Programm aufstarten und die Datei über den Befehl *Öffnen* im Menü *Ablage* aufrufen.

Eine Datei wurde versehentlich gelöscht

Hier hilft nichts. Wenn sich die Datei nicht mehr im Papierkorb befindet, müssen Sie auf Programme wie die *MacTools* oder die *Norton Utilities* zurückgreifen, um die versehentlich gelöschte Datei wieder herzustellen.

Die Datei wurde versehentlich mit *Obliterate* geschreddert

Keine Chance. Die Datei ist definitiv verloren… sorry!

Das Passwort einer Datei wurde vergessen

Wenn Sie das Passwort einer Datei aus FileMaker-, Excel- oder einer anderen Anwendung vergessen haben, sollten Sie mit dem Hersteller Kontakt aufnehmen. In den meisten Fällen gibt es ein Hintertürchen, durch das Sie wieder an Ihre Daten herankommen. Allerdings müssen Sie dazu das Top-Secret-Dokument dem Hersteller zusenden.

Wenn Sie das Passwort einer Datei vergessen haben, die mit einem Verschlüsselungsprogramm dicht gemacht wurde, dann gibt es zwei Möglichkeiten: Entweder ist das Programm nicht viel Wert, und der Hersteller kann für Sie Ihre Datei knacken. Oder das Programm ist wirklich gut – dann werden Sie Ihre Daten endgültig verabschieden müssen.

Die Datei endet mit *.sit, .sea* oder *.cmp*

Wenn Sie eine Datei erhalten, deren Bezeichnung mit *.sit, .sea* oder *.cmp* endet, dann handelt es sich dabei normalerweise um ein sogenanntes *Archivdokument,* das mit einem speziellen Programm kleiner gemacht, also komprimiert, wurden. Bevor Sie eine solche Datei bearbeiten können, müssen Sie sie zuerst wieder in die ursprüngliche Form bringen – und dazu benötigen Sie die Software für die Dekompression.

Ein *.sit* steht meist für eine *StuffIt*-Datei. Das *.sea* steht für *Self Extracting Archive* – die Datei «entpackt» sich automatisch, wenn man sie doppelklickt. Und *.cmp* steht für die komprimierten Dateien aus verschiedenen Programmen, meistens aber aus *Compactor Pro.*

System- & Finder-Probleme

Die Icons sind «leer»

So holen Sie die Icons zurück:

- ☐ Wenn nur Icons der Dateien fehlen, dann kann es sein, dass das zugehörige Programm fehlt.

- ☐ Die Schreibtischdatei muss neu angelegt werden.

- ☐ Wenn Sie es besonders gründlich machen möchten, sollten Sie die Schreibtischdatei mit *Desktop Reset* löschen.

Die Schreibtischdatei kann nicht angelegt werden

- ☐ Ist das Laufwerk schreibgeschützt?

- ☐ Ist das Startlaufwerk voll?

- ☐ Vielleicht ist die Schreibtischdatei beschädigt. Löschen Sie sie mit *Desktop Reset*.

- ☐ Überprüfen Sie das Startlaufwerk mit *Erste Hilfe*.

Die Schreibtischdatei wird bei jedem Start neu angelegt

Normalerweise legt der Macintosh die Schreibtischdatei nur dann an, wenn Sie von System 6 auf System 7 wechseln oder wenn sie definitiv so beschädigt ist, dass ein normales Arbeiten nicht mehr möglich ist. Es gibt aber auch noch zwei andere Möglichkeiten:

- ☐ Eventuell müssen Sie die Schreibtischdatei mit *Desktop Reset* erst vollständig löschen.

- ☐ Wenn die Schreibtischdatei neu aufgebaut wird, sollten Sie diesen Vorgang nicht unterbrechen. Sonst versucht es der Macintosh beim nächsten Neustart immer und immer wieder.

Im Finder lassen sich keine Fenster öffnen

Vielleicht ist der Arbeitsspeicher zu knapp geworden. Starten Sie den Macintosh neu und versuchen Sie es noch einmal, um auszuschliessen, dass es daran gelegen hat. Ansonsten:

☐ Starten Sie den Macintosh mit der Diskette *Dienstprogramme* und überprüfen Sie den Zustand der Harddisk.

☐ Installieren Sie ein frisches System.

☐ Erstellen Sie von allen Daten Sicherheitskopien und formatieren Sie die Harddisk neu.

Die Fenster im Finder öffnen sich langsam

☐ Wenn Sie vielen Objekten eigene Icons zugeteilt haben, dann kann das Öffnen des Fensters beim ersten Mal ziemlich lange dauern.

☐ Sie kopieren gerade eine komplexe Datei im Hintergrund.

☐ Ein anderer rechenintensiver Vorgang läuft gerade im Hintergrund.

☐ Jemand kopiert über das Netzwerk grosse Datenmengen von Ihrem Rechner.

☐ Untersuchen Sie die Festplatte mit *Erste Hilfe.*

☐ Der Finder ist beschädigt. Sie sollten ein neues System installieren.

Der Macintosh friert beim Kopieren ein

Versuchen Sie, das Objekt auf eine andere Disk zu kopieren oder im Finder zu duplizieren. Wenn das funktioniert, ist der Datenträger, auf den Sie zuerst kopieren wollten, eventuell beschädigt.

☐ Kontrollieren Sie die Festplatte mit *Erste Hilfe.*

☐ Wenn das alles nichts nützt, können Sie den Macintosh probehalber mit der Diskette *Dienstprogramme* aufstarten. Wenn es diesmal klappt, sollten Sie auf der Harddisk ein frisches System installieren.

. . . .

Ein Ordner kann nicht gelöscht oder umbenannt werden

☐ Die Disk ist geschützt.

☐ Die *FileSharing*-Funktion ist eingeschaltet, und der Ordner wurde im Netz für andere zugänglich gemacht.

☐ Das Inhaltsverzeichnis der Festplatte ist beschädigt. Starten Sie den Macintosh mit der Diskette *Dienstprogramme* und reparieren Sie die Platte mit *Erste Hilfe.*

Dateien und Ordner verschwinden plötzlich

☐ Suchen Sie die Datei mit dem *Finden*-Befehl.

☐ Die Datei wurde versehentlich gelöscht. Versuchen Sie mit den *Norton Utilities* oder den *MacTools,* die Datei zu retten.

☐ Falls Sie mit System 7.01 arbeiten, sollten Sie sich beim Händler die Erweiterung *System 7 Tune-Up* besorgen.

☐ Das Inhaltsverzeichnis der Festplatte ist beschädigt. Starten Sie den Macintosh mit der Diskette *Dienstprogramme* und reparieren Sie die Platte mit *Erste Hilfe.*

Kontrollfeld-Einstellungen lassen sich nicht speichern

Die Datei *Finder-Voreinstellungen* im Ordner *Preferences* innerhalb des Systemordners ist defekt. Legen Sie die Datei in den Papierkorb. Sie können sie jetzt zwar nicht löschen, da sie noch in Gebrauch ist, doch sobald Sie den Macintosh neu starten, erzeugt der Finder automatisch eine neue Voreinstellungs-Datei. Weitere Möglichkeiten:

☐ Das Parameter-RAM (PRAM) muss gelöscht werden.

☐ Das Startlaufwerk ist schreibgeschützt.

Ein Alias kann sein Original nicht finden

☐ Das Original wurde gelöscht.

☐ Es wurde ein Alias von einem Alias erstellt, das unterdessen gelöscht wurde. Dabei riss die Verbindung ab.

Font-Probleme

Schriften wirken auf dem Monitor verzerrt

Wenn Schriften auf dem Monitor verzerrt, unscharf oder ganz einfach hässlich wirken, dann kann das zweierlei Ursachen haben: Entweder ist die Darstellung einfach schlecht, weil weder *ATM* noch ein TrueType-Font installiert wurde, oder die Schrift ist beschädigt. Weitere Ursachen:

☐ Es sind zu wenig Screenfonts oder nur solche in kleinen Schriftgraden installiert.

☐ Der Bitmap-Font ist defekt. Sie finden neue Bitmaps auf der Adobe-CD *Type On Call*. Vielleicht können Sie die Schriften auch mit dem Programm *Font Harmony* reparieren, das mit dem Utility *Suitcase* geliefert wird.

☐ Der *Adobe TypeManager* ist nicht geladen oder defekt.

☐ Installieren Sie TrueTypes.

☐ Wenn Sie mit *ATM* arbeiten, muss sich der Printerfont offen im Systemordner (System 7.0) oder im Ordner *Zeichensätze* befinden (System 7.1 und höher).

☐ Wenn Sie mit *ATM* arbeiten, könnte es sein, dass der Printerfont defekt ist.

Fonts werden auf dem Monitor falsch angezeigt

Es kann sein, dass die Schrift fehlt und deshalb von *Page-Maker 5.0* oder *SuperATM* automatisch ersetzt wurde. Das Problem löst sich von selbst, sobald Sie die fehlende Schrift installieren.

Es könnte sich aber auch um einen Font-Konflikt handeln:

☐ Gleichen Sie die Schriften mit *Font Harmony* an, das mit *Suitcase* geliefert wird.

☐ Installieren Sie neue Bitmaps von der CD *Type On Call*.

☐ Schliessen Sie alle Schriften, die Sie im Augenblick nicht benötigen.

· ·

Es wird nur die Bitmap-Schrift gedruckt

Der Drucker kann den Printerfont mit den für ihn relevanten Informationen nicht finden. Vergewissern Sie sich, dass sich der Printerfont innerhalb des Systemordners im Ordner *Zeichensätze* befindet oder über ein Programm wie *Suitcase* oder *Master Juggler* geladen wurde. Wenn der Drucker immer noch Probleme hat, die Schrift sauber auszudrucken, so ist mit grösster Wahrscheinlichkeit der Printerfont defekt. Installieren Sie die Schrift von Ihren Originaldisketten.

Text wird in Courier ausgedruckt

Siehe unter «Es wird nur die Bitmap-Schrift gedruckt». Der Ausdruck in Courier ist lediglich eine Spielart des selben Fehlers.

Schriften in EPS-Dateien werden in Courier ausgedruckt

Wenn Sie eine EPS-Datei in einem Layoutprogramm plazieren und dann ausdrucken, müssen alle Schriften, die in der EPS-Datei verwendet wurden, auf Ihrem Rechner installiert sein. Es gibt zu dieser Regel allerdings eine Ausnahme, nämlich dann, wenn sich die Schrift im ROM des Druckers oder auf der Drucker-Harddisk befindet.

Es wird eine andere, seltsam spationierte Schrift gedruckt

Das rührt daher, dass Sie einen Bitmap-Font ausdrucken wollten. Gleichzeitig wurde in der Dialogbox für das *Papierformat* unter *Optionen* die Anweisung *Zeichensätze ersetzen* aktiviert. Der Macintosh ersetzt nun den Bitmap-Font durch eine Schrift, die in etwa ähnlich aussieht … allerdings werden die Zeichenabstände der Originalschrift beibehalten. Abhilfe: Schalten Sie die erwähnte Option aus, oder verwenden Sie einen TrueType- respektive PostScript-Font.

Unter QuickDraw GX werden PostScript-Fonts deaktiviert

Wenn Sie Ihren Macintosh auf *QuickDraw GX* aufrüsten und dabei die bestehenden PostScript-Fonts übernehmen, werden sie automatisch deaktiviert. Um die Schriften weiterhin ver-

· ·

wenden zu können, müssen sie in das QuickDraw-GX-konforme Format umgewandelt werden. Dies geschieht mit dem bei System 7.5 beiliegenden Hilfsprogramm *Typ 1 Konvertierer.*

Wie konvertiert man eine Schrift in ein anderes Format?

Sie können Schriften in den Formaten *PostScript Type 1, Type 3* und *TrueType* nach Belieben von einem Format in ein anderes konvertieren, wenn Sie ein entsprechendes Utility verwenden. Das bekannteste ist im Augenblick wohl *FontMonger* von Ares Software.

Wie kann man Fonts permanent in den Laser laden?

Kommt darauf an, wie Ihr Laserdrucker ausgerüstet ist. In beiden Fällen benötigen Sie dazu das *LaserWriter Dienstprogramm* von Apple. Es wird mit allen Apple-LaserWriter mitgeliefert und kann ansonsten kostenlos bei Ihrem Händler bezogen werden. Mit diesem Utility lassen sich die Printerfonts einer Schrift fix in den Arbeitsspeicher des Druckers laden, wo sie bis zum nächsten Neustart bleiben. Wenn Sie hingegen an Ihrem Drucker eine Festplatte angeschlossen haben, können Sie die Printerfonts dorthin verfrachten.

Druckerprobleme

Der Drucker erscheint nicht in der Auswahl

☐ Wurde *AppleTalk* in der *Auswahl* aktiviert?

☐ Sind die Netzwerkabel fest mit dem Druckerausgang des Macintosh und mit dem Drucker verbunden?

☐ Ist ein Druckertreiber korrekt installiert?

☐ Leuchtet eine Kontrollampe an Ihrem Drucker? Oder anders gefragt: Wird Ihr Drucker mit Strom versorgt (Netzkabel, Netzschalter)?

☐ Wurde der Drucker erst vor ein paar Sekunden eingeschaltet? Dann könnte es sein, dass er noch in der Aufwärmphase ist.

☐ Das Druckerkabel könnte defekt sein. Versuchen Sie es mit einem anderen.

☐ Halten Sie Netzwerkabel von Geräten mit starken magnetischen Feldern (zum Beispiel HiFi-Lautsprechern) fern.

☐ Ist die Netzwerkverbindung intakt, oder ist jemand über ein Kabel gestolpert?

☐ Falls Sie mit *PhoneNet* arbeiten: Ist am Anfang und am Ende des Netzwerkes ein kleiner Terminator eingesteckt?

Trotz Druckbefehl passiert nichts

☐ Ist in der *Auswahl* ein Drucker ausgewählt?

☐ Wurde der *richtige* Drucker ausgewählt?

☐ Wurde im *PrintMonitor,* der bei eingeschaltetem *Hintergrunddruck* das Drucken übernimmt, die Warteschlange gestoppt?

☐ Der *Hintergrunddruck,* den Sie in der *Auswahl* aktivieren können, ist ein ewiges Ärgernis. Bei ganz einfachen Textdokumenten mag es funktionieren, aber spätestens dann, wenn Sie einige anspruchsvollere Dokumente ausdrucken möchten, versagt diese Software. Starten Sie den Ausdruck noch einmal, aber diesmal mit ausgeschaltetem *Hintergrunddruck.*

Das Papierformat wird nicht gespeichert

Verwenden Sie *Printer Defaults,* das Sie auf der mitgelieferten *SmartDisk* finden, um Ihre persönlichen Einstellungen dauerhaft zu speichern.

Der Macintosh friert beim Drucken ein

☐ Der *PrintMonitor (Hintergrunddruck)* benötigt vielleicht mehr Speicher. Teilen Sie ihm etwas mehr RAM zu (rund 100 Kilobyte mehr sollten reichen).

☐ Es könnte auch daran liegen, dass das Programm selbst mehr Speicher benötigt. Schliessen Sie es und teilen Sie ihm zehn bis zwanzig Prozent mehr Speicher zu.

☐ Vielleicht ist das Dokument auch zu komplex? Versuchen Sie, es zu vereinfachen oder Seite für Seite auszudrucken.

☐ Ein Konflikt mit anderen Systemerweiterungen könnte dem Druckertreiber zu schaffen machen.

☐ Der Druckertreiber könnte beschädigt sein. Löschen Sie ihn und installieren Sie einen neuen.

☐ Die zu druckende Datei könnte beschädigt sein.

☐ Vielleicht ist auch das Programm selbst defekt.

☐ Der Arbeitsspeicher des Druckers könnte durch eine fehlerhafte Datei «verstopft» sein. Schalten Sie den Drucker einige Sekunden aus und wieder ein. Löschen Sie anschliessend alle Dokumente aus dem Ordner *PrintMonitor-Dokumente* im Systemordner, die noch in der Schlange stehen.

Ein PostScript-Fehler ist aufgetreten

PostScript-Fehler sind meistens Speicherprobleme, oder die zu druckenden Datei ist faul. Eine detaillierte Abhandlung zu diesem Thema finden Sie in Kapitel 14, im Abschnitt *Lösungen bei PostScript-Problemen*.

Der Drucker wird dauernd neu gestartet

Das passiert dann, wenn in einem Netzwerk unterschiedliche Druckertreiber installiert sind. Konkret, wenn jemand mit *LaserWriter 7* und ein anderer mit *LaserWriter 6* druckt, dann wird der Drucker bei jedem Wechsel neu gestartet, also initialisiert. Sobald sich alle auf eine Treiber-Version geeinigt haben, löst sich dieses Problem. Hingegen sind *LaserWriter 7* und *LaserWriter 8* untereinander vollständig kompatibel und lassen sich gemischt einsetzen. In Zweifelsfällen können Sie den Dialog für das *Papierformat* aufrufen und in der rechten oberen Ecke die Versionsnummer Ihres Treibers ablesen.

Der Toner geht zur Neige

Wenn auf dem Papier zum Teil graue Stellen auftauchen, weil der Toner langsam zur Neige geht, dann sollten Sie folgendes versuchen: Nehmen Sie die Tonerkassette heraus und bewegen Sie sie leicht hin und her, damit der restliche Toner gleichmässig verteilt wird. Anschliessend können Sie die Kassette wieder einlegen. Oft lassen sich jetzt noch Dutzende einwandfreier Drucke herstellen.

Auf dem Papier sind Tonerflecken

Schalten Sie den Drucker aus und lassen sie ihn abkühlen. Anschliessend können Sie ihn öffnen und die Walze mit einem weichen, fusselfreien Tuch reinigen. Übrigens sollte man nach solchen Verschmutzungen die Tonerkassette nicht mehr auffüllen lassen.

Elemente fehlen auf der Seite

Werden gewisse Elemente eines Dokumentes einfach nicht ausgedruckt? Dann könnte das daran liegen:

☐ Der Drucker hat nicht genug Speicher, um das Dokument vollständig auszudrucken. Unterteilen Sie das Dokument in kleinere Segmente.

☐ Das Papierformat wurde falsch eingestellt, zum Beispiel *US-Letter* statt *A4*.

☐ Falls es in QuarkXPress-Dateien passiert: Könnte es sein, dass Sie einen Rahmen oder seinen Inhalt vom Druck ausgeschlossen haben?

☐ Wenn es in einer PageMaker- oder QuarkXpress-Datei passiert: Haben Sie in der *Drucken*-Dialogbox den «Probedruck» aktiviert?

☐ Ist der richtige Druckertreiber installiert? Vergewissern Sie sich, ob Ihr Programm mit dem Druckertreiber, den Sie geladen haben, arbeiten kann.

Eine Datei wird bearbeitet, aber nicht ausgedruckt

Knifflig. Das typische Beispiel einer völlig untransparenten Situation. Vielleicht helfen Ihnen diese Ansatzpunkte weiter:

☐ Starten Sie den Drucker neu. (Klar!)

☐ Die Datei ist zu gross.

☐ Der Drucker oder das Programm haben zu wenig Speicher.

☐ Drucken Sie die Datei erst Seite für Seite und beobachten Sie, bei welcher der Fehler auftritt. Drucken Sie anschliessend die Elemente dieser Problemseite Stück für Stück aus, bis Sie den Querschläger gefunden haben.

Die Datei wird an den Rändern abgeschnitten

Zwei Varianten: Entweder wurde der Seiteninhalt in der *Papierformat*-Dialogbox zu stark vergrössert, oder das angewählte Seitenformat stimmt nicht mit der verwendeten Papiergrösse überein.

Dauernd kommt es zu Papierstaus

☐ Das Papier ist feucht, alt, gewellt oder wurde schon mindestens einmal bedruckt.

☐ Das Papier ist zu dick, zu dünn, zu porös oder zu starr.

☐ Das Papier klebt zusammen. Nehmen Sie es aus der Kassette, fächern Sie es auf und legen Sie es dann wieder ein.

☐ Das Papier wurde in der Kassette nicht richtig justiert respektive eingeführt.

Es dauert sehr lange, bis die Übertragung beginnt

☐ Der Drucker ist noch nicht aufgewärmt.

☐ Der Drucker wird ständig initialisiert, weil zwei oder mehr Teilnehmer im Netz mit unterschiedlichen Druckertreibern drucken.

☐ Es handelt sich um einen Energiespardrucker wie zum Beispiel den Apple *LaserWriter Select 360*. Nach einer bestimmten Zeit der Inaktivität geht der Drucker automatisch in den Ruhezustand über. Wenn er später wieder aufgerufen wird, muss er sich zuerst ein wenig aufwärmen.

Power Macintosh

Der Speicherbedarf ist höher geworden

Wenn Sie früher mit einem herkömmlichen Macintosh gearbeitet haben, dann werden Sie feststellen, dass native Programme auf dem Power Macintosh wesentlich mehr Arbeitsspeicher benötigen. Sie können den Speicherhunger der Programme jedoch massiv bremsen, wenn Sie im Kontrollfeld *Speicher* den *Virtuellen Speicher* einschalten. Teilen Sie ein Megabyte mehr zu, als Sie tatsächlich in Form von Chips eingebaut haben.

Die Emulation wird immer langsamer

Wenn Sie gleichzeitig Programme verwenden, von denen die einen nativ sind und andere über den Emulator laufen und dann eine massive Geschwindigkeitseinbusse bemerken, dann sollten Sie im Kontrollfeld *Speicher* den *Modern Memory Manager* ausschalten. Das macht die nativen Programme zwar etwa zehn Prozent langsamer, aber dafür die emulierten schneller.

Alles scheint sehr langsam abzulaufen

Eine Systemerweiterung, die eine aktive Funktion im Hintergrund verrichtet, macht ein System langsamer. Je mehr solcher Erweiterungen also installiert sind, desto langsamer wird der Macintosh. Beim Power Macintosh kann allerdings noch hinzukommen, das Erweiterungen native Codeteile aus dem System durch eigenen Code ersetzen, der nicht nativ ist. Mehr Infos zu diesem Thema finden Sie auf Seite 260.

Der Koprozessor fehlt

Wenn ein Programm meldet, dass es auf diesem Macintosh nicht lauffähig ist, weil der mathematische Koprozessor fehlt, dann hat das seine Richtigkeit. Der PowerMac emuliert nur einen 68LC040, das heisst, einen 68040er-Prozessor *ohne* mathematischen Koprozessor. Dieses Programm kann auf diesem Rechner definitiv nicht verwendet werden.

Wie stellt man fest, ob ein Programm nativ ist?

Einerseits mit dem Programm *NativeChecker*, das Sie auf der mitgelieferten *SmartDisk* finden (Seite 259). Andererseits können Sie das Programm, wenn es auf einem Power Macintosh installiert ist, einmal anklicken und mit *Befehl-I* das Informationsfenster aufrufen. Wenn Sie im untersten Teil der Fensters die Bemerkung sehen, dass dieses Programm so und soviel Speicher weniger benötigt, wenn Sie den Virtuellen Speicher einschalten, dann handelt es sich zumindest um einen Hybriden.

Speicherprobleme

Es lassen sich nur acht Megabyte RAM nutzen.

Wenn Sie mehr als acht Megabyte Speicher installiert haben, aber nur die ersten acht ansprechen können, dann haben Sie die *32-Bit-Adressierung* im Kontrollfeld *Speicher* ausgeschaltet. Schalten Sie sie wieder ein und starten Sie den Macintosh neu.

Ich kann die 32-Bit-Adressierung nicht finden

Wenn Sie die *32-Bit-Adressierung* im Kontrollfeld *Speicher* nicht finden, gibt es darauf drei mögliche Antworten:

- ☐ Sie arbeiten mit einem uralten Macintosh, der keine *32-Bit-Adressierung* zulässt.

- ☐ Sie arbeiten mit einem Power Macintosh. Die *32-Bit-Adressierung* entfällt hier.

- ☐ Ihr Rechner ist älter als der Macintosh IIci. Seine ROM sind nicht «32-Bit-sauber». Installieren Sie von der mitgelieferten *SmartDisk* das Kontrollfeld *Mode32* und starten Sie den Rechner neu.

Das System verbraucht extrem viel Speicher

Wenn Sie unter dem Apple-Menü den Befehl *Über diesen Macintosh...* aufrufen und feststellen, dass das System extrem viel Speicher verbraucht, dann könnten folgende Ursachen dafür verantwortlich sein:

- ☐ Die *32-Bit-Adressierung* ist nicht eingeschaltet, obwohl Sie mehr als acht Megabyte Arbeitsspeicher installiert haben.

- ☐ Sie haben einem Kontrollfeld (etwa *Speicher* oder *ATM*) extrem viel Cache zugeteilt, das jetzt eine Menge Arbeitsspeicher blockiert.

- ☐ Sie haben sich eine RAM-Disk eingerichtet.

- Die *FileSharing*-Funktion benötigt ebenfalls ziemlich viel Speicher.

- Prüfen Sie die installierten Systemerweiterungen mit *Symbionts* auf ihren Speicherbedarf. *Symbionts* finden Sie auf der mitgelieferten *SmartDisk*.

In einem Programm wird der Speicher knapp

- Sichern Sie Ihre Arbeit, beenden Sie das Programm und teilen Sie ihm mehr Speicher zu.

- Beenden Sie alle Programme und teilen Sie dem speicherintensiven Programm bis auf etwa 100 Kilobyte den gesamten verfügbaren Speicher zu.

- Wenn Sie in einem Programm sind und der Speicher knapp wird, könnte es auch sein, dass Sie sehr viele Daten in der Zwischenablage speichern. Falls Sie ihren Inhalt nicht mehr benötigen, können Sie die Zwischenablage weitgehend entleeren, indem Sie ein möglichst kleines Objekt im Programm aktivieren und kopieren.

Dem Finder geht der Speicher aus

Wenn für den Finder zuwenig Speicher verfügbar ist, um Fenster offen zu halten oder neue zu öffnen, dann liegt das meistens daran, dass die offenen Programme den ganzen verfügbaren Speicher für sich beanspruchen. Sobald Sie ein Programm beenden, ist das Problem behoben.

Programmprobleme

Ein Programm stürzt immer wieder ab

In diesem Fall kann ein Absturz so aussehen:

❖ Der Bildschirm friert ein.

❖ Der Macintosh wirft die Bombe.

❖ Die Meldung «Das Programm ... wurde unerwartet beendet, weil der Fehler x aufgetaucht ist» wird angezeigt.

❖ Fehlermeldungen wie «Bus Error», «Ungültige F-Line-Anweisung», «Adress-Error», «Koprozessor nicht installiert» oder «Fliesskommaprozessor nicht installiert» treten auf.

Wenn der Fehler immer im gleichen Programm auftaucht, deutet das klar darauf hin, dass das System zwar in Ordnung ist, aber mit dem Programm etwas nicht stimmt. Es gibt ein paar Tips, wie man dem Fehler auf die Schliche kommen und ihn beseitigen kann. Hier die scheinbar endlose Liste der möglichen Ursachen:

☐ Haben Sie dem Programm genügend Speicher zugeteilt?

☐ Das Programm könnte beschädigt sein. Installieren Sie es von den Originaldisketten neu.

☐ Die Festplatte könnte defekt sein. Überprüfen Sie sie mit einem Diagnoseprogramm wie *Erste Hilfe*, *MacTools* oder den *Norton Utilities*.

☐ Ein Konflikt unter den Systemerweiterungen könnte schuld sein. Schalten Sie mit *Symbionts* alle Systemerweiterungen aus, die Sie im Moment nicht benötigen. *Symbionts* finden Sie auf der mitgelieferten *SmartDisk*.

☐ Ein Fontkonflikt könnte die Ursache sein. Laden Sie nur die Schriften, die Sie im Moment wirklich benötigen.

☐ Die *Preferences-Datei* des Programms könnte beschädigt sein. Bewegen Sie diese Datei aus dem Ordner *Preferences* innerhalb des Systemordners und starten Sie das Programm neu. (Das Programm erzeugt automatisch eine neue, frische Datei mit den Voreinstellungen, wenn es geöffnet wird.)

☐ Das Dokument könnte beschädigt sein. Versuchen Sie, mit einem anderen Dokument in diesem Programm zu arbeiten. Vorsicht: Wenn das Programm faul ist, könnten weitere Dateien beschädigt werden. Erstellen Sie von allen Dateien, die mit diesem Programm erstellt wurden, eine Sicherheitskopie.

☐ Schalten Sie im Kontrollfeld *Speicher* die *32-Bit-Adressierung* und den *Virtuellen Speicher* aus. Es könnte an der Speicherverwaltung liegen.

☐ Es könnte ein Hardwareproblem sein. Überprüfen Sie alle SCSI-Verbindungen und -Terminierungen. Es könnte auch eine Unverträglichkeit mit einer Beschleunigerkarte vorliegen.

☐ Das Betriebssystem könnte beschädigt sein. Starten Sie den Macintosh von der Diskette *Dienstprogramme.* Wenn das Programm nun nicht mehr abstürzt, ist das Betriebssystem defekt und muss neu installiert werden.

Das Programm wird ab und zu sehr viel langsamer

Wenn ein Programm normalerweise einwandfrei funktioniert, aber manchmal unerklärlicherweise plötzlich sehr viel langsamer wird, dann liegt es nicht selten daran, dass im Hintergrund rechenintensive Vorgänge ablaufen. Es könnte aber auch noch andere Ursachen haben.

☐ Greift ein anderer Anwender über *FileSharing* auf Ihren Macintosh zu? Werden im Hintergrund grosse Dateien über das Netzwerk ausgetauscht? So etwas kann einen Computer ganz schön bremsen.

☐ Haben Sie in der *Auswahl* den *Hintergrunddruck* eingeschaltet und wird im Augenblick gerade eine grössere Datei ausgedruckt? Sehr oft bekommt man das zu spüren, weil nicht nur das Programm langsamer wird, sondern auch der Mauszeiger auf dem Bildschirm teilweise brüske Sprünge macht.

☐ Ist der *Virtuelle Speicher* eingeschaltet?

☐ Liesse sich das Problem lösen, wenn Sie dem Programm mehr Speicher zuteilen?

☐ Wenn Sie mit einem Power Macintosh arbeiten und gleichzeitig sowohl native als auch emulierte Programme verwenden, dann sollten Sie probehalber im Kontrollfeld *Speicher* den *Modern Memory Manager* ausschalten und den PowerMac neu starten. Das macht die nativen Anwendungen zwar etwa zehn Prozent langsamer, kann aber die Emulation beschleunigen.

Eine Datei lässt sich nicht öffnen

☐ Vergewissern Sie sich, ob das Programm, welches das Dokument erzeugt hat, noch vorhanden ist. Versuchen Sie sonst, die Datei mit einem anderen Programm zu öffnen.

☐ Versuchen Sie folgendes: Ziehen Sie das Programm über die Icons von verschiedenen Programmen. Wenn das Icon eines Programms aktiv wird, so könnte es sein, dass dieses Programm die Datei öffnen kann.

☐ Legen Sie die Schreibtischdatei neu an. Es könnte sein, dass ein Programm «vergessen» hat, dass es für die betroffene Datei zuständig ist.

☐ Die Datei könnte mit einer veralteten Programmversion erstellt worden sein. In diesem Fall können Sie versuchen, das Dokument aus dem Programm heraus zu öffnen.

☐ Wenn das Umgekehrte der Fall ist, also Ihre Programmversion älter ist als diejenige, mit der das Dokument erzeugt wurde, hilft nur noch ein Upgrade der Anwendung. Das lohnt sich für eine einzelne Datei in den wenigsten Fällen, aber die Wahrscheinlichkeit ist hoch, dass Sie mit diesem Problem von nun an öfter konfrontiert werden.

☐ Wenn Sie genau wissen, dass sich die Datei vorher ohne Probleme öffnen liess, könnte sie auch defekt sein. In *Kapitel 8, Datenrettung,* gehen wir sehr ausführlich auf die Behandlung beschädigter Dokumente ein.

Das Laufwerk scheint voll zu sein

Wenn sich ein Dokument nicht kopieren lässt, weil der Macintosh behauptet, das Laufwerk sei voll, dann könnte die Schreibtischdatei durcheinandergeraten sein. Legen Sie sie am besten mit *Desktop Reset* frisch an und kontrollieren Sie die Festplatte anschliessend mit *Erste Hilfe.*

Das Laufwerk ist tatsächlich voll

Das Laufwerk ist voll, und Sie müssen ausgerechnet jetzt eine wichtige Datei sichern. Mögliche Lösungen:

☐ Stellen Sie ein anderes Laufwerk (Partition, Diskette, Wechselplatte oder ähnlich) zur Verfügung und wählen Sie den Befehl *Sichern unter…* an. Sichern Sie das Dokument auf das andere Laufwerk.

Wenn Sie kein Laufwerk besitzen, das gross genug wäre, um etwa eine Bilddatei von mehreren Megabyte aufzunehmen, wechseln Sie zum Finder. Versuchen Sie, Platz zu schaffen:

☐ Entleeren Sie den Papierkorb.

☐ Löschen Sie Dateien, die Sie nicht mehr benötigen.

☐ Löschen Sie Dateien, von denen Sie eine Kopie besitzen.

☐ Wenn die zu sichernde Datei sehr wichtig ist, löschen Sie notfalls Programme und Schriften, von denen Sie wissen, dass Sie die Originaldisketten in Griffweite haben, um sie später frisch installieren zu können.

☐ Wenn alles nichts nützt, und es sich bei der Datei um ein Layout handelt, versuchen Sie, die Datei mit Befehl-Shift-3 zu fotografieren oder sie auszudrucken, um sie später besser rekonstruieren zu können.

Netzwerkprobleme

Ich kann mich nicht als «Gast» einloggen

Wenn Sie sich über die *FileSharing*-Funktion als «Gast» in einen anderen Macintosh einklinken möchten und das nicht funktioniert, dann gibt es die verschiedensten Möglichkeiten.

☐ Wurde beim betroffenen Rechner die *FileSharing*-Funktion überhaupt aktiviert?

☐ Läuft der angepeilte Macintosh?

☐ Wurden ausdrücklich Ordner für Gäste aus dem Netz freigegeben?

☐ Taucht der Macintosh in der *Auswahl* auf, wenn Sie auf *AppleShare* klicken? Vielleicht funktioniert die Netzwerkverbindung nicht, oder *AppleTalk* ist deaktiviert worden.

☐ Öffnen Sie auf dem Rechner, von dem Sie Daten beziehen möchten, das Kontrollfeld *Benutzer & Gruppen*. Doppelklicken Sie das Icon in Form eines Gesichtes, das den Namen «Gast» trägt. Ist die Option «Zugriff gewähren» eingeschaltet?

Der Server ist im Netzwerk nicht verfügbar

☐ Ist *AppleTalk* in der *Auswahl* aktiviert?

☐ Ist der Server eingeschaltet?

☐ Ist die Netzwerkverbindung in Ordnung? Das können Sie fürs erste relativ einfach kontrollieren, indem Sie versuchen, einen netzwerkfähigen Drucker anzusprechen.

☐ Wurde auf dem Server *AppleShare* installiert und gestartet?

Wie gibt man im Netzwerk einen Ordner frei?

So können Sie Ordner und ganze Festplatten im Netzwerk für andere Benutzer freigeben:

- ☐ Öffnen Sie das Kontrollfeld *Gemeinschaftsfunktionen*. Klicken Sie auf *FileSharing starten*. Nach ein paar Sekunden ist die *FileSharing*-Funktion bereit.

- ☐ Wechseln Sie in den Finder, aktivieren Sie das freizugebende Objekt und wählen Sie den Befehl *Gemeinsam nutzen* aus dem Menü *Ablage*.

- ☐ Eine Dialogbox erscheint, in der Sie die Zugriffsrechte definieren können. Das war es auch schon!

Wie kann man einen neuen Benutzer definieren?

- ☐ Öffnen Sie das Kontrollfeld *Benutzer & Gruppen*.

- ☐ Im sich daraufhin öffnenden Fenster sehen Sie zwei Objekte: Sich selbst und einen Anwender namens «Gast».

- ☐ Mit *Befehl-N* können Sie nun einen neuen Anwender kreieren und anschliessend benennen.

- ☐ Doppelklicken Sie das neue Icon des Anwenders und klicken Sie ihm seine Rechte vor.

Wie weiss man, wer sich eingeklinkt hat?

Wenn Sie nicht wissen, ob sich andere Anwender in Ihr System eingehängt haben, dann können Sie das ganz einfach kontrollieren, indem Sie das Kontrollfeld *FileSharing Monitor* aufrufen. Dort erhalten Sie auch Auskunft darüber, wie hoch die augenblickliche Belastung des Netzwerkes ist. Ausserdem sind Sie von hier aus in der Lage, einen unerwünschten Gast gewaltsam von Ihrem Macintosh zu trennen.

Wie trennt man einen Anwender gewaltsam?

Öffnen Sie das Kontrollfeld *File Sharing Monitor*. Jetzt sehen Sie alle Anwender, die sich gerade in Ihr System eingeklinkt haben. Klicken Sie auf den Namen des unerwünschten Gastes und anschliessend auf die Taste *Verbindung abbrechen*.

Eine Disk lässt sich nicht auswerfen

☐ Manchmal lässt sich eine Wechselplatte nicht auswerfen, weil die *FileSharing*-Funktion eingeschaltet ist.

☐ Eine Diskette, auf die gerade ein Benutzer zugreift, kann nicht ausgeworfen werden. In diesem Fall müssen Sie zuerst den Zugriff des Benutzers unterbrechen: Öffnen Sie das Kontrollfeld *FileSharing Monitor,* aktivieren Sie den Benutzer und klicken Sie auf *Verbindung abbrechen.*

☐ Es können keine Wechselplatten ausgeworfen werden, die bereits in Gebrauch waren, als *FileSharing* aktiviert wurde. Schalten Sie die *FileSharing*-Funktion ab, werfen Sie die Wechselplatte aus und aktivieren Sie *FileSharing* erneut.

Ein Laufwerk kann nicht gemeinsam genutzt werden

Wenn sich die eingelegte Wechselplatte im Netz nicht gemeinsam nutzen lässt, dann liegt das daran, dass die *FileSharing*-Funktion eingeschaltet wurde, noch bevor die Wechselplatte auf dem Schreibtisch des Finders erschien. Schalten Sie *FileSharing* aus und mounten Sie die Wechselplatte. Danach können Sie *FileSharing* wieder einschalten und die Wechselplatte im Netz freigegeben.

Wie kann ich meinen Macintosh benennen?

So können Sie Ihrem Macintosh einen Namen geben, an dem die anderen Anwender im Netzwerk Ihren Macintosh identifizieren können:

☐ Rufen Sie das Kontrollfeld *Gemeinschaftsfunktionen* auf.

☐ Unter «Gerätename» können Sie Ihrer Station einen Namen geben, der später in der Auswahl der anderen Anwender erscheint. Verwenden Sie bitte keine Spitznamen, da dies speziell in grösseren Netzwerken die Auswahl der richtigen Station massiv erschwert.

68000, 68020, 68030 und 68040 — *68000, 68020, 68030* und *68040.* Die Nummern repräsentieren die unterschiedlichen *CISC-Prozessoren* von Motorola, dem zweitgrössten Chip-Hersteller nach Intel. Der Macintosh arbeitet seit jeher mit Motorola-Prozessoren. Das gilt übrigens auch für die neuen *PowerPC*-Chips.

68LC040 — *68LC040.* Der 68LC040 unterscheidet sich insofern von einem herkömmlichen 68040er, als dass der eingebaute mathematische Koprozessor deaktiviert wurde. In einem *PowerMac* wird ein solcher 68LC040-Prozessor emuliert.

Accelerator — *Accelerator.* Auch Beschleuniger genannt. Ein Accelerator wird meistens in Form einer NuBus-Karte in den Macintosh eingesteckt und soll den Rechner schneller machen. Einige Modelle steigern das Tempo durch verschiedene Tricks, andere ersetzen die interne CPU durch einen schnelleren Prozessor.

ADB — *ADB.* Siehe *Apple Desktop Bus.*

Adobe TypeManager — *Adobe TypeManager.* Kurz *ATM.* Eines der meistverwendeten Utilities überhaupt. ATM berechnet aufgrund der PostScript-Fonts für jede Schriftgrösse die optimale Bildschirmdarstellung.

Alias — *Alias.* Ein Alias ist quasi eine Kopie des Originals, aber ohne dessen Inhalt. Aktionen, wie zum Beispiel ein Doppelklick, den Sie einem Alias zukommen lassen, werden schnurstracks zum Original weitergeleitet. Ein Alias erlaubt Ihnen, von den verschiedensten Seiten her auf ein einziges Original zuzugreifen. Das verhindert nicht selten das Chaos.

AOCE — *AOCE.* Abkürzung für *Apple Open Collaboration Environment* – eine extrem leistungsfähige Kommunikationsumgebung, die das zentrale Verwalten verschiedenster Nachrichten, fälschungssichere Unterschriften, E-Mail, verschlüsselte Netzwerktransfers und mehr erlaubt.

Apple — *Apple.* Firma. Macht die besten Computer und Betriebssysteme der Welt.

Apple Desktop Bus — *Apple Desktop Bus.* Kurz *ADB.* Der Apple Desktop Bus ist die Schnittstelle, an der Mäuse, Tastaturen oder andere Eingabe-

· ·

geräte angeschlossen werden. Die Reihenfolge spielt dabei keine Rolle. Bei Geräten, die mit extrem wenig Strom auskommen, übernimmt der ADB auch die Speisung.

AppleMail. Eine kleine E-Mail-Anwendung, die mit System 7 Pro und System 7.5 mitgeliefert wird. *AppleMail* ist ein Bestandteil von *AOCE*.

AppleMail

AppleScript. Eine Systemerweiterung, die das Programmieren von Makros in einer Sprache erlaubt, die einem sehr einfachen Englisch entspricht. Allerdings müssen die angesprochenen Programme auf *AppleScript* angepasst sein.

AppleScript

AppleShare. Ursprünglich war *AppleShare* eine Server-Software, die auf einem eigenen Rechner lief. Dieser Rechner verwaltete zentral die Daten eines Netzwerkes. Heute, unter System 7, gibt es AppleShare immer noch, aber die meisten kleineren Betriebe greifen lieber auf die *FileSharing*-Funktion zurück.

AppleShare

AppleTalk. AppleTalk ist eine von verschiedenen Methoden, wie Daten in einem Apple-Netzwerk übertragen werden, damit sich die Rechner untereinander verstehen. Früher meinte man mit diesem Begriff aber auch die Connectoren, die für die Kabelverbindung zwischen den verschiedenen Rechnern verwendet wurden. Heute hingegen nennt Apple die eigene Kabelverbindung *LocalTalk*.

AppleTalk

ASCII. Abkürzung für *American Standard Code for Information Interchange. ASCII*-Text wird meistens dann verwendet, wenn Informationen zwischen Systemen ausgetauscht werden sollen, die überhaupt nicht miteinander kompatibel sind. Allerdings gehen dabei die meisten Sonderzeichen und alle Formatierungen flöten.

ASCII

ATM. Siehe *Adobe TypeManager.*

ATM

Beta. Beta bezeichnet ein Stadium einer Software, die noch in der Entwicklung ist. Während in der Alpha-Phase alles geändert werden kann, wird in der Beta-Phase der Funktionsumfang eingefroren. Die Benutzeroberfläche steht, und das Programm sollte halbwegs stabil laufen. Jetzt geht es nur

Beta

· ·

noch darum, kleine Fehler zu finden und auszumerzen. Leute, die diese unangenehme Arbeit in Kauf nehmen, nennt man «Beta-Tester».

Betriebssystem *Betriebssystem.* Das Betriebssystem steuert alle Abläufe hinter einer Benutzeroberfläche. Dazu gehören der Bildschirmaufbau, die Disk-Zugriffe oder das Kontrollieren und Weiterleiten der Benutzereingaben. Bei Apple heisst das Betriebssystem *Mac OS*™. Andere Beispiele wären MS-DOS oder Unix.

Bildschirmfont *Bildschirmfont.* Der Bildschirmfont ist – nomen est omen – für die Darstellung der Schrift auf dem Macintosh-Bildschirm verantwortlich. Ab und zu werden diese Dinger auch *Screenfonts* oder *Bitmap*-Fonts genannt, was aber auf das selbe hinausläuft. Bildschirmfonts sind immer mit 72 dpi aufgelöst. Je mehr Bitmaps einer Schrift installiert werden, desto besser ist die Darstellungsqualität bei verschiedenen Schriftgrössen.

Bit *Bit.* Die kleinste Informationseinheit, die ein Computer verarbeiten kann. (Also eigentlich ist es sogar die einzige.) Ein *Bit* entspricht etwa einem Schalter, der die Zustände «Ein» oder «Aus» einnehmen kann. «Schwarz» oder «Weiss». «0» oder «1». Acht Bit entsprechen einem *Byte* oder einem Zeichen.

Bitmap *Bitmap.* Unter *Bitmaps* versteht man Grafiken oder Texte, die aus einzelnen Klötzchen zusammengesetzt sind. Je feiner die Bitmaps, desto besser die Bildqualität – und desto mehr Speicher benötigt die Grafik oder der Text.

Booten *Booten.* Ein typischer Fachbegriff. *Booten* heisst nichts anderes, als den Macintosh aufzustarten. (Spricht sich aber leichter aus und klingt kompetenter.)

Bug *Bug.* Ein Fehler in der Software, der vom Programmierer und seinen *Beta*-Testern übersehen wurde. Ein Bug kann zu Abstürzen oder anderen unangenehmen Ereignissen führen.

Bug-Fix *Bug-Fix.* Ein *Bug-Fix* ist ein Programm oder eine Erweiterung, die einen Fehler in einer Software behebt. Dabei wird normalerweise der fehlerhaft programmierte Teil der Software durch ein verbessertes Stück Code ersetzt. Bug-Fixes werden oft über Bulletin Board Services und andere Dienste in Umlauf gebracht und dürfen natürlich frei kopiert werden. Das passiert immer dann, wenn der Softwarehersteller keine Lust hat, die bereits verkauften Disketten wieder einzusammeln und durch neue Versionen zu ersetzen.

Byte. Ein *Byte* entspricht genau acht *Bit* und somit einem Zeichen.

Byte

CD-ROM. Abkürzung für *Compact Disk Read Only Memory.* Sieht aus wie eine Musik-CD, speichert aber bis zu 600 Megabyte Daten. CD-ROM lassen sich – wie der Name schon vermuten lässt – nicht mehr beschreiben oder verändern, wenn sie einmal gebrannt worden sind.

CD-ROM

CDEV. Abkürzung für *Controlpanel DEVice,* kurz Kontrollfeld.

CDEV

CISC-Prozessor. Die Abkürzung steht für *Complex Instruction Set Computing* und damit für einen Prozessor, wie er in den meisten Personal Computern zum Einsatz kommt. CISC-Prozessoren bieten sehr viele spezialisierte Funktionen, die dazu führen, dass sie langsam an der Grenze der Leistungsfähigkeit angekommen sind. Eine bessere Alternative für die Zukunft sind die *RISC-Prozessoren.*

CISC-Prozessor

Connector. Ein *Connector* ist eine kleine Box, die in den Druckeranschluss des Macintosh gesteckt wird und ihn damit in ein Netzwerk einbindet. Heute gibt es zwei verschiedene Systeme: Einerseits ist da *LocalTalk,* Apples eigene Konstruktion. LocalTalk arbeitet mit abgeschirmtem Koaxialkabel und ist sehr teuer. Auf der anderen Seite wäre da noch *PhoneNet,* ein Verfahren, das von der Firma Farallon entwickelt wurde. PhoneNet arbeitet mit preiswertem, vieradrigem Telefonkabel und ist auch leichter zu installieren. Heute gibt es auf dem Markt noch viele weitere Produkte, die sich allerdings alle an die Konstruktion von PhoneNet anlehnen und grundsätzlich kompatibel sind.

Connector

CPU. Abkürzung für *Central Processing Unit,* also den Hauptprozessor im Rechner. Dieser Chip ist der Boss des gesamten Systems. Die CPU kann sowohl ein *CISC-* als auch ein *RISC-Prozessor* sein.

CPU

DES　　*DES.* Abkürzung für *Department of Commerce-approved Data Encryption Standard. DES* gehört zu der kleinen Kategorie von Verschlüsselungsmechanismen, die auch von den besten Spezialisten und Computern nicht zu knacken sind.

Desktop　　*Desktop.* Siehe *Schreibtisch.*

Desktop File　　*Desktop File.* Siehe *Schreibtischdatei.*

DOS　　*DOS.* Abkürzung für *Disk Operating System* oder zu deutsch Betriebssystem.

Download　　*Download.* Ein Begriff, der sich auf verschiedene Arten interpretieren lässt. Wenn Sie eine Datei von einem Bulletin Board Service auf Ihre Harddisk laden, dann ist das ein Download. Wenn Sie eine Schrift oder PostScript-Datei in den Speicher des Laserdruckers laden, ist das ebenfalls ein Download.

dpi　　*dpi.* Abkürzung für *Dots per Inch.* Mit «Dot» ist ein einzelner Pixel oder Bildpunkt gemeint, während ein Inch 2.54 cm entspricht. Die Anzahl dpi gibt an, wie detailliert eine Grafik aufgelöst ist. Der Macintosh-Bildschirm arbeitet zum Beispiel mit 72 dpi, was nicht sehr viel ist. Auf einer Breite von 2.54 cm wird das Bild also in 72 Bildpunkte aufgeteilt.

Driver　　*Driver.* Siehe *Treiber.*

E-Mail　　*E-Mail.* Abkürzung für *Electronic-Mail.* Dabei handelt es sich um eine Art «elektronische Rohrpost», mit der sich Meldungen von Rechner zu Rechner übermitteln lassen. Populäre Vertreter sind QuickMail, Microsoft Mail oder *AppleMail.*

Electronic Mail　　*Electronic Mail.* Siehe *E-Mail.*

Engine　　*Engine.* Der harte Kern einer Anwendung. Die *Engine* ist der ausführende Teil eines Programmes, über den dann die Benutzeroberfläche gestülpt wird. Eine Engine kann aber auch eine Erweiterung sein, die im Systemordner abgelegt wird und wichtige Funktionen für verschiedene Programme zur Verfügung stellt.

EPSF　　*EPSF.* Abkürzung für *Encapsulated PostScript File.* Eine EPS-Datei enthält sowohl den *PostScript*-Code einer Grafik als auch eine Bildschirmdarstellung, die nötig ist, damit sich die Datei in einem Layoutprogramm positionieren und betrachten lässt.

Ethernet. Eine immer populärer werdende Netzwerkverbindung, die etwa zwei bis drei Mal schneller ist als *LocalTalk* oder *PhoneNet.* Apple selbst fördert Ethernet wie verrückt, indem bei allen Macintosh-Modellen der mittleren und oberen Preisklasse ein Ethernet-Anschluss eingebaut wird. Modelle ohne diesen Anschluss müssen mit einer separat zu kaufenden Ethernet-Karte aufgerüstet werden.

Ethernet

EtherTalk. Eine Systemerweiterung, die nur dann nötig ist, wenn Sie in einer *Ethernet*-Umgebung arbeiten.

EtherTalk

Exabyte. Ein *Exabyte* entspricht 1 024 *Petabyte* und damit 9 223 372 036 854 775 808 Zeichen. (Die meisten schludrigen Anwender behaupten aus purer Faulheit, bei einem Exabyte handle es sich um «Neunkommazweitrillionenzeichenund-einpaarzerquetschte» – was natürlich nicht richtig ist.)

Exabyte

Fat-Binary. Eine *Fat-Binary-Anwendung* ist ein Programm, das sowohl den Code für einen *PowerMac* als auch für einen herkömmlichen Macintosh enthält und sich auf beiden Maschinen optimal einsetzen lässt.

Fat-Binary

Fileserver. Ein Computer irgendwo in einem *Netzwerk*, der zentral Daten verwaltet und dafür sorgt, dass autorisierte Anwender darauf zugreifen können. Dank der *FileSharing*-Funktion kann jeder Macintosh im Netz zu einem kleinen Fileserver werden.

Fileserver

FileSharing. Die Netzwerkfunktion unter System 7, die es jedem Anwender erlaubt, Ordner und Festplatten des eigenen Macintosh mit anderen Personen im *Netzwerk* zu teilen.

FileSharing

Finder. Die grafische Benutzeroberfläche des Macintosh, mit deren Hilfe Festplatten verwaltet und Programme gestartet werden. Der *Finder* ist in der Computerbranche nach wie vor konkurrenzlos.

Finder

Font. Siehe *Schriftfamilie.*

Font

FPU *FPU.* Abkürzung für *Floating Point Unit* oder Fliesskommaprozessor. Ursprünglich handelte es sich bei der FPU um einen spezialisierten mathematischen Koprozessor, der von den Entwicklern einer Software ausdrücklich angesprochen werden musste. So konnte dieser Prozessor komplexe mathematische Operationen ungleich viel schneller ausführen als die CPU. Heute ist die FPU bei allen 68030er- und 68040er-Modellen integriert (mit Ausnahme des 68LC040er).

Fragmentierung *Fragmentierung.* Wenn auf einer Harddisk eine Datei nicht mehr an einem Stück abgelegt werden kann, weil nicht mehr genug zusammenhängender Platz frei ist, dann muss sie in mehrere Teile zerlegt werden … die Datei wird *fragmentiert.*

Freeware *Freeware.* Wie Public-Domain-Software ist auch *Freeware* tatsächlich gratis. Der Autor verlangt jetzt und in Zukunft keine Bezahlung – allerdings behält er sich die Rechte an seinem Produkt vor.

Gigabyte *Gigabyte.* Ein *Gigabyte* entspricht 1 024 *Megabyte* oder genau 1 073 741 824 *Byte.*

Hauptplatine *Hauptplatine.* Die Hauptplatine ist eine grüne Kunststoffplatte im Inneren des Macintosh, auf der alle anderen Komponenten des Rechners untergebracht sind: Der Hauptprozessor, das Netzteil, diverse spezialisierte Chips und alles andere, was den Rechner eben ausmacht.

Hilfsprogramm *Hilfsprogramm.* Siehe *Utility.*

Hybride *Hybride.* Ein *Hybride* ist ein Programm, das nur teilweise auf den *Power Macintosh* angepasst worden ist. Meistens laufen die rechenintensiven Teile *nativ,* während weniger kritische Aufgaben vom Emulator bewältigt werden. Der grösste Hybride ist das Macintosh-Betriebssystem selbst.

INIT *INIT.* Siehe *Systemerweiterungen* (die unter System 6 und noch früher *INITs* genannt wurden).

Kilobyte *Kilobyte.* Ein *Kilobyte* entspricht 1 024 *Byte* oder Zeichen.

Kontrollfeld *Kontrollfeld.* Meist kleine Dateien, die das System modifizieren oder um Funktionen bereichern. *Kontrollfelder* werden je nach Veranlagung beim Aufstarten des Rechners in den Arbeitsspeicher geladen und können somit auch die Funktion einer *Systemerweiterung* übernehmen. Der Unterschied ist allerdings der, dass der Anwender bei einem Kontrollfeld verschiedene Einstellungen vornehmen kann.

LaserWriter. Einerseits sind damit die Laserdrucker von Apple gemeint. Die meisten Anwender nennen jeden ordinären Laserdrucker einfach *LaserWriter,* auch wenn er nicht von Apple kommt. Dabei wäre diese Bezeichnung eigentlich ein geschütztes Warenzeichen von Apple. (Es verhält sich ähnlich wie bei den tragbaren Kassettenabspielgeräten, die jeder «Walkman» nennt, obwohl es sich dabei um ein geschütztes Warenzeichen von Sony handelt.) Unter LaserWriter versteht man jedoch nicht nur Apple-Laserdrucker, sondern auch den gleichnamigen Apple-Druckertreiber, den Sie in der Auswahl aufrufen können.

LaserWriter

LocalTalk. Die Koaxialkabel-Verbindung von Apple, mit der ein Macintosh in ein *AppleTalk-Netzwerk* eingebunden werden kann. Siehe auch *PhoneNet.*

LocalTalk

Logic Board. Siehe *Hauptplatine.*

Logic Board

Makro. Ein *Makro* besteht aus einer Reihe von Befehlen, die Sie dem Macintosh einmal vorzeigen, damit er sie später automatisch ausführen kann. Populäre Makroprogramme sind Tempo, QuicKeys, Frontier und natürlich *AppleScript.*

Makro

Megabyte. Ein *Megabyte* entspricht 1 024 *Kilobyte* oder exakt 1 048 576 Zeichen.

Megabyte

Microsoft Windows. Siehe *Windows.*

Microsoft Windows

Mixed Mode Manager. Der *Mixed Mode Manager (MMM)* ist eine Software im *PowerMacintosh,* die erkennt, ob ein Befehl für den *PowerPC*-Prozessor oder für einen herkömmlichen Macintosh geschrieben wurde. Anschliessend leitet der MMM den Befehl entweder direkt an den PowerPC-Chip oder an den Emulator weiter.

Mixed Mode Manager

MMM	*MMM.* Siehe *Modern Memory Manager* und *Mixed Mode Manager.*
Modem	*Modem.* Ein kleines Kästchen, mit dem Daten via Telefonleitung übermittelt werden können. *Modem* ist die Kurzform von «MOdulator/DEModulator», und so müsste es eigentlich «der» Modem heissen – was die Welt nicht daran hindert, dieses Teil «das» Modem zu nennen.
Modern Memory Manager	*Modern Memory Manager.* Der *Modern Memory Manager* wurde mit den *PowerMacs* eingeführt. Er bietet eine bessere Speicherverwaltung und soll später unter System 8 und 9 ein ausgeklügelteres Multitasking samt Speicherschutz ermöglichen, damit bei einem Systemfehler nicht gleich alle anderen offenen Programme talwärts fahren.
Motherboard	*Motherboard.* Siehe *Hauptplatine.*
Mounten	*Mounten. Mounten* bedeutet so viel wie eine Festplatte, *Wechselplatte* oder Diskette auf den *Schreibtisch* des Macintosh zu holen.
Nanosekunde	*Nanosekunde.* Eine *Nanosekunde* enstpricht einer Milliardstel Sekunde. Diese Zeiteinheit wird in erster Linie verwendet, um die Geschwindigkeit anzugeben, mit der ein Computer auf einen *RAM*-Chip zugreifen kann.
Native	*Native.* Eine *native* Anwendung ist ein Programm, das komplett auf den *PowerPC* angepasst wurde und demzufolge diesen schnellen Prozessor auch ausreizt. Native Programme sind nicht auf herkömmlichen Macintosh-Modellen lauffähig.
Netzwerk	*Netzwerk.* Ein Verbund aus zwei oder mehr Computern. Jedes Macintosh-Modell, das neuer als der Macintosh Plus ist, lässt sich in ein Netzwerk einbinden. Da die meisten Apple-Drucker ebenfalls netzwerkfähig sind, kann man behaupten, dass ein Macintosh mit angeschlossenem Drucker bereits ein kleines Netzwerk bildet.
NuBus	*NuBus.* Eine Datenleitung im Inneren des Macintosh, die mit Erweiterungskarten bestückt werden kann. Dazu gehören Monitor-, *Netzwerk*- oder *Videokarten,* die in einen beliebigen freien Steckplatz montiert werden können.

On-Board-Video. Die meisten neueren Macintosh-Modelle sind mit sogenanntem *On-Board-Video* ausgestattet. Das heisst unter anderem, dass sich an diesen Geräten ein Monitor direkt anschliessen lässt, ohne dass dazu eine spezialisierte *Videokarte* gekauft werden muss. Wieviele verschiedene Farben sich dann über diesen Anschluss darstellen lassen, hängt davon ab, wieviel *VRAM* im Macintosh installiert wurde.

On-Board-Video

Optical. Ein optische *Wechselplatte* mit 128, 256 oder mehr *Megabyte* Fassungsvermögen wird oft der Einfachheit halber als *Optical* bezeichnet.

Optical

Outline. Mit der *Outline* ist der mathematische Umriss eines Objektes gemeint. Dabei kann es sich sowohl um die Zeichen eines *PostScript-* oder *TrueType-Fonts* als auch um die Grafik in einem Illustrationsprogramm handeln.

Outline

Parameter-RAM. Siehe *PRAM*.

Parameter-RAM

Partition. Wenn eine Festplatte beim Formatieren in mehrere unabhängige Teilbereiche zerlegt wird, nennt man einen solchen Bereich gemeinhin *Partition*.

Partition

PC. Abkürzung für *Personal Computer,* was etwa soviel heisst wie *Persönlicher Computer* – eine Maschine, die Ihnen ganz allein gehört und die Sie so auf Ihren Schreibtisch stellen dürfen, wie es Ihnen gefällt. Mit einem PC ist paradoxerweise meistens ein DOS-Rechner gemeint, obwohl der Macintosh der persönlichste aller Computer ist.

PC

Personal Computer. Siehe *PC*.

Personal Computer

Petabyte. Ein *Petabyte* entspricht 1 024 *Terabyte* oder immerhin 1 125 899 906 842 624 Zeichen. (Also mehr als eine Billiarde Zeichen. Ein Petabyte reicht also garantiert aus, um wirklich anspruchsvolle Textdokumente zu erstellen, auch wenn zusätzlich ein paar aufwendige Grafiken integriert wurden.)

Petabyte

PhoneNet. Die günstigere, einfachere und wohl deshalb auch wesentlich populärere Alternative als *LocalTalk*. Das Original-*PhoneNet*-Prinzip wurde von der Firma Farallon entwickelt.

PhoneNet

PICT   *PICT.* Ein einfaches Grafikformat, das sowohl pixelorientierte Bilder als auch objektorientierte Illustrationen enthalten kann. Da es sich um ein Urformat auf dem Macintosh handelt, werden PICT-Dateien von den meisten Programmen erkannt.

PMMU   *PMMU. Paged Memory Management Unit.* Ein spezieller Chip für die Speicherverwaltung, der zum Beispiel den *Virtuellen Speicher* erst möglich macht. Jeder 68030er- und 68040er-Prozessor hat ihn bereits eingebaut. Der Macintosh II mit seinem 68020er lässt sich nachrüsten.

Port   *Port.* Ein anderes Wort für Anschluss. *SCSI*-Port, Printer-Port, Monitor-Port ... Hauptsache, es lässt sich ein Stecker einstöpseln.

PostScript   *PostScript.* Die wichtigste Seitenbeschreibungssprache in der Computerwelt. *PostScript* kommt in Laserdruckern, Film- und Dia-Belichtern vor und garantiert, dass jede PostScript-Datei mit der maximal möglichen Auflösung gedruckt wird.

PostScript-Font   *PostScript-Font.* Eine Schrift, bei der alle Konturen mathematisch durch *PostScript* definiert wurden. PostScript-Fonts gehören zu den wenigen echten Standards im grafischen Gewerbe.

Power Macintosh   *Power Macintosh.* Ein Macintosh, der mit einem *PowerPC*-Chip betrieben wird.

PowerPC 601   *PowerPC 601.* Der PowerPC-Chip, den Apple, IBM und Motorola gemeinsam entwickelten und der in den *Power-Macintosh*-Modellen eingesetzt wird. Das «601» bezieht sich auf die erste Generation, wie sie in den PowerMacs 6100, 7100 und 8100 zum Einsatz kommt.

PowerTalk   *PowerTalk. PowerTalk* ist die Kommunikationsumgebung unter System 7 Pro und System 7.5. Sie enthält alle Komponenten, die für die Kommunikation mit den verschiedensten Rechnern und Services nötig sind. Als Ergänzung dazu bietet Apple den PowerShare Collaboration Server an, der zentral im *Netzwerk* die verschiedenen Meldungen handhabt.

PRAM   *PRAM.* Auch *Parameter-RAM* genannt. Das *PRAM* ist ein kleiner Speicherbereich, der unterschiedliche Einstellungen wie Datum, Uhrzeit, Mausgeschwindigkeit und mehr enthält. Ab und zu kann dieser Speicherhappen jedoch Schwierigkeiten machen, so dass er gelöscht («gezappt») werden muss.

Printerfont. Auch *PostScript-Font* oder *Outline-Font* genannt. Der *Printerfont* ersetzt beim Ausdruck auf einem *PostScript*-Drucker den Bildschirmfont, indem er die pixelige Darstellung durch mathematisch definierte Kurven und Linien ersetzt, die gestochen scharf ausgegeben werden.

Public Domain. Siehe *Freeware.*

Punkt. Punkt ist eine typografische Masseinheit, die in erster Linie verwendet wird, um die Grösse einer Schrift festzulegen. Ein Punkt entspricht 0.376 mm. Die Masseinheit wird immer in der Einzahl verwendet, also ein Punkt, zwei Punkt, drei Punkt und so weiter. 12 Punkt ergeben 1 Cicero.

QuickDraw. QuickDraw ist ein sehr schnelles Grafikprogramm, das in die *ROM* eines jeden Macintosh eingebaut ist. Einerseits kümmert sich dieses Programm um den Bildschirmaufbau, andererseits wird es automatisch zugeschaltet, wenn ein Dokument auf einem nicht *PostScript*-fähigen Drucker ausgegeben werden soll.

QuickDraw GX. QuickDraw GX ist die gigantische Steigerung von *QuickDraw* und wurde mit System 7.5 eingeführt. Es umfasst – nebst den selben Aufgaben, die auch QuickDraw wahrnimmt – eine umfangreiche Drucker-Architektur, Farbmanagement, wesentlich umfangreichere typografische Möglichkeiten und mehr. Man könnte problemlos ein Buch über QuickDraw GX verfassen.

RAM. Abkürzung für *Random Access Memory* oder zu deutsch Arbeitsspeicher.

RAM-Cache. Veralteter Ausdruck für *Volumecache.* Siehe dort.

RAM-Disk. Eine *RAM-Disk* ist eine Diskette, die mit Hilfe des Kontrollfeldes Speicher erstellt werden kann. Sie existiert nicht wirklich, sondern wird im Arbeitsspeicher des Macintosh simuliert. Vorteil: Extrem schnell. Nachteil: Der Speicher, der für die RAM-Disk verwendet wird, kann von

Printerfont

Public Domain

Punkt

QuickDraw

QuickDraw GX

RAM

RAM-Cache

RAM-Disk

anderen Programmen nicht genutzt werden. Ausserdem ist der gesamte Inhalt verloren, wenn der Strom ausfällt.

RGB

RGB. Farbmonitore mischen die Farbtöne aus den Grundfarben Rot, Blau und Grün zusammen – und werden deshalb auch «RGB-Monitor» genannt.

RISC-Prozessor

RISC-Prozessor. RISC steht für *Reduced Instruction Set Computing,* also einen «reduzierten Chip.» Die Reduktion bezieht sich auf den Befehlsumfang – RISC-Prozessoren kennen wesentlich weniger Befehle als die hochspezialisierten CISC-Prozessoren. Wenn eine bestimmte, komplizierte Funktion ausgeführt werden muss, werden mehrere einfache Befehle miteinander kombiniert, während bei einem CISC-Prozessor nur eine einzige Anweisung notwendig wäre. Das macht zwar die RISC-Programme grösser, aber da die leichtfüssigen *RISC-Prozessoren* viel schneller sind als ihre Konkurrenten, wird dieser Nachteil mehr als wett gemacht.

ROM

ROM. Abkürzung für *Read Only Memory.* Das *ROM* enthält quasi die angeborenenen Fähigkeiten des Macintosh, respektive seine Instinkte. Es birgt eine Unmenge an Funktionen in sich, etwa für den Fensteraufbau, den Zugriff auf die Harddisk und anderes, worauf ein Programmierer zurückgreifen kann. Das ROM macht den Macintosh zu dem, was er ist.

RTF

RTF. Abkürzug für *Rich Text Format.* RTF ist – ähnlich wie *ASCII* – ein universelles Format für den Austausch von Texten zwischen verschiedenen Systemen. Entwickelt von Microsoft, erlaubt es im Gegensatz zum ASCII-Format einige wenige Formatierungen.

Schnitt

Schnitt. Siehe *Schriftschnitt.*

Schreddern

Schreddern. Mit *schreddern* meint man, dass eine Datei nicht einfach gelöscht, sondern mit zufälligen Daten mehrmals überschrieben wird, so dass Unberechtigte keine Chance haben, eine Datei zurückzuholen und einzusehen.

Schreibtisch

Schreibtisch. Auch *Desktop* genannt. Unter dem Schreibtisch versteht man auf dem Macintosh den Hintergrund im Finder, auf dem sich alle Objekte wie Festplatten, Fileserver, Fenster oder Ordner befinden. Der Schreibtisch steht in der Hierarchie noch über dem ersten Fenster einer Harddisk.

Schreibtischdatei. Auch *Desktop File* genannt. System 7 legt auf jedem Massenspeicher zwei unsichtbare Schreibtischdateien an, die die verschiedensten Informationen wie etwa die Icons oder die Kommentare enthalten, die Sie im Finder eingegeben haben.

Schriftfamile. Eine *Schriftfamilie* besteht aus zwei oder mehr Schriftschnitten. Nehmen wir zum Beispiel die Schrift Helvetica, die mit Ihrem Macintosh geliefert wurde: Sie enthält die Schnitte normal, kursiv, fett und fett-kursiv. All dieses Schnitte bilden zusammen die Familie dieser Helvetica (es gibt nämlich noch ein paar Dutzend andere).

Schriftschnitt. Unter einem *Schriftschnitt* versteht man eine einzelne Auszeichnung wie fett, kursiv, condensed oder eine andere Modifikation.

Screenfont. Siehe *Bildschirmfont.*

SCSI. Abkürzung für *Small Computer System Interface.* Wird auch «Scuzzy» genannt, ausgesprochen «Sgasi». *SCSI* wurde für Geräte entwickelt, die grosse Datenmengen zum Rechner senden oder von ihm empfangen müssen. Dazu gehören etwa Festplatten, CD-Laufwerke, Scanner oder Einzelplatzdrucker. An jedem Macintosh lassen sich bis zu sieben SCSI-Geräte betreiben. Das achte ist immer der Macintosh selbst.

SCSI-ID. Jedes *SCSI*-Gerät, das an einen Macintosh angeschlossen wird, muss eine einmalige Nummer zwischen 0 (null) und 6 tragen, damit es vom Macintosh eindeutig identifiziert und angesprochen werden kann.

SCSI-Kette. Mehrere *SCSI*-Geräte, die zusammengeschlossen werden, nennt man eine *SCSI-Kette.*

SCSI-Nummer. Siehe *SCSI-ID.*

Shareware. Eigentlich die beste Art, Software zu kaufen. Nur schade, dass es sich für die wenigsten Programmierer auszahlt. *Shareware* ist Software, die wie ein Public-Domain-Produkt

Schreibtischdatei

Schriftfamilie

Schriftschnitt

Screenfont

SCSI

SCSI-ID

SCSI-Kette

SCSI-Nummer

Shareware

frei herumkopiert werden darf. Wenn Sie jedoch regelmässig damit arbeiten, sollten Sie dem Autor die oft symbolisch zu verstehende Shareware-Gebühr bezahlen. Die meisten Programme auf der mitgelieferten SmartDisk sind Sharewareprodukte. Wenn Sie also damit arbeiten, sollten Sie sich die Zeit nehmen, ein paar Dollarnoten in einen Umschlag zu stecken und dem Autor zukommen zu lassen – denn das ganze System kann nur funktionieren, wenn fair gespielt wird.

Startlaufwerk

Startlaufwerk. Das Startlaufwerk ist immer die Diskette oder Festplatte, von der Sie den Macintosh aufgestartet haben. Zwingenderweise befindet sich auf dem Startlaufwerk auch der aktive Systemordner.

Systemerweiterung

Systemerweiterung. Ein kleines Programm, das beim Aufstarten des Macintosh in den Arbeitsspeicher geladen wird und das System um weitere Funktionen bereichert. Im Gegensatz zu den *Kontrollfeldern* können Systemerweiterungen vom Anwender nicht konfiguriert werden.

Terabyte

Terabyte. Ein *Terabyte* entspricht 1 024 *Gigabyte* oder ganzen 1 099 511 627 776 *Byte*.

Terminator

Terminator. Terminatoren sind ein unverzichtbarer Bestandteil einer *SCSI-Kette.* Sie verhindern, dass ein Datensignal am Anfang und am Ende einer SCSI-Kette wie ein Echo zurückgeworfen wird und die nachfolgenden Signale stört.

TIFF

TIFF. Abkürzung für *Tagged Image File Format.* TIFF ist neben EPS das einzige legitime Format im DTP-Bereich, um Scannerbilder weiterzuverarbeiten.

Treiber

Treiber. Ein *Treiber* wird verwendet, um Hardware anzusteuern. Das kann der *SCSI*-Treiber der Harddisk sein, aber auch ein Druckertreiber wie *LaserWriter* oder ein Scannertreiber.

TrueType

TrueType. Ein Schriftformat, das von Apple entwickelt wurde und alle Informationen sowohl für den Bildschirm als auch für den Druck enthält. *TrueTypes* werden vorzugsweise zuhause und im Büro eingesetzt, während die grafische Branche *PostScript*-Fonts vorzieht

Utility. Ein anderes Wort für *Hilfsprogramm. Utilities* haben klein, nützlich und preiswert zu sein. Sonst wären sie nämlich Anwendungen.

Utility

Videokarte. Eine *Videokarte* wird in den Macintosh eingesteckt, damit sie sich um den Bildschirmaufbau des angeschlossenen Monitors kümmern kann. Siehe auch *On-Board-Video.*

Videokarte

Video-RAM. Siehe *VRAM.*

Video-RAM

Virtueller Speicher. Arbeitsspeicher kostet Geld. Wer jedoch nur ab und zu an Speichermangel leidet, kann weiteren Arbeitsspeicher simulieren, indem mit Hilfe des Kontrollfeldes Speicher der *Virtuelle Speicher* eingeschaltet wird. Dabei legt der Macintosh auf der Harddisk eine Datei ab, die so gross ist wie der zu simulierende Arbeitsspeicher. Nachteil: Extrem langsam und belastet die Festplatte zum Teil über Gebühr.

Virtueller Speicher

Virus. Kleiner Miesling, der sich an Programme anhängt und sich so in ein Rechnersystem einschleicht. Dort versucht er, alle Programme ebenfalls anzustecken, um später zu einem bestimmten Zeitpunkt loszuschlagen und so viel Ärger wie nur möglich zu machen. Viren sind nicht lustig.

Virus

Volume. Ein anderer Ausdruck für beliebige Massenspeicher wie Festplatten, Disketten, *CD-ROM, RAM-Disks, Fileserver* und so weiter.

Volume

Volumecache. Ein kleiner Speicherbereich, der sich im Kontrollfeld Speicher einrichten lässt. Das Volumecache speichert häufig benötigte Informationen, die normalerweise von der Harddisk gelesen werden müssen. Beim zweiten Zugriff kann der Rechner die benötigten Anweisungen direkt dem Cache entnehmen, was den Macintosh unter Umständen um einiges schneller macht.

Volumecache

VRAM. Auch *Video-RAM* genannt. Das *VRAM* besteht aus speziellen Speicherchips, die sich auf der Hauptplatine befin-

VRAM

den. Es wird benötigt, um bei Macintosh-Modellen mit einge-bautem Monitoranschluss den Bildschirminhalt zu speichern. Je mehr VRAM verfügbar ist, desto mehr verschiedene Farben lassen sich darstellen.

Wechselplatte
Wechselplatte. Als *Wechselplatte* wird heute so ziemlich jeder Massenspeicher verkauft, der in etwa wie eine Festplatte funktioniert, aber ausgeworfen und durch eine andere Platte ersetzt werden kann. Die populärsten Modelle sind diejenigen von der Firma SyQuest und die 128-MB-*Opticals.*

Windows
Windows. Eine grafische Benutzeroberfläche, die auf IBM-kompatiblen Rechner eingesetzt wird und von der die Her-stellerfirma behauptet, sie sei so funktionell wie der *Finder* des Macintosh. Millionen unschuldige Anwender glauben diese Lüge auch heute noch.

WorldScript
WorldScript. WorldScript erhalten Sie bei Ihrem Händler auf Bestellung. Diese Erweiterung macht es möglich, dass Sie auf dem Macintosh Texte in hebräisch, japanisch oder einer anderen Sprache abfassen können, auch wenn die Zeichen reichhaltig sind und die Schrift von rechts nach links respek-tive von oben nach unten läuft.

WYSIWYG
WYSIWYG. Das Kürzel für *What You See Is What You Get* («Was Du siehst, ist was Du bekommst»). Damit ist gemeint, dass auf dem Macintosh die WYSIWIG-Darstellung so erscheint, wie sie später im Druck aussieht. In den meisten Fällen stimmt das sogar.

Zappen
Zappen. Wird meistens im Zusammenhang mit der Löschung des *Parameter-RAM* verwendet. («Das PRAM zappen».) Wie es gemacht wird, erfahren Sie auf Seite 330.

MAGAZIN

Da freut sich Ihr Mac!

Die **einzige** monatliche Macintosh-Zeitschrift mit

CD-Rom* oder Diskette. Monat für Monat über

100 Seiten **Informationen, Tips** und **interessante**

Berichte rund um den Mac. **Verständliche**

Sprache und **übersichtliche Gestaltung**

garantieren **Lesespaß vom feinsten.**

* ca. 600 MB Demos, Spiele und Shareware für Sie, nicht vollgestopft mit Werbung!

Foto: Peter Dudek, Hamburg

Screen Multimedia

Screen Multimedia ist ein echtes Branchenforum und ein ambitioniertes Anwendermagazin zugleich: Macher und Nutzer kommen in Screen Multimedia im O-Ton zu Wort. Screen Multimedia lotet Monat für Monat den Markt aus, deckt das breite Spektrum digitaler Medien ab und liefert plattform- und herstellerunabhängige Einblicke und Ausblicke, Hintergrundwissen und Visionen für Produzenten, Hersteller und Händler von Multimedia-Produkten.
Einzelverkaufspreis: 9 Mark/SFR

MACup

Wer MACup liest, weiß mehr, weil er mehr wissen will. MACup-Redakteure und -Autoren zählen wegen ihrer exzellenten Kontakte zu den Machern der Hard- und Software-Schmieden in Amerika und Europa zu den bestunterrichtetsten Fachjournalisten in diesem Bereich. MACup gibt Einsteigern, Umsteigern und Profis durch technische Kompetenz und profunde Marktkenntnis nicht selten einen entscheidenden Informationsvorsprung: mit heißen Branchen-News und fundierten Hintergrundberichten, ausführlichen Produktbeschreibungen und umfassenden Marktübersichten, harten Praxis-Tests, Tutorials und nützlichen Tips und Tricks.
*Einzelverkaufspreis:
9 Mark/SFR*

KnowWare to go

**MACup, Apple Buyer's Guide, PAGE, Screen Multimedia.
Alles, was ein Computer-Nutzer braucht.**

PAGE

PAGE war und ist Vorreiter im Electronic Publishing und verbindet kompetent und praxisorientiert traditionelles Fachwissen mit moderner Technologie. PAGE gibt plattformunabhängig und herstellerneutral Anregungen und Entscheidungshilfen auf allen Gebieten des Electronic Publishing: mit aktuellen News und informativen Hintergrundberichten, mit Porträts erfolgreicher Macher und Tests starker Maschinen, mit lehrreichen „Step by Step"-Tutorials und nützlichen Tips & Tricks.
Einzelverkaufspreis: 12 Mark/SFR

Apple Buyer's Guide

Zweimal im Jahr informiert Sie diese Gemeinschaftsproduktion von Apple Deutschland und MACup über die mehr als 5000 Produkte, die im deutschsprachigen Raum für Apples Mac zu haben sind. Knapp, übersichtlich und mit den entscheidenden Facts zu Features, Funktionen und Preisen. Jetzt auch mit den neuen MACup-Infoserver-Kennnummern: für den schnellen Abruf von zusätzlichen Produktinformationen per Fax.
Einzelverkaufspreis: 18 Mark/SFR

MACup Verlag GmbH
Postfach 50 10 05
D-22710 Hamburg
☎ (+49)-40/3 91 09-01
Fax (+49)-40/3 91 09-1 50

Weitere Bücher aus unserem Programm

Liebe Leserin, Lieber Leser

Im folgenden finden Sie weitere Titel aus dem SmartBooks-Programm. Wir sind überzeugt, dass die anderen Werke für Ihre tägliche Arbeit genauso nützlich sind wie das vorliegende *Erste Hilfe für den Macintosh*. Zudem sind wir ständig bemüht, das Verlagsprogramm nach Ihren Wünschen auszubauen. Bitte verwenden Sie den Fragebogen auf der beiliegenden Diskette, damit wir auf Ihre Wünsche eingehen können.

Autor:	**Klaus Zellweger**
Beilage:	**CD-ROM**
ISBN:	**3-908488-02-8**
Preis:	**sFr. 69.–/DM 79.–/öS 649.–**

Macintosh zu Hause

Der Macintosh ist längst nicht mehr nur in Firmen anzutreffen. Das SmartBook *Macintosh zu Hause* widmet sich voll und ganz den privaten Anwendern und ihren Bedürfnissen. Seien es nun Spiele, sinnvolle Einsatzgebiete für die ganze Familie oder einfach nur das Interesse am Computer an sich – dieses Buch gibt erschöpfend zu allen möglichen Themen Auskunft. Und dass es nicht bei der Theorie bleibt, dafür sorgt die mitgelieferte CD: Spiele, Utilities, lehrreiche Programme für die Kinder, über 100 Clip-Arts, 140 Tondateien und vieles mehr machen dieses Buch zu einem echten Gewinn! Die Krönung ist jedoch die Vollversion der Spitzensoftware *Claris Impact* im Wert von 500 Taler samt exklusiven Vorlagen!

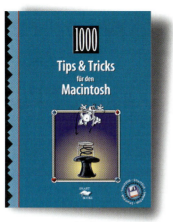

Beeindrucken Sie Ihre Freunde!

1000 Tips & Tricks für den Macintosh ist die geballteste Ladung an Shortcuts, die je für den Macintosh erschienen ist! Jede Seite bietet eine Fülle an Informationen, Arbeitserleichterungen und Techniken, wie sie sonst nicht zu finden sind! Dieses Füllhorn an Informationen begeistert Profis und Einsteiger, Grafiker und Geschäftsleute, kurz: alle! Kaum ein Thema bleibt unberücksichtigt. *1000 Tips & Tricks für den Macintosh* ist der Stoff, mit dem Sie Ihre Freunde beeindrucken und sich selbst die Arbeit leichter, einfacher, effizienter und amüsanter machen!

Autor:	Marcel Zellweger
Beilage:	Diskette
ISBN:	3-908488-01-X
Preis:	sFr. 79.–/DM 89.–/öS 735.–

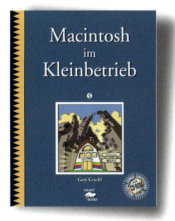

Money talks!

Viele Kleinbetriebe sind durch den Macintosh in der Lage, mit minimalem Aufwand eine leistungsstarke Firmenstruktur aufzubauen – die richtige Hard- und Software vorausgesetzt. *Der Macintosh im Kleinbetrieb* hilft allen Kleinunternehmern, aus ihren EDV-Budgets das letzte herauszuholen. Lösungen von der Stange werden genauso besprochen wie die verschiedensten Spezialpakete. Kernthema dieses Buches ist jedoch das Aufzeigen von Möglichkeiten, die Ihnen helfen, Ihre Infrastruktur auf sinnvolles Wachstum auszurichten, ohne dass Sie später an die Grenzen einer unüberlegt installierten Anlage stossen!

Autor:	Gary Czichy
Beilage:	CD-ROM
ISBN:	3-908488-03-6
Preis:	sFr. 69.–/DM 79.–/öS 649.–

SYMANTEC.™

Die Verteidigung gegen Viren!

Im Kampf gegen Computerviren bleiben Sie Sieger! Denn SAM (Symantec AntiVirus für Macintosh) blockt Viren automatisch ab und repariert infizierte Dateien mit Leichtigkeit.
SAM ist weltweit das leistungsfähigste und meistverkaufte Virenschutzprogramm für den Macintosh – und arbeitet noch dazu superschnell und vollkommen unaufdringlich. Ist SAM erst einmal installiert, brauchen Sie sich keine Sorgen mehr zu machen. Wenn Ihr Macintosh einen Virus hat, beseitigt SAM ihn. Wenn Ihr Mac frei von Viren ist, sorgt SAM dafür, dass er es auch bleibt. SAM arbeitet automatisch, ohne Ihnen in die Quere zu kommen. Es hält Ausschau nach verdächtigen Aktivitäten, die auf einen Virus hindeuten könnten – sogar in komprimierten Dateien. Und mit der neuen exklusiven Funktion für automatische Updates bietet SAM auch unkomplizierten und wirkungsvollen Schutz gegen neu entdeckte Viren!

Immer die Nase vorn!

Die Norton Utilities setzen weltweit Meilensteine im Bereich der Macintosh-Utilities als eine der leistungsfähigsten Sammlungen von Werkzeugen zum Schutz und zur Rettung Ihrer Daten. Die Norton Utilities beugen Schwierigkeiten aktiv vor und alarmieren Sie, wenn Probleme entstehen. Sollte die Katastrophe bereits eingetreten sein, stellen sie die Daten wieder her. Sie retten Daten selbst von vollständig gelöschten Festplatten.
Die Norton Utilities überprüfen nicht nur den Datenträger im Hintergrund auf Fehler und benachrichtigen Sie über Probleme, bevor Ihre Daten zu Schaden kommen, sondern weisen Sie auch automatisch darauf hin, wenn routinemässige Wartungsaufgaben anliegen. Lassen Sie diese preisgekrönten Dienstprogramme für sich arbeiten, und Sie brauchen sich um Datenverluste keine Gedanken mehr zu machen.

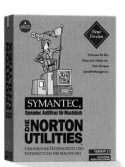

**Die beiden Spitzen-
produkte von
SYMANTEC sind
bereits als
Native-Versionen
für Power Macintosh
erhältlich!**

Index